知识产权纠纷裁判标准实务精解

THE STANDARDS OF ADJUDICATING INTELLECTUAL PROPERTY DISPUTES: A DEEP DIVE

朱玮洁 著

法律出版社 | LAW PRESS
北京

图书在版编目(CIP)数据

知识产权纠纷裁判标准实务精解 / 朱玮洁著. -- 北京 : 法律出版社, 2023
ISBN 978-7-5197-8251-1

Ⅰ. ①知… Ⅱ. ①朱… Ⅲ. ①知识产权-民事纠纷-审判-研究-中国 Ⅳ. ①D923.404

中国国家版本馆 CIP 数据核字(2023)第 163645 号

知识产权纠纷裁判标准实务精解
ZHISHI CHANQUAN JIUFEN
CAIPAN BIAOZHUN SHIWU JINGJIE

朱玮洁 著

责任编辑 冯雨春 李 军
装帧设计 鲍龙卉

出版发行 法律出版社
编辑统筹 法律应用出版分社
责任校对 张翼羽
责任印制 刘晓伟
经 销 新华书店

开本 710 毫米×1000 毫米 1/16
印张 21.75 字数 350 千
版本 2023 年 11 月第 1 版
印次 2023 年 11 月第 1 次印刷
印刷 三河市兴达印务有限公司

地址:北京市丰台区莲花池西里 7 号(100073)
网址:www.lawpress.com.cn
投稿邮箱:info@lawpress.com.cn
举报盗版邮箱:jbwq@lawpress.com.cn

销售电话:010-83938349
客服电话:010-83938350
咨询电话:010-63939796

书号:ISBN 978-7-5197-8251-1
定价:88.00 元

凡购买本社图书,如有印装错误,我社负责退换。电话:010-83938349

序言

PREFACE

近日收到玮洁的消息，告知《知识产权纠纷裁判标准实务精解》一书即将出版，并邀请我为玮洁这本新书作序，着实为她高兴。玮洁和我共事过几年时间，后来她为了提升自己，毅然辞职去留学深造。时至今日，我们已认识十年有余，还会时不时交流知识产权方面的专业问题。在我眼里，玮洁就是那种不断追求成长，拼命工作，对知识产权事业特别执着的人。

翻开她的书稿，不禁佩服玮洁这些年来不断学习、不断成长的坚持与行动力。本书简洁明了地向读者阐述每一篇章的主题，通过梳理各类知识产权的裁判标准，并结合实际案例进行分析，清楚地呈现了著作权、商标权、专利权以及竞争法等领域的裁判标准。无论是对于业内专业人士还是初学者而言，这本书都是一本极具价值的指南，能够帮助他们更好地理解知识产权领域的复杂性，并从根本上掌握知识产权案件裁判标准的核心要点，能够为读者解决各类典型知识产权案件提供重要的参考价值。

我相信，这本书是玮洁多年来在职业生涯中所积累的宝贵经验与实践心得的综合体现，感谢玮洁能够慷慨地将她的个人经验与读者分享。路虽远，行则将至；事虽难，做则必成。我坚信，玮洁将会继续在知识产权领域内乘风破浪，同时保持内心深处的诗意和温柔。期待未来能够收到更多玮洁的好消息！

君合律师事务所合伙人　吴龙瑛

2023 年 8 月 27 日

前言

FOREWORD

非常荣幸介绍笔者所著的《知识产权纠纷裁判标准实务精解》一书，本书的诞生源于多年的职业经验。笔者是一名执业律师，长期从事知识产权案件的处理工作，涉及著作权、商标、专利、不正当竞争、商业秘密等方面。在处理这些案件的过程中，笔者发现许多律师同行和企业人员都面临着一些困难，比如，难以快速了解知识产权的裁判标准。因此，笔者决定写这本书，希冀能对律师同行和企业人员有所助益，帮助他们更好地理解和应对知识产权方面的法律问题。

在这个飞速发展的信息时代，知识产权的保护和纠纷解决变得愈发重要和复杂。全球范围内不断涌现的创新和创意，以及日益增长的数字化经济，使知识产权纠纷成为各行各业关注的焦点。在这个背景下，理解和应对知识产权纠纷裁判标准与实务显得尤为关键。本书旨在填补这一知识空白，为读者提供系统而深入的指导。无论是从著作权、商标、专利、不正当竞争还是商业秘密的角度，本书将全面而详尽地探讨知识产权纠纷裁判所涉及的法律问题和裁判标准。

本书的主要目的是为律师同行和企业人员提供一本实用的工具书，以实务为导向，旨在帮助读者理解和应用知识产权纠纷裁判标准。本书将复杂的法律概念写得浅显易懂，并注重将理论与实践相结合。无论是从事知识产权相关行业的专业人士，还是寻求对知识产权纠纷有深入了解的学者，本书均是一本实用而全面的参考用书。通过本书的阅读，读者能够增强对知识产权纠纷的认识，掌握核心的裁判标准和实务要点，同时在实际操作中能够快速查找和应用相关的知识产权裁判标准，从而在实际工作中更加自信和有效地处理知识产权纠纷案件。笔者希望本书能够引起更多人对知识产权的关注，促进知识产权保护的发展。

此外，本书还对当前知识产权领域的热点问题和前沿问题进行剖析。前沿问题方面，本书包含**NFT**著作权问题、网络游戏侵权、数据侵权等热门问题的研究。疑难问题方面，本书包含商标权和企业名称权冲突研究、专利诉讼中权利要求的解释规则、反不正当竞争法一般条款以及兜底条款的适用等。读者将通过学习这些案例和分析，获得对知识产权纠纷裁判的前瞻性认识。

最后，我要感谢所有支持我的人，是他们的支持和鼓励让笔者完成了这本书的写作。感谢天同互联网团队。感谢中国知识产权法律领域的资深专家吴龙瑛律师在百忙之中抽出宝贵的时间为本书作序。感谢我的家人，他们一直鼓励我去追求自己的梦想。

如果本书能够为您的工作提供帮助，使您更加得心应手应对各种知识产权问题，那将是笔者最大的荣幸。

朱玮洁

2023年9月于上海

目录

CONTENTS

第一章 概　　述

本章导读

在现代经济中，知识产权已经成为企业竞争力的重要组成部分。知识产权不仅保护创新，激励创造力，而且推动技术进步和经济发展。然而，随着技术和经济的快速发展，涉及知识产权的争议和纠纷也越来越复杂和多样化，在知识产权纠纷中，裁判标准尤为重要，因为裁判标准不仅决定知识产权案件的胜负，还直接关系知识产权的保护范围和力度。因此，本书旨在通过深入分析和研究不同类型知识产权的裁判标准，以期为企业在处理知识产权纠纷中以及各位同人在处理相关知识产权案件中提供参考和借鉴。

知识产权领域的诉讼涉及著作权、商标权、专利权、反不正当竞争、反垄断、植物新品种、集成电路布图设计等。在知识产权侵权案件中，根据上海市高级人民法院发布的2022年上海法院知识产权审判白皮书，2022年上海法院一审知识产权民事案件中，著作权纠纷占据62.23%，商标权纠纷占据23.29%，专利权纠纷占据9.52%，不正当竞争纠纷和垄断纠纷占据1.42%，该四类侵权纠纷是知识产权侵权的最主要纠纷，占知识产权纠纷的96.46%，因此，本书对涉及这四类知识产权纠纷案件的裁判标准作具体分析和阐述。为了使读者更易于理解知识产权案件中具体的裁判标准，在对裁判标准分析前，对这四类知识产权最基本的概念作介绍则显得很有必要，故本章将对知识产权最基本概念介绍如下。

第一节　著作权概述

著作权是知识产权的一种，通常包括文学、音乐、戏剧、电影和计算机软件等领域。在全球范围内，著作权的法律规定各不相同，但其本质和目的均是促进作品的创作和传播。著作权的出现不仅促进了作者的创作积极性，也为整个社会的文化、艺术和科学的发展作出了重要的贡献。

本节将从著作权定义、著作权法立法目的、著作权主体、著作权客体、著作权内容、著作权的取得、著作权限制和关于著作权民事侵权这八个部分进行介绍，以期使读者对著作权的基本概念有所了解，为理解著作权常见裁判标准奠定基础。

一、什么是著作权

著作权是指作者和其他著作权人对文学、艺术和科学作品享有的权利。我国著作权法在立法体例上存在保护具有独创性作品的狭义著作权和保护不具有独创性的劳动成果的邻接权的区分，且二者在专有权的内容和保护力度上存在差异，①狭义著作权的保护力度大于领接权。

换言之，著作权法既保护狭义著作权，即作者权，又保护领接权。我国著作权法上的领接权包括表演者权、录制者权、广播组织权和版式设计权。本书只讨论狭义著作权相关问题的裁判标准。

二、著作权法立法目的

著作权法，顾名思义，是一部保护作品的法律，其立法目的如下。

1. 鼓励创作：著作权法赋予作者相应人身和财产权益，以保证作者获得精神和物质双重回馈，保护作者对其作品的专有权利进而激励其创作。②

---

① 上海知识产权法院民事判决书，(2021)沪73民终495号。

② 北京知识产权法院民事判决书，(2020)京73民终3021号。

2. 鼓励传播：鼓励作品的传播，促进社会主义文化和科学事业的发展与繁荣。[①]

3. 利益平衡：著作权法要确保作者权益和公共利益之间的利益平衡，著作权人权利过大，则会挤压社会公共利益空间，不利于作品的传播和利用；著作权人权利过小，则不利于鼓励创作，从长远来看，无益于公众福祉。[②]

我国在1990年9月7日公布了第一部《著作权法》，该法于1991年6月1日起施行，自该法颁布至今，已历经三次修改，分别在2001年、2010年和2020年。目前现行有效的是2020年修正的《著作权法》，于2021年6月1日起施行。若无特别说明，本书中所引用的著作权法条文均为2020年修正的现行有效的《著作权法》。

我国著作权法禁止他人未经著作权人许可实施专有权利控制的行为。而对于著作权人是否可以实施专有权利控制的行为，并非由著作权法规定，而在于是否有其他法律予以禁止。

三、著作权主体

著作权人是著作权的主体，著作权人包括作者、其他依照著作权法享有著作权的自然人、法人或者非法人组织。动物不能作为著作权主体，因此，动物创作的作品不能受著作权法所保护。

自然人的作品，其发表权、著作财产权的保护期为作者终生及其死亡后五十年。法人或者非法人组织的作品、著作权（署名权除外）由法人或者非法人组织享有的职务作品，其发表权的保护期为五十年，著作财产权规定的权利的保护期为五十年，但作品自创作完成后五十年内未发表的，著作权法不再保护。

四、著作权客体

狭义著作权的客体是作品。著作权法上的作品，是指文学、艺术和科学领域内具有独创性并能以一定形式表现的智力成果。因而，构成著作权法上保护的作品需要满足以下条件。

---

① 四川省成都市中级人民法院民事判决书，(2021)川01民初4037号。

② 北京知识产权法院民事判决书，(2020)京73民终3021号。

1. 该作品系人类的智力成果。

2. 该作品属于文学、艺术和科学领域的智力成果。

3. 该作品需具有独创性。

4. 该作品需构成表达。

5. 该作品不属于不受著作权法保护的对象,包括思想、有限表达、事实、公有领域的作品等。

对于满足上述条件的作品可受著作权法保护。其中,独创性中的“独”是指“独立创作、源于本人”,而“创”是要求该作品可以表现作者的智力创造性,体现作者的选择、安排和个性。

本次著作权法的修改,将作品类型法定模式修改为了作品类型开放模式。著作权法除规定了八种作品类型外,还规定了一款作品类型的兜底条款,即“符合作品特征的其他智力成果”。这条兜底条款赋予了法院可认定新的表达构成作品的权利,使作品类型变成了开放模式。著作权法规定作品类型的意义在于,所保护的作品均必须落于著作权法规定的范围内,若不在著作权法规定的范围内,则不受著作权法所保护。具体的八种作品类型如下。

第一种为文字作品。文字作品是指小说、诗词、散文、论文等以文字形式表现的作品。

第二种为口述作品。口述作品是指即兴的演说、授课、法庭辩论等以口头语言形式表现的作品。

第三种为音乐、戏剧、曲艺、舞蹈、杂技艺术作品。其中,音乐作品,是指歌曲、交响乐等能够演唱或者演奏的带词或者不带词的作品。戏剧作品,是指话剧、歌剧、地方戏等供舞台演出的作品。曲艺作品,是指相声、快书、大鼓、评书等以说唱为主要形式表演的作品。舞蹈作品,是指通过连续的动作、姿势、表情等表现思想情感的作品。杂技艺术作品,是指杂技、魔术、马戏等通过形体动作和技巧表现的作品。

第四种为美术作品和建筑作品。其中,美术作品,是指绘画、书法、雕塑等以线条、色彩或者其他方式构成的有审美意义的平面或者立体的造型艺术作品。建筑作品,是指以建筑物或者构筑物形式表现的有审美意义的作品。

第五种为摄影作品。摄影作品,是指借助器械在感光材料或者其他介质上记录客观物体形象的艺术作品。

第六种为视听作品。视听作品,是指摄制在一定介质上,由一系列有伴音或者无伴音的画面组成,并且借助适当装置放映或者以其他方式传播的作品。

第七种为图形作品和模型作品。其中,图形作品,是指为施工、生产绘制的工程设计图、产品设计图,以及反映地理现象、说明事物原理或者结构的地图、示意图等作品。模型作品,是指为展示、试验或者观测等用途,根据物体的形状和结构,按照一定比例制成的立体作品。

第八种为计算机软件。计算机软件,是指计算机程序及其有关文档。计算机程序,是指为了得到某种结果而可以由计算机等具有信息处理能力的装置执行的代码化指令序列,或者可以被自动转换成代码化指令序列的符号化指令序列或者符号化语句序列。计算机文档,是指用来描述程序的内容、组成、设计、功能规格、开发情况、测试结果及使用方法的文字资料和图表等,如程序设计说明书、流程图、用户手册等。

五、著作权内容

著作权内容是指著作权人的专有权利,包括著作人身权和著作财产权。若侵权人所实施的行为不属于著作权法上所保护的专有权利,则不能认定为侵权行为。

著作人身权包括发表权、署名权、修改权和保护作品完整权,具体如下:

(1)发表权,即决定作品是否公之于众的权利。

(2)署名权,即表明作者身份,在作品上署名的权利。

(3)修改权,即修改或者授权他人修改作品的权利。

(4)保护作品完整权,即保护作品不受歪曲、篡改的权利。

著作权财产权包括复制权、发行权、出租权、表演权、放映权、广播权、信息网络传播权、展览权、摄制权、改编权、翻译权、汇编权以及应当由著作权人享有的其他权利,具体权利如下:

(1)复制权,即以印刷、复印、拓印、录音、录像、翻录、翻拍、数字化等方式将作品制作一份或者多份的权利。复制权是著作财产权的核心内容。

(2)发行权,即以出售或者赠与方式向公众提供作品的原件或者复制件的权利。

(3)出租权,即有偿许可他人临时使用视听作品、计算机软件的原件或者复制件的权利,计算机软件不是出租的主要标的的除外。

(4)展览权,即公开陈列美术作品、摄影作品的原件或者复制件的权利。

(5)表演权,即公开表演作品,以及用各种手段公开播送作品的表演的权利。

(6)放映权,即通过放映机、幻灯机等技术设备公开再现美术、摄影、视听作品等的权利。

(7)广播权,即以有线或者无线方式公开传播或者转播作品,以及通过扩音器或者其他传送符号、声音、图像的类似工具向公众传播广播作品的权利。

(8)信息网络传播权,即以有线或者无线方式向公众提供,使公众可以在其选定的时间和地点获得作品的权利。

(9)摄制权,即以摄制视听作品的方法将作品固定在载体上的权利。

(10)改编权,即改变作品,创作出具有独创性的新作品的权利。

(11)翻译权,即将作品从一种语言文字转换成另一种语言文字的权利。

(12)汇编权,即将作品或者作品的片段通过选择或者编排,汇集成新作品的权利。

六、著作权的取得

著作权人创作完成作品后,自动取得著作权。著作权人可将作品向著作权登记机关进行登记,从而取得著作权登记证书,但是著作权登记证书是形式审查,只起到初步证明作用,证明登记证书上所记载的著作权人为该作品的权利人。

根据《最高人民法院关于审理著作权民事纠纷案件适用法律若干问题的解释》第七条第一款的规定,涉及著作权的底稿、原件、合法出版物、著作权登记证书、认证机构出具的证明、取得权利的合同等证据可作为证明著作权的初步证据。

七、著作权的限制

法院在认定被诉侵权作品与原告涉案作品构成实质性相似后,被告抗辩主张被诉侵权作品属于合理使用或者法定许可，若法院认定构成合理使用的则被告无须承担责任；若法院认定构成法定许可的则被告只需支付一定报酬。因此，合理使用或者法定许可即为法律规定的对著作权的限制。

1. 合理使用

合理使用规定在《著作权法》第二十四条，该条规定了十二种具体的合理使用情形以及兜底条款，若使用人使用作品的行为符合第二十四条情形之一，且该行为没有影响权利作品的正常使用，也没有不合理地损害著作权人的合法权益时，则使用人使用权利作品时构成合理使用，其无须得到权利人的许可，也无须支付其报酬。

根据《著作权法》第二十四条，在下列情况下使用作品，可以不经著作权人许可，不向其支付报酬，但应当指明作者姓名或者名称、作品名称，并且不得影响该作品的正常使用，也不得不合理地损害著作权人的合法权益：

（1）为个人学习、研究或者欣赏，使用他人已经发表的作品；

（2）为介绍、评论某一作品或者说明某一问题，在作品中适当引用他人已经发表的作品；

（3）为报道新闻，在报纸、期刊、广播电台、电视台等媒体中不可避免地再现或者引用已经发表的作品；

（4）报纸、期刊、广播电台、电视台等媒体刊登或者播放其他报纸、期刊、广播电台、电视台等媒体已经发表的关于政治、经济、宗教问题的时事性文章，但著作权人声明不许刊登、播放的除外；

（5）报纸、期刊、广播电台、电视台等媒体刊登或者播放在公众集会上发表的讲话，但作者声明不许刊登、播放的除外；

（6）为学校课堂教学或者科学研究，翻译、改编、汇编、播放或者少量复制已经发表的作品，供教学或者科研人员使用，但不得出版发行；

（7）国家机关为执行公务在合理范围内使用已经发表的作品；

（8）图书馆、档案馆、纪念馆、博物馆、美术馆、文化馆等为陈列或者保存版本的需要，复制本馆收藏的作品；

（9）免费表演已经发表的作品，该表演未向公众收取费用，也未向表演者支付报酬，且不以营利为目的；

(10)对设置或者陈列在公共场所的艺术作品进行临摹、绘画、摄影、录像;

(11)将中国公民、法人或者非法人组织已经发表的以国家通用语言文字创作的作品翻译成少数民族语言文字作品在国内出版发行;

(12)以阅读障碍者能够感知的无障碍方式向其提供已经发表的作品;

(13)法律、行政法规规定的其他情形。

2. 法定许可

法定许可与合理使用的区别在于,法定许可虽无须得到著作权人许可,但需要向其支付一定报酬。我国著作权法规定了以下四种法定许可情形。

(1)编写教科书时的法定许可:为实施义务教育和国家教育规划而编写出版教科书,可以不经著作权人许可,在教科书中汇编已经发表的作品片段或者短小的文字作品、音乐作品或者单幅的美术作品、摄影作品、图形作品,但应当按照规定向著作权人支付报酬,指明作者姓名或者名称、作品名称,并且不得侵犯著作权人依照本法享有的其他权利。

(2)报刊转载的法定许可:著作权人向报社、期刊社投稿被采纳的,作品刊登后,除著作权人声明不得转载、摘编外,其他报刊可以转载或者作为文摘、资料刊登,但应当按照规定向著作权人支付报酬。

(3)录音制品的法定许可:录音制作者使用他人已经合法录制为录音制品的音乐作品制作录音制品,可以不经著作权人许可,但应当按照规定支付报酬;著作权人声明不许使用的除外。

(4)广播电台、电视台播放已发表的作品或者已经出版的录音制品的法定许可:广播电台、电视台播放他人已发表的作品,可以不经著作权人许可,但应当按照规定支付报酬。电视台播放他人的视听作品、录像制品,应当取得视听作品著作权人或者录像制作者许可,并支付报酬;播放他人的录像制品,还应当取得著作权人许可,并支付报酬。

八、关于著作权民事侵权

关于涉及著作权民事侵权的损害赔偿规则如下。

根据《著作权法》第五十四条,侵犯著作权或者与著作权有关权利的,侵权人应当按照权利人因此受到的实际损失或者侵权人的违法所得给予赔偿;权利人的实际损失或者侵权人的违法所得难以计算的，可以参照该权利使用费给予赔偿。对故意侵犯著作权或者与著作权有关的权利，情节严重的，可以在按照上述方法确定数额的一倍以上五倍以下给予赔偿。权利人的实际损失、侵权人的违法所得、权利使用费难以计算的，由人民法院根据侵权行为的情节，判决给予五百元以上五百万元以下的赔偿。

根据上述条文可知，损害赔偿分为补偿性损害赔偿和惩罚性损害赔偿。补偿性损害赔偿是弥补原告由于侵权所遭受的损失。在该条中，原告可以计算自己的实际损失、侵权所得、著作权许可使用费主张补偿性损害赔偿，若权利人因被侵权所受到的实际损失、侵权人因侵权所获得的利益、著作权许可使用费难以确定的，法院可根据侵权行为的情节判决给予权利人五百元以上五百万元以下的赔偿，此为法定赔偿。

权利人若主张著作权侵权适用惩罚性赔偿，则要满足三个要件：(1)需要具体计算出惩罚性赔偿的基数。(2)侵权人存在主观恶意。(3)侵权情节严重。

本书第二章将对著作权常见的裁判标准进行具体分析和阐述。

第二节　商标权概述

在全球范围内，商标法律制度已经成为保护知识产权的重要组成部分。在中国，商标制度的发展经历了多年的探索和完善，成为保障市场经济健康发展的重要法律基石。

商标权是商标所有人对其商标享有的法律权利。商标的保护和维护对于企业来说非常重要，可以帮助企业建立品牌形象、维护声誉、促进市场竞争。

本节将从商标权定义、商标法立法目的、商标权主体、商标权客体、商标权内容、商标权的取得、商标权限制和关于商标权民事侵权这八个部分展开介绍，以期读者对商标权的基本概念有所了解，为理解商标权常见裁判标准奠定基础。

一、什么是商标权

商标权是指商标所有人对其商标所享有的独占的、排他的权利，商标注册人享有商标专用权,受法律保护。

商标权具有地域性,商标权的保护范围限定于商标所注册的地域范围内。例如,在中国,商标注册的地域性是指商标的注册仅在中国境内有效,商标在其他国家或地区需要进行独立的注册。

二、商标法立法目的

根据《商标法》第一条,"为了加强商标管理,保护商标专用权,促使生产、经营者保证商品和服务质量,维护商标信誉,以保障消费者和生产、经营者的利益,促进社会主义市场经济的发展,特制定本法"。

此条为商标法的立法宗旨,商标法是一部保护商标权的法律,对商标权保护的主要目的就是防止对商品及服务的来源产生混淆。①

我国在 1982 年 8 月 23 日公布了第一部《商标法》,该法于 1983 年 3 月 1 日起施行,自该法颁布至今,已历经四次修改,分别在 1993 年、2001 年、2013 年和 2019 年,目前现行有效的是 2019 年修正的《商标法》,于 2019 年 11 月 1 日起施行。若无特别说明,本书中所引用的《商标法》条文均为 2019 年修正的现行有效的《商标法》。

三、商标权主体

商标权的主体是商标权人,即对商标享有权利的人。

商标权主体包括自然人、法人或者其他组织。其中,申请人为内地(大陆)自然人的,应当提交身份证、户籍证明等有效身份证件的复印件。内地(大陆)自然人在办理商标注册、转让等申请事宜时,还应当提供证明其从事生产经营活动的主体资格证明文件,如个体工商户营业执照、农村土地承包经营合同等。

商标权人享有注册商标的有效期为十年,自核准注册之日起计算。注册商标有效期满,需要继续使用的,商标注册人应当在期满前十二个月内按照规定办理续展手续;在此期间未能办理的,可以给予六个月的宽展期。每次续展注册的有效期为十年,自该商标上一届有效期满次日起计算。期满未办理续展手

① 山东省高级人民法院民事判决书,(2009)鲁民三终字第 34 号。

续的，注销其注册商标。

四、商标权客体

商标权的客体是商标。根据《商标法》第八条，任何能够将自然人、法人或者其他组织的商品与他人的商品区别开的标志，包括文字、图形、字母、数字、三维标志、颜色组合和声音等，以及上述要素的组合，均可以作为商标申请注册。

根据《与贸易有关的知识产权协定》第十五条第一款的规定，任何标记或标记的组合，只要能够将一企业的货物和服务区别于其他企业的货物或服务，即能够构成商标。此类标记，特别是单词，包括人名、字母、数字、图案的成分和颜色的组合以及任何此类标记的组合，均应符合注册为商标的条件。

由上述条文可知，商标可由文字、图形、字母、数字、三维标志、颜色组合和声音等要素构成。商标是商品或服务的提供者为了将自己的商品或服务与他人提供的同种或类似商品或服务相区别而使用的标记。①

（一）商标的功能

商标的功能包括识别功能、质量保障功能以及广告宣传功能。商标的识别功能，即区分商品或服务来源的功能，是商标的首要功能和基本功能。商标法的首要目标也在于确保商标的识别功能得以正常实现，保证消费者能够通过商标识别商品或服务的来源。

商标的质量保障功能，是指商标向消费者传递一种信息，即使用相同商标的商品或服务具有相同的质量。商标的广告宣传功能，是指消费者见到商标，就可以凭其所掌握的信息对使用该商标的商品质量、性能、产地等作出判断，进而作出选择。侵犯商标权行为与商标的功能有直接关联。商标权的边界是由其功能设定和界定的，不损害商标功能的行为，一般不构成侵害商标权行为。②

---

① 北京知识产权法院民事判决书，(2017)京73民终825号。

② 北京知识产权法院民事判决书，(2017)京73民终825号。

(二)注册商标、未注册商标、驰名商标

注册商标是指该商标通过国家知识产权局审查予以注册公告的商标。注册商标权利人可依据其注册商标享有商标专用权并据以对侵权行为进行维权。

未注册商标是指商标未进行注册申请,而该商标已被投入使用的标识。未注册商标若不能构成驰名商标,则无法获得商标法的保护。但若其具有一定影响,满足《反不正当竞争法》第六条第一款的构成要件,可依据《反不正当竞争法》进行保护。

未注册商标若被诉以商标侵权,若其能满足《商标法》第五十九条第三款的构成要件,可以先用权进行抗辩。

驰名商标是指在中国境内为相关公众广为知晓的商标。① 在驰名商标的侵权案件中,其侵权裁判标准也不同于一般的普通注册商标。驰名商标可分为已注册的驰名商标和未注册的驰名商标,商标法均予以保护。

对于已注册的驰名商标,其可以跨商品或者服务的类别进行保护。而对于未注册的驰名商标,可在其相同或者类似的商品或者服务上予以保护。

五、商标权的内容

若未经商标注册人许可,擅自使用其商标,可能构成侵害商标权。商标法对以下几种侵权行为予以禁止,对这些侵权行为予以禁止是商标法所要保护商标专有权的内容和范围。侵权人实施下述行为,使相关公众对商品及服务的来源产生混淆,或者有破坏商标承载的商誉时,符合商标法侵权裁判标准的可被认定构成商标侵权。

(1)未经商标注册人的许可,在同一种商品上使用与其注册商标相同的商标的;

(2)未经商标注册人的许可,在同一种商品上使用与其注册商标近似的商标,或者在类似商品上使用与其注册商标相同或者近似的商标,容易导致混淆的;

---

① 《最高人民法院关于审理涉及驰名商标保护的民事纠纷案件应用法律若干问题的解释》(2020 修正)第一条。

(3)销售侵犯注册商标专用权的商品的;

(4)伪造、擅自制造他人注册商标标识或者销售伪造、擅自制造的注册商标标识的;

(5)未经商标注册人同意,更换其注册商标并将该更换商标的商品又投入市场的;

(6)故意为侵犯他人商标专用权行为提供便利条件,帮助他人实施侵犯商标专用权行为的;

(7)给他人的注册商标专用权造成其他损害的。

六、商标权的取得

在我国,商标通过在国家知识产权局的商标注册取得商标权,商标注册人取得商标权后,可依据商标法对侵权行为进行维权。

(一)商标注册程序

商标申请人在国家知识产权局申请商标注册,国家知识产权商标局依据绝对理由和相对理由对申请商标进行审查,若审查通过,则给予初审公告;若审查不通过,则给予驳回。

对于驳回的商标,商标申请人可提出商标驳回复审,商标评审委员会予以复审,若复审决定仍驳回商标申请,则商标申请人可以对商标评审委员会的复审决定向北京知识产权法院提起行政诉讼。

对于给予初审公告的申请商标,异议人可依据绝对理由或相对理由自申请商标初审公告之日起三个月内提出异议申请,若异议不成立,申请商标则予以注册。异议人若不服,可对该注册商标申请无效宣告。若异议成立,申请商标则不予注册,商标申请人可对该不予注册的决定提出复审,若商标评审委员会仍认定该申请商标不予注册,则商标申请人可对商标评审委员会的决定向北京知识产权法院提起行政诉讼。

若商标评审委员会认定该异议不成立,则申请商标可予以注册,异议人若不服,可对该注册商标申请无效宣告。

（二）商标不予注册理由

根据上述所述，商标不予注册的理由包括绝对理由和相对理由，具体分析如下。

1. 绝对理由

绝对理由主要是对于商标的注册损害公共利益的情形，规定在《商标法》第四条、第十条、第十一条、第十二条、第四十四条等条款中。在驳回复审中，商标局可对绝对理由进行主动审查。在申请商标异议期内，任何人均可以绝对理由提出异议申请。商标注册后，商标局可以绝对理由宣告商标无效，任何人也可向商标局以绝对理由申请商标无效。

对商标不予注册的主要绝对理由有：该申请商标不具有显著性、违反第十条法律禁止性规定的、三维标志具有实质性价值的形状、不以使用为目的的恶意商标注册申请、以欺骗手段或者其他不正当手段取得注册的情形等。

2. 相对理由

相对理由主要是商标的注册损害他人民事权利的情形。在商标申请注册审查时，商标局可依据相对理由对申请商标予以驳回。在申请商标异议期间，在先权利人或利害关系人可以相对理由提出异议。在商标注册后，在先权利人或利害关系人可以相对理由提出无效宣告，但商标局不能主动以相对理由宣告该商标无效。

在司法实践中，常用的相对理由条款是《商标法》第三十条，即同他人在同一种商品或服务、类似商品或服务上已经注册的或者初步审定的商标相同或者近似的情形。

（三）商标连续三年不使用的撤销程序

商标连续三年不使用撤销程序的设立是为了督促商标注册人积极使用商标，防止商标资源被闲置。

对于已注册超过三年的商标，若注册商标连续三年不使用，任何人均可以向商标局提出撤销申请。诉争商标权利人在被提商标连续三年不使用的撤销申请后，需要提交三年内使用该诉争商标的使用证据，该三年为第三人提出撤销申请之日起向前推算的三年。若诉争商标权利人无法提交使用证据但是有正当理由可以证明其在该指定期间内无法使用该商标,也可维持该商标的注册。

七、商标权的限制

商标权的限制包括商标正当使用抗辩、合法来源抗辩、在先使用抗辩、权利滥用抗辩等情形。若上述抗辩成立,法院可判决被告侵权不成立或者免除被告的赔偿责任。

本书第三章第四节会详细分析商标权的限制。

八、关于商标权民事侵权

关于涉及商标权民事侵权的损害赔偿规则如下。

根据《商标法》第六十三条侵犯商标专用权的赔偿数额,按照权利人因被侵权所受到的实际损失确定;实际损失难以确定的,可以按照侵权人因侵权所获得的利益确定;权利人的损失或者侵权人获得的利益难以确定的,参照该商标许可使用费的倍数合理确定。对恶意侵犯商标专用权,情节严重的,可以在按照上述方法确定数额的一倍以上五倍以下确定赔偿数额。赔偿数额应当包括权利人为制止侵权行为所支付的合理开支。

权利人因被侵权所受到的实际损失、侵权人因侵权所获得的利益、注册商标许可使用费难以确定的,由人民法院根据侵权行为的情节判决给予五百万元以下的赔偿。

根据上述条文可知,损害赔偿分为补偿性损害赔偿和惩罚性损害赔偿。补偿性损害赔偿是弥补原告由于侵权所遭受的损失。在该条中,原告可以计算自己的实际损失、侵权所得、注册商标许可使用费主张补偿性损害赔偿,若权利人因被侵权所受到的实际损失、侵权人因侵权所获得的利益、注册商标许可使用费难以确定的,法院可根据侵权行为的情节判决给予权利人五百万元以下的赔偿,此为法定赔偿。

权利人若主张商标侵权适用惩罚性赔偿时,则要满足三个要件:(1)需要具体计算出惩罚性赔偿的基数。(2)侵权人存在主观恶意。(3)侵权情节严重。

本书第三章将对商标权常见的裁判标准进行具体分析和阐述。

第三节 专利权概述

专利权是一种有助于鼓励创新、保护创新者权利和利益的重要法律保护机制,可授予专利权人对其发明创造的专有权利。它不仅有助于加速技术的进步和经济的发展,还有助于推动技术的分享和合作。在不断变化的全球经济和技术环境中,专利权的作用和意义十分重要。

本节将从专利权定义、专利法立法目的、专利权主体、专利权客体、专利权内容、专利权的取得、专利权限制和关于专利权民事侵权这八个部分进行介绍,以期读者对专利权的基本概念有所了解,为理解专利权常见裁判标准奠定基础。

一、什么是专利权

专利权是指依照专利法的规定,权利人对其获得专利的发明创造,在法定期限内享有的独占权或专有权。专利法所称的发明创造是指发明、实用新型和外观设计。

专利权具有专有性,专利权的专有性是专利制度的核心。专有性是指专利权人对其所申请的专利所享有的独占性权利。这种独占性权利使专利权人可以阻止他人在其专利权保护范围内进行制造、使用、许诺销售、销售、进口等行为。

专利权具有地域性,地域性是指专利权的范围仅限于授予该专利的国家或地区,换言之,虽然某项发明可能在全球范围内均有市场和商业价值,但专利权仅适用于授予该专利的国家或地区。在国际上,不同的国家和地区拥有不同的专利法律制度,这些法律制度决定了专利权的范围和保护期限不同。

二、专利法立法目的

专利法的立法目的是保护专利权人的合法权益,鼓励发明创造,推动发明创造的应用,提高创新能力,促进科学技术进步和经济社会发展。

我国在1984年3月12日公布了第一部《专利法》,该法于1985年4月1日起施行,自该法颁布至今,已历经四次修改,分别在1992年、2000年、2008年和2020年,目前现行有效的是2020年修正的《专利法》,于2021年6月1日起施行。若无特别说明,本书中所引用的《专利法》条文均为2020年修正的现行有效的《专利法》。

三、专利权主体

专利权的主体是拥有专利的权利人,即专利权人。一般而言,发明人或设计人可以申请专利成为专利权人。

不同于商标权可以无限续展,专利权有保护时间的限制。专利权人享有发明专利权的保护期限是20年,实用新型专利权的保护期限是10年,外观设计专利权的保护期限是15年。

发明人或者设计人,是指对发明创造的实质性特点作出创造性贡献的人。在完成发明创造过程中,只负责组织工作的人、为物质技术条件的利用提供方便的人或者从事其他辅助工作的人,不是发明人或者设计人。①

然而,在职务发明创造、合作发明创造、委托发明创造等情形中,专利权主体有特殊的规则。

1. 职务发明创造

在职务发明创造中对专利权主体的确定,需要分为两种情形:第一种情形是执行单位交付的任务;第二种情形是主要利用单位物质技术条件完成的发明创造。

第一种情形:对于执行单位交付任务的职务发明中,申请专利的权利属于单位,申请被批准后,单位为专利权人。单位可以依法处置其职务发明创造申请专利的权利和专利权。

第二种情形:对于主要利用单位物质技术条件完成的发明创造的职务发明中,若单位与发明人或者设计人对申请专利的权利和专利权的归属作出约

---

① 《专利法实施细则》第十三条。

定,则从其约定。若没有约定,则申请专利的权利和获得的专利权归单位所有。

2. 合作发明创造

两个以上单位或者个人合作完成的发明创造,除另有协议约定外,申请专利的权利属于完成或者共同完成的单位或者个人;申请被批准后,申请的单位或者个人为专利权人。

由此可见,对于合作发明,若有协议约定则遵从协议安排;若无协议约定,申请专利的权利属于共同完成发明创造的单位或者个人。申请被批准后,申请的单位或者个人为专利权人。

3. 委托发明创造

一个单位或者个人接受其他单位或者个人委托所完成的发明创造,除另有协议的以外,申请专利的权利属于完成的单位或者个人;申请被批准后,申请的单位或者个人为专利权人。

由此可见,对于委托发明创造,若有协议约定则遵从协议安排;若无协议约定,申请专利的权利属于完成发明创造的单位或者个人。申请被批准后,申请的单位或者个人为专利权人。

四、专利权客体

专利权的客体是专利。专利是一种法律保护创新和技术发明的知识产权。专利是促进技术创新和发明的重要手段,它可以鼓励人们进行技术研究和开发,保护其发明的成果,并为专利权人提供商业上的竞争优势。

专利分为三种类型:发明专利、实用新型专利和外观设计专利。

发明专利,是指对产品、方法或者其改进所提出的新的技术方案。

实用新型专利,是指对产品的形状、构造或者其结合所提出的适于实用的新的技术方案。

外观设计专利,是指对产品的整体或者局部的形状、图案或者其结合以及色彩与形状、图案的结合所作出的富有美感并适于工业应用的新设计。

综上,发明专利和实用新型专利保护的是技术方案,外观设计专利保护的是产品的外表视觉效果。

五、专利权内容

专利类型的不同,专利权所保护的内容也不同。

根据《专利法》第十一条,发明和实用新型专利权被授予后,除《专利法》另有规定外,任何单位或者个人未经专利权人许可,均不得实施其专利,即不得为生产经营目的制造、使用、许诺销售、销售、进口其专利产品,或者使用其专利方法以及使用、许诺销售、销售、进口依照该专利方法直接获得的产品。

外观设计专利权被授予后,任何单位或者个人未经专利权人许可,均不得实施其专利,即不得为生产经营目的制造、许诺销售、销售、进口其外观设计专利产品。外观设计专利权人可以制止的行为不包括他人对外观设计专利产品的使用行为。

由此可知,发明专利包括产品专利和方法专利。实用新型专利只有产品专利。产品专利控制的行为包括制造、使用、许诺销售、销售和进口行为。而方法专利控制的行为是使用权,以及控制使用、许诺销售、销售、进口依照该专利方法直接获得产品的行为。

对于外观设计专利,其控制的行为是制造、许诺销售、销售、进口其外观设计专利产品。相较于发明专利以及实用新型专利,外观设计专利没有使用权,即使用人购入侵权的外观设计产品进行使用的行为不构成侵权。

对于上述受专利权控制的行为,本书详述如下:

(1)禁止制造行为是指禁止他人为生产经营目的制造专利产品。

(2)禁止使用行为是指禁止他人为生产经营目的使用专利产品。对于使用权,若被诉侵权人能证明该产品具有合法来源且已支付该产品的合理对价,权利人不能要求其停止上述使用行为。①

(3)禁止许诺销售权行为是指禁止以做广告、在商店橱窗中陈列或者在展销会上展出等方式作出销售商品的意思表示。② 对于许诺销售权,只要被诉侵权人作出销售商品的意思表示,即使没有实际出售商品,也属于侵犯专利权的

---

① 《最高人民法院关于审理侵犯专利权纠纷案件应用法律若干问题的解释(二)》(2020 修正)第二十五条。

② 《最高人民法院关于审理专利纠纷案件适用法律问题的若干规定》(2020 修正)第十八条。

行为。

(4)禁止销售行为是指禁止他人为生产经营目的销售专利产品。

(5)禁止进口行为是指禁止他人为生产经营目的进口专利产品。

六、专利权的取得

我国专利法对发明专利、实用新型专利、外观设计专利授予专利权的条件和审查要求不尽相同,详述如下。

1. 发明专利和使用新型专利

授予专利权的发明专利和实用新型,应当具备新颖性、创造性和实用性。

新颖性是指该发明或者实用新型不属于现有技术;也没有任何单位或者个人就同样的发明或者实用新型在申请日以前向国务院专利行政部门提出过申请,并记载在申请日以后公布的专利申请文件或者公告的专利文件中。

创造性是指与现有技术相比,该发明具有突出的实质性特点和显著的进步,该实用新型具有实质性和进步性。

实用性是指该发明或者实用新型能够制造或者使用,并且能够产生积极效果。

在发明专利的申请过程中,国务院专利行政部门会对发明专利进行初步审查和实质审查。实质审查即是对新颖性、创造性和实用性进行审查。

在实用新型专利申请过程中,国务院专利行政部门只对实用新型专利进行形式审查,并不进行实质审查。但是,若实用新型专利并不满足新颖性、创造性和实用性,任何单位或者个人可以请求国务院专利行政部门宣告该专利权无效。

2. 外观设计专利

根据《专利法》第二十三条,授予专利权的外观设计,应当不属于现有设计;也没有任何单位或者个人就同样的外观设计在申请日以前向国务院专利行政部门提出过申请,并记载在申请日以后公告的专利文件中。

授予专利权的外观设计与现有设计或者现有设计特征的组合相比,应当具有明显区别。

授予专利权的外观设计不得与他人在申请日以前已经取得的合法权利相

冲突。

根据上述条文可知,外观设计专利授权的实质要件是新颖性、区别性以及不得与他人在申请日以前已经取得的合法权利相冲突。

在外观设计专利申请过程中,国务院专利行政部门只对外观设计专利进行形式审查,并不进行实质审查。但是,若外观设计专利并不满足外观设计专利授权的实质要件,任何单位或者个人可以请求国务院专利行政部门宣告该专利权无效。

七、专利权的限制

对于被诉侵权行为,被诉侵权人可进行专利权权利用尽抗辩、专利先用权抗辩、临时过境抗辩、为科学研究和实验使用抗辩、药品和医疗器械行政审批抗辩等。若被诉侵权人抗辩成功,则可认定其不构成专利权侵权,此为对专利权的限制。

1. 专利权权利用尽抗辩

专利产品或者依照专利方法直接获得的产品,由专利权人或者经其许可的单位、个人售出后,使用、许诺销售、销售、进口该产品的行为,不构成专利权侵权。

2. 专利先用权抗辩

在专利申请日前已经制造相同产品、使用相同方法或者已经做好制造、使用的必要准备,并且仅在原有范围内继续制造、使用的行为,不构成专利权侵权。

3. 临时过境抗辩

临时通过中国领陆、领水、领空的外国运输工具,依照其所属国同中国签订的协议或者共同参加的国际条约,或者依照互惠原则,为运输工具自身需要而在其装置和设备中使用有关专利的行为,不构成专利权侵权。

4. 为科学研究和实验使用抗辩

专为科学研究和实验而使用有关专利的行为,不构成专利权侵权。

5. 药品和医疗器械行政审批抗辩

为提供行政审批所需要的信息,制造、使用、进口专利药品或者专利医疗器械的，以及专门为其制造、进口专利药品或者专利医疗器械的行为，不构成专利权侵权。

八、关于专利权民事侵权

关于涉及专利权民事侵权的损害赔偿规则如下。

根据《专利法》第七十一条，侵犯专利权的赔偿数额按照权利人因被侵权所受到的实际损失或者侵权人因侵权所获得的利益确定；权利人的损失或者侵权人获得的利益难以确定的，参照该专利许可使用费的倍数合理确定。对故意侵犯专利权，情节严重的，可以在按照上述方法确定数额的一倍以上五倍以下确定赔偿数额。

权利人的损失、侵权人获得的利益和专利许可使用费均难以确定的，人民法院可以根据专利权的类型、侵权行为的性质和情节等因素，确定给予三万元以上五百万元以下的赔偿。

根据上述条文可知，损害赔偿分为补偿性损害赔偿和惩罚性损害赔偿。补偿性损害赔偿是弥补原告由于侵权所遭受的损失。在该条中，原告可以计算自己的实际损失、侵权所得、专利权许可使用费主张补偿性损害赔偿，若权利人因被侵权所受到的实际损失、侵权人因侵权所获得的利益、专利权使用费难以确定的，法院可根据侵权行为的情节判决给予权利人三万元以上五百万元以下的赔偿，此为法定赔偿。

权利人若主张商标侵权适用惩罚性赔偿，则要满足三个要件：(1)需要具体计算出惩罚性赔偿的基数。(2)侵权人存在主观恶意。(3)侵权情节严重。

本书第五章将对专利权常见的裁判标准进行具体分析和阐述。

第四节　竞争法概述

竞争法包括《反不正当竞争法》与《反垄断法》，《反不正当竞争法》规制的是由于不正当竞争带来的竞争过于激烈的问题，而《反垄断法》规制的是企业垄断导致的市场没有竞争的问题，竞争法规制这些行为目的均是维持市场的竞争秩序。

一、反不正当竞争法

反不正当竞争法与知识产权专门法的关系是,当知识产权专门法——著作权法、商标法、专利法不能救济权利人时,反不正当竞争法作为补充法进行适用。

反不正当竞争法是一部行为法,其在特别条款中对具体不正当行为进行规制,包括混淆行为、商业贿赂行为、虚假宣传行为、侵犯商业秘密行为、非法有奖销售行为、商业诋毁行为、互联网不正当竞争行为。

《反不正当竞争法》第二条是一般条款,对于在《反不正当竞争法》特别条款中没有规定的不正当竞争行为,可适用《反不正当竞争法》中的一般条款。对于一般条款适用的裁判标准,本书第五章第二节会详细阐述。

本书对上述七种具体不正当竞争行为的基本概念简要介绍如下。

混淆行为规定在《反不正当竞争法》第六条,是指足以引人误认为是他人商品或者与他人存在特定联系的行为,混淆结果以相关领域普通消费者的一般注意力为判断标准。①

商业贿赂行为规定在《反不正当竞争法》第七条,该条所禁止的商业贿赂行为是指商业活动中的经营者以排斥竞争对手为目的,为争取交易机会,暗中给予交易对方有关人员和能够影响交易的其他相关人员以财物或其他好处的行为。②

虚假宣传行为规定在《反不正当竞争法》第八条,是指以捏造、虚构、歪曲事实或者其他误导性方式,对商品质量作出的与实际情况不符合的宣传。真实是诚实商业行为的主要原则之一,禁止欺骗是公平竞争观念的应有之义。经营者在进行商业宣传时,应当向消费者提供真实的商品、服务信息,不能帮助其他经营者进行虚假或引人误解的商业宣传。③ 因此,反不正当竞争法禁止虚假宣传行为。

侵犯商业秘密行为规定在《反不正当竞争法》第九条,是指以盗窃、利诱、胁

① 广东省高级人民法院民事判决书,(2020)粤民终 2106 号。
② 上海市第一中级人民法院民事判决书,(2012)沪一中民五(知)终字第 287 号。
③ 上海知识产权法院民事判决书,(2022)沪 73 民终 144 号。

迫或者其他不正当手段获取权利人的商业秘密或者违反约定或者违反权利人有关保守商业秘密的要求，披露、使用或者允许他人使用其所掌握的商业秘密的行为。①

非法有奖销售行为规定在《反不正当竞争法》第十条，是指经营者以附带性地提供金钱、物品或者其他利益（统称奖品）的引诱方式，促销其商品（包括服务）的行为。另外，有奖销售不以实际达成交易为前提，奖励对象也不局限于已实际购买商品或服务的购买者。②

商业诋毁行为规定在《反不正当竞争法》第十一条，是指经营者自己或者指使他人，通过捏造、散布虚伪事实等不正当手段，恶意诋毁、贬低竞争对手的商业信誉和商品声誉，以削弱其市场竞争能力，并为自己谋取不正当利益的行为。③

互联网不正当竞争行为规定在《反不正当竞争法》第十二条，是指利用技术手段或其他手段妨碍、破坏其他经营者合法提供的网络产品或者服务的正常运行的行为。④

二、反垄断法

《反垄断法》的基本原则是保护市场竞争。市场竞争是市场经济体系的核心，也是经济发展的重要推动力，而垄断行为则会扼杀市场竞争，影响经济效率和公平性。因此，反垄断法的首要目的就是通过制约和打击垄断行为，促进市场竞争，保护消费者和企业的利益。

《反垄断法》于 2022 年进行了重大修改，新修改的《反垄断法》于 2022 年 8 月 1 日起正式实施。《反垄断法》规制四种行为：垄断协议、滥用市场支配地位、经营者集中和行政垄断。本书对这四种垄断行为的基本概念简要介绍如下。

垄断协议是指排除、限制竞争的协议、决定或者其他协同行为，旨在限制市场竞争和维持垄断地位。这种协议通常被用于限制生产、销售、价格、区域市场

① 安徽省高级人民法院民事判决书，（2016）皖民终 198 号。
② 苏州市吴江区人民法院行政判决书，（2021）苏 0509 行初 44 号。
③ 湖南省高级人民法院民事判决书，（2018）湘民终 360 号。
④ 江苏省苏州市中级人民法院民事判决书，（2021）苏 05 民初 1480 号。

等方面的竞争。垄断协议的影响通常是负面的,它会对市场竞争、消费者福利和社会经济发展产生不利影响:首先,垄断协议限制了市场竞争,使垄断企业可以以高于竞争水平的价格销售其产品或服务,从而获得高额利润,降低消费者福利。其次,垄断协议可以阻碍其他企业进入市场,限制创新和技术进步,对经济发展产生负面影响。此外,垄断协议也可能导致市场失灵,引发经济浪费和资源配置不合理等问题。

滥用市场支配地位是指经营者利用其所具有的市场支配地位,从事为法律所禁止的排除、限制竞争的行为。判断一个经营者是否占据市场支配地位以及是否滥用其市场支配地位,首先要界定相关市场,直接目的是识别竞争者或潜在的竞争者,然后通过考察经营者对市场和竞争的控制力等因素,来确定经营者在相关市场中是否具有支配地位,是否存在滥用的行为,作出该经营者的行为是否违法的判定,最终确定是否应承担停止侵权和赔偿损失的法律责任。①

经营者集中是指下列情形:(1)经营者合并;(2)经营者通过取得股权或者资产的方式取得对其他经营者的控制权;(3)经营者通过合同等方式取得对其他经营者的控制权或者能够对其他经营者施加决定性影响。

行政垄断是指国家政府或地方政府在行使行政权力过程中,利用其掌握的特权地位和行政机构的资源,对市场经济活动进行干预和限制,从而影响市场竞争、扰乱市场秩序的现象。行政垄断是一种扰乱市场秩序和影响经济发展的现象,需要采取有效的措施来打击和防范。

本书第五章将对反不正当竞争法和反垄断法常见的裁判标准进行具体分析和阐述。

---

① 江苏省南京市中级人民法院民事判决书,(2019)苏01民初1271号。

第二章　著作权裁判标准

本章导读

本章对著作权常见纠纷案件的裁判标准进行深入分析和阐述。第一节分析著作权侵权的一般裁判标准，第二节至第六节对不同类型的著作权侵权案件的裁判标准分别解析：第二节分析文学作品构成抄袭的侵权裁判标准，第三节分析字体著作权侵权裁判标准，第四节分析网络游戏侵权的裁判标准，第五节分析计算机软件著作权的侵权裁判标准，第六节分析NFT作品著作权侵权的裁判标准。本章附录为我国现行有效的著作权法条文，以便读者在阅读本章内容时随时查看。

第一节　著作权侵权裁判标准

近年来，著作权侵权案件数量呈不断上升趋势，相较于商标权、专利权等其他知识产权案件，著作权案件是占比数量最多的，这主要是因为著作权侵权与我们生活息息相关，比如，美术作品侵权、摄影作品侵权、文学作品侵权等。著作权侵权不仅涉及企业，往往还会涉及个人，因而对著作权侵权裁判标准的熟知就愈加重要，本书就著作权侵权裁判标准作详细分析。

对于被诉侵权作品是否构成著作权侵权，法院一般按照以下思路进行判定：(1)原告对其主张的作品是否有权利基础。(2)原告主张的作品是否属于著作权法上保护的作品。(3)被诉侵权作品是否符合“接触+实质性相似”。(4)被告的抗辩是否符合合理使用或法定许可。

需要说明的是，上述第二点中“是否属于著作权法上保护的作品”是指狭义的作品，并不包括邻接权所保护的作品。

对于上述裁判标准，本书详述如下。

一、原告对其主张的作品是否有权利基础

1. 可提起著作权侵权之诉的主体

在大多数著作权侵权案件中，被告提出的第一个抗辩大多为原告对其主张的作品没有权利基础，即原告对作品不享有著作权。根据著作权法，著作权侵权案件的起诉主体包括著作权人、被许可人以及利害关系人。

利害关系人主要是指著作权人的继承人。若作品的著作权人过世，其继承人可以提起著作权侵权之诉。例如，在贸圣佳国际拍卖有限公司与杨某康侵害著作权纠纷一案①中，法院认为，钱某、钱某书相继去世后，杨某康、杨某成作为钱某的继承人，有权依法继承钱某著作权中的财产权，依法保护其著作权中的署名权、修改权和保护作品完整权，依法行使其著作权中的发表权。

对于被许可人作为著作权侵权案件的起诉主体而言，并非所有的被许可人均可以提起著作权侵权之诉。

根据《著作权法》第二十六条，许可使用的权利分为专有许可权与非专有许可权。

（1）专有许可权包括独占许可权和排他许可权。独占许可权是指著作权人仅授权被许可人使用，著作权人自己也无权使用。排他许可权是指著作权人仅授权被许可人使用，著作权人自己可以使用。

（2）非专有许可权即普通许可，著作权人自身可使用，并可授权多个主体使用。因而，在著作权侵权案件中，根据许可方式不同，有权提起诉讼的主体资格也不同。

对于独占被许可人而言，其有权单独提起著作权侵权之诉。

对于排他被许可人而言，其可以和著作权人一起提起诉讼，或者在著作权人明确不提起诉讼时，其可以单独提起著作权之诉。

对于普通被许可人而言，其只有在著作权人明确授权其可以起诉时才有起

① 北京市高级人民法院民事判决书，（2014）高民终字第1152号。

诉的主体资格。

2. 著作权权属认定

除可提起诉讼的主体资格外，对于原告是否其主张作品的著作权人，司法实践中也存在不少争议。法院在审理时会遵循以下规定。

根据《最高人民法院关于审理著作权民事纠纷案件适用法律若干问题的解释》第七条第一款的规定，当事人提供的涉及著作权的底稿、原件、合法出版物、著作权登记证书、认证机构出具的证明、取得权利的合同等，可以作为证据。

根据上述法条，若原告能举证提供涉及著作权的底稿、原件、合法出版物、著作权登记证书、认证机构出具的证明、取得权利的合同等证据，在被告没有提出相反证据情况下，法院可以认定原告具有该作品的著作权。

例如，在平乡县源美信儿童玩具销售有限公司与娱乐壹英国有限公司、艾斯利贝克戴维斯有限公司侵害作品发行权纠纷一案[①]中，法院认为，权利作品系美术作品，受《中华人民共和国著作权法》保护。该法规定，著作权属于作者。当事人提供的涉及著作权的底稿、原件、合法出版物、著作权登记证书、认证机构出具的证明、取得权利的合同等，可以作为认定作品权属的证据。

该案中，法院认为娱乐壹英国有限公司、艾斯利贝克戴维斯有限公司提供了著作权登记证书，在无相反证据的情况下，法院确认其享有权利作品的著作财产权，有权提起本案诉讼。

从该案可知，原告只提交了著作权登记证书，在被告没有提出相反证据的情况下，上海知识产权法院认定原告对该作品享有著作权。

二、原告主张的作品是否属于著作权法上保护的作品

根据《著作权法》第三条的规定，著作权法上的作品，是指文学、艺术和科学领域内具有独创性并能以一定形式表现的智力成果。因而，构成著作权法上保护的作品需要满足以下条件：

(1)该作品系人类的智力成果。

(2)该作品属于文学、艺术和科学领域的智力成果。

---

① 上海知识产权法院民事判决书，(2021)沪73民终901号。

(3)该作品需具有独创性。

(4)该作品需构成表达。

(5)该作品不属于不受著作权法保护的对象,包括思想、有限表达、事实、公有领域的作品等。

司法实践中,争议点较多集中于作品是否具有独创性以及该作品不属于不受著作权法保护的对象。在该作品不属于不受著作权法保护的对象中,关于该作品属于思想以及公有领域的作品不受著作权法所保护的抗辩较多见,本书重点进行分析。

著作权保护的是表达,而非思想。所谓作品的表达,是指作品可借以被感知的形式,是其独创性的外在表现。不同类型的作品由于创作过程、表现方法不同,其作品的表达存在区别,①比如,文学作品通常以遣词造句作为表达,美术作品以线条、色彩等作为表达,音乐作品以音符作为表达。因而,若原告主张保护的作品属于思想范畴,则不受著作权法保护。

此外,公有领域的作品并不属于著作权法上所保护的客体,否然会造成对公有领域作品的垄断。公有领域的作品包括超过著作权保护期的作品、历法、通用数表、通用表格、公式等,司法实践中,该部分内容通常在比对实质性相似部分进行,因此本书亦在分析实质性相似部分展开分析。

对于属于著作权法上保护作品要件中最关键的独创性,具体分析如下。

独创性中的"独"是指"独立创作、源于本人",而"创"是要求该作品可以表现作者的智力创造性,体现原作者的选择、安排和个性。

独创性的认定存在一定程度的主观性。对于如何认定独创性需依赖于独创性的认定标准。然而,在理论界和实务界,对于独创性的认定标准存在争议,一部分观点认为,判断作品是否具有独创性时,是以独创性有无来进行判定;另一部分观点认为,判断作品是否具有独创性,是以独创性的高低进行判定。因而,认定标准不同,所得出的结论就会完全不同。

例如,在北京新浪互联信息服务有限公司与北京天盈九州岛网络技术有限公司侵害著作权纠纷、不正当竞争纠纷一案②中,对于体育赛事是否具有独创性、能

① 广东省中山市中级人民法院民事判决书,(2018)粤20民终862号。

② 北京市高级人民法院民事判决书,(2020)京民再128号。

否构成作品而言，二审法院认为对于作品独创性的认定在于独创性的高低，而不在于有无。对于电影作品，独创性高度的要求是著作权法自身逻辑结构所致，故就不存在对应邻接权客体的作品类型而言（如摄影作品、美术作品等），其独创性高度的要求必然与电影作品不同。换言之，对于不同类型的作品，独创性要求不同。

经分析，法院认为该案的体育赛事未达到电影作品的独创性高度，故涉案赛事公用信号所承载的连续画面未构成电影作品，不属于著作权法上所保护的作品。

但是，该案的再审法院认为，电影类作品与录像制品的划分标准应为有无独创性，而非独创性程度的高低。本案中，原告为向观众传递比赛的现场感，呈现足球竞技的对抗性、故事性，包含上述表达的涉案赛事节目在制作过程中大量运用了镜头技巧、蒙太奇手法和剪辑手法，在机位的拍摄角度、镜头的切换、拍摄场景与对象的选择、拍摄画面的选取、剪辑、编排以及画外解说等方面均体现了摄像、编导等创作者的个性选择和安排，故具有独创性，不属于机械录制所形成的有伴音或无伴音的录像制品，符合电影类作品的独创性要求。

综上，在该案中，二审法院认为判断该作品是否具有独创性，应当以独创性高低来判断，即对于电影类作品来说，要构成电影类作品的独创性有一定要求，只有达到较高独创性要求的才能属于电影类作品。然而，再审法院认为判断该作品是否具有独创性，是以独创性有无来进行判定，即若作品只要具有独创性，就应认定为电影类作品。

对于独创性的认定标准问题，理论界和司法实务界还未有定论，亟待之后的法律法规予以明确。王迁教授认为，如果要用“有无”来判断独创性，那么这里的“有无”也应该是程度问题，是以程度的高低来进行判定，即如果达到了一定程度的独创性，则为“有独创性”，若未达到该程度，则是“无独创性”。[①] 本书作者亦同意该观点。

三、被诉侵权作品是否符合“接触＋实质性相似”

（一）接触

著作权侵权判断一般采用“接触＋实质性相似”的判断标准。“接触”考虑

---

① 参见王迁：《知识产权法课程》（第七版），中国人民大学出版社2021年版，第78页。

的是被诉侵权人是否有接触著作权作品的可能性，该可能性可以为推定，权利人只需要举证证明在被诉侵权作品完成前，其权利作品已进入相关公共领域或者被诉侵权人通过其他途径可接触到权利人的权利作品，在没有相反证据的情况下，即可推定具有接触可能性。[①]

例如，在湖南经视文化传播有限公司、余某、东阳欢娱影视文化有限公司、万达影视传媒有限公司、东阳星瑞影视文化传媒有限公司与陈某侵害著作权一案[②]中，法院认为，根据剧本《梅花烙》拍摄的电视剧《梅花烙》早已在中国公开播放，电视剧《梅花烙》是对剧本《梅花烙》内容的视听化。

比对陈某提供的剧本《梅花烙》打印文本所载内容与电视剧《梅花烙》内容，两者高度一致，相关公众通过观看电视剧《梅花烙》即可获知剧本《梅花烙》的内容，尤其是结合陈某在诉讼中提交的证据，余某微博中的表述清楚地表明其观看过电视剧《梅花烙》，由此更可以印证余某已经知悉电视剧《梅花烙》的内容。因此，电视剧《梅花烙》的公开播放可以视为剧本《梅花烙》的发表，并可据此推定余某、湖南经视文化传播有限公司、东阳欢娱影视文化有限公司、万达影视传媒有限公司、东阳星瑞影视文件传媒有限公司接触了剧本《梅花烙》。

再如，在咪咕数字传媒有限公司、马某凌与蓝某燕侵害著作权纠纷一案[③]中，法院认为，接触是指被诉侵权人有机会接触到、了解到或者感受到权利人享有著作权的作品。接触可以是一种推定。原告蓝某燕创作的《汉武妖娆》于2013 年 5 月公开出版发行，且发行之前在网络上公开连载，被告马某凌依据社会通常情况具有获知权利人作品的机会和可能，可以被推定为接触。

（二）实质性相似

著作权法意义上的实质性相似是指作品表达的相似。[④] 对于实质性相似的认定存在一定程度的主观性。另外，在判断被诉侵权作品与权利作品是否构成实质性相似时，对公有领域范围的划定对认定构成实质性相似具有实质性影响。

---

① 重庆市第一中级人民法院民事判决书，(2021)渝 01 民终 3014 号。
② 北京市高级人民法院民事判决书，(2015)高民(知)终字第 1039 号。
③ 浙江省杭州市中级人民法院民事判决书，(2019)浙 01 民终 6305 号。
④ 北京互联网法院民事判决书，(2020)京 0491 民初 5533 号。

例如，在郑某成与朱某仁、杭州朱炳仁文化艺术有限公司侵害著作权纠纷一案[①]中，二审法院和再审法院一致认为，在对被诉侵权产品与原告的著作权作品进行实质性相似的比对时，需要将公有领域的表达排除在外，并重点关注被诉侵权复制品是否使用了权利作品的独创性表达。

然而，在对公有领域的范围进行划定时，二审法院和再审法院出现分歧，从而导致两个法院得出完全相反的判决结果。

二审法院认为，涉案作品是以兔子形象为创作主题的美术作品，在确定其保护范围时，首先应将公有领域的兔子形象予以排除，例如，兔子应具备的五官、四肢等表达元素，进一步包括兔子上身直立蹲坐时前肢竖立而后肢弯曲且从正面看两后肢更为肥硕，兔子侧头时，从正面看耳朵呈前后分布的状态等均不属于涉案作品的保护范围。因此，在对该公有领域范围排除后，二审法院认为不构成实质性相似。

而再审法院认为，虽然兔子的五官、四肢、上身直立蹲坐时前肢竖立而后肢弯曲以及两后肢更为肥硕等均属于公有领域的兔子形象应予排除，但是兔子的五官和四肢的具体形态、直立蹲坐时后肢弯曲的程度和形状以及两后肢肥硕的程度，特别是作为美术作品中的雕塑类作品，其各组成部分的立体线条轮廓及组合后的整体形态，能够体现出作品不同的创作特点，在比对时不应完全予以排除。因此，在对该公有领域范围排除后，再审法院认为构成实质性相似。

原告主张的著作权作品

被诉侵权作品

注：上述两张图片摘自“知产宝”公众号《版权案例丨再审反转！雕塑类复制品与权利作品是否实质性相似的判断》一文。

---

① 浙江省高级人民法院民事判决书，(2022)浙民再6号。

由此可见，该案的二审法院和再审法院在对兔子雕塑哪部分属于公有领域时产生分歧。再审法院认为，兔子的五官和四肢的具体形态、直立蹲坐时后肢弯曲的程度和形状以及两后肢肥硕的程度，其各组成部分的立体线条轮廓及组合后的整体形态，能够体现出作品不同的创作特点，不属于公有领域的作品，因此，在比对时不应完全予以排除。

而二审法院认为兔子形象属于公有领域，应予以排除，包括兔子应具备的五官、四肢等表达元素，进一步包括兔子上身直立蹲坐时前肢竖立而后肢弯曲且从正面看两后肢更为肥硕，兔子侧头时从正面看耳朵呈前后分布的状态等。

因而，如何划定作品的公有领域范围对是否构成实质性相似的判断会产生重要影响。

四、被告的抗辩是否属于合理使用或法定许可

法院在认定被诉侵权作品与原告涉案作品构成实质性相似后，若被告抗辩主张被诉侵权作品属于合理使用或者法定许可，法院认定构成合理使用的则被告无须承担责任；法院认定构成法定许可的则被告只需支付一定报酬。

著作权的合理使用规定在《著作权法》第二十四条，该条规定了十二种具体的合理使用情形和一条兜底条款。若使用人使用作品的行为符合第二十四条情形之一，且该行为没有影响权利作品的正常使用，也没有不合理地损害著作权人的合法权益时，则使用人使用权利作品时构成合理使用，其无须得到权利人的许可，也无须支付其报酬。

法定许可与合理使用的区别在于，法定许可虽无须得到著作权人许可，但需要向其支付一定报酬。我国《著作权法》规定了四种法定许可情形，涉及编写教科书时的法定许可；报刊转载的法定许可；录音制品的法定许可；广播电台、电视台播放已发表的作品或者已经出版的录音制品的法定许可。

由于在著作权案件中，被告抗辩最多的是合理使用中的适当引用条款，因而，本书就适当引用作具体分析。

（一）合理使用之适当引用

根据《著作权法》第二十四条，在下列情况下使用作品，可以不经著作权人

许可,不向其支付报酬,但应当指明作者姓名或者名称、作品名称,并且不得影响该作品的正常使用,也不得不合理地损害著作权人的合法权益:……为介绍、评论某一作品或者说明某一问题,在作品中适当引用他人已经发表的作品……

上述规定是关于合理使用中适当引用的相关规定。根据上述规定以及相关司法案例,本书总结了法院在判断是否属于适当引用时所考虑的相关因素:(1)被引用作品是否已经公开发表。(2)被诉侵权作品在引用时是否指明作者姓名或者名称、作品名称。(3)被诉侵权作品引用权利作品的主要目的。(4)被诉侵权作品引用权利作品的具体方式。(5)被诉侵权作品是否会对权利作品的正常使用和著作权人的合法利益造成负面影响。(6)被诉侵权作品引用权利作品是用于商业性还是公益性。(7)考虑立法目的。(8)被诉侵权作品引用权利作品时是否具有必须性。

1. 被引用作品是否已经公开发表

作为法院在判断适当引用时的第一个考虑因素,法院的观点一致认为,适当引用的作品应当是已经公开发表的作品。例如,在孙某斌与上海教育出版社有限公司侵害著作权纠纷一案[①]中,法院认为,判定被诉侵权作品是否构成"适当引用"的合理使用,权利作品是否已经公开发表是考虑因素之一。本案中,根据在案证据及双方当事人确认的事实,权利作品《西部畅想》显然已公开发表。

综上,适当引用的作品应当是已经公开发表的作品。

2. 被诉侵权作品在引用时是否指明作者姓名或者名称、作品名称

该要件被规定在《著作权法》第二十四条中,适当引用应当指明作者姓名或者名称、作品名称。然而,在司法判例中,法院认为,在特定情形下可不指明作品姓名或者名称、作品名称。

例如,在孙某斌与上海教育出版社有限公司侵害著作权纠纷一案[②]中,在判断被诉侵权作品是否依法指明作者姓名及作品名称时,法院认为,对于著作权法"适当引用"情形中所规定的"指明"作者姓名及作品名称的理解,并不仅限于在作品中标注、载明等方式,还包括能使读者明确知晓被引用作品的名称和其

① 上海市高级人民法院民事裁定书,(2020)沪民申2416号。

② 上海市高级人民法院民事裁定书,(2020)沪民申2416号。

作者姓名等信息的情形。

再如，在上海美术电影制片厂与浙江新影年代文化传播有限公司、华谊兄弟上海影院管理有限公司侵害著作权纠纷一案[①]中，法院认为，海报中虽未对“葫芦娃”“黑猫警长”标注作者姓名，但未署名并不当然影响对作品合理使用的认定。根据海报等宣传画的作品属性和创作特点，也基于海报画面完整性要求，未在画作中标注被引用形象作者的做法亦属正常且合理。

综上，部分司法裁判认为，被诉侵权产品在特定情形下对权利作品进行适当引用时可不指明作品姓名或者名称、作品名称。

3. 被诉侵权作品引用权利作品的主要目的

法院对被诉侵权作品引用权利作品时是否构成适当引用，还需要考虑被诉侵权作品引用权利作品的主要目的是否《著作权法》第二十四条第二项中所规定的为介绍、评论某一作品或者说明某一问题。

例如，在上海美术电影制片厂与浙江新影年代文化传播有限公司、华谊兄弟上海影院管理有限公司侵害著作权纠纷一案[②]中，法院认为，说明某一问题是指对作品的引用是为了说明其他问题，并不是为了纯粹展示被引用作品本身的艺术价值。而本案中，被引用作品在新作品中的被引用致使其原有的艺术价值和功能发生了转换，符合说明某一问题的构成要件。

又如，在北京全景视觉网络科技股份有限公司与青海日报社因侵害作品信息网络传播权纠纷一案[③]中，法院认为，涉案摄影作品展现的是父母与孩子一起快乐阅读的温馨场景，被告使用的原告涉案摄影作品与文章的结合发挥了说明作用，符合说明某一问题的构成要件。

综上，被诉侵权作品引用权利作品的主要目的须是介绍、评论某一作品或者说明某一问题。

4. 被诉侵权作品引用权利作品的具体方式

关于被诉侵权作品引用权利作品的具体方式，即是指在引用权利作品时，引用多少比例可认为是适当的问题。

---

① 上海知识产权法院民事判决书，(2015)沪知民终字第730号。
② 上海知识产权法院民事判决书，(2015)沪知民终字第730号。
③ 上海市高级人民法院民事裁定书，(2020)沪民申2416号。

在孙某斌与上海教育出版社有限公司侵害著作权纠纷一案[①]中，法院认为，“适当引用”之“适当”，并不是指被诉侵权作品所引用的部分占权利作品的比重大小，而是该部分占被诉侵权作品的比重以及被诉侵权作品引用的具体方式是否合理，即便权利作品被全文引用，亦不必然不构成著作权法所指“适当引用”的合理使用情形。

由该案例可知，在判断适当引用的适当时，衡量的是被引用部分占被诉侵权作品的比重以及引用的具体方式是否合理，而不是引用的部分占权利作品的比重大小。

5. 被诉侵权作品是否会对权利作品的正常使用和著作权人的合法利益造成负面影响

关于在认定被诉侵权作品是否会对权利作品的正常使用和著作权人的合法利益造成负面影响时，法院主要考虑的是被诉侵权作品在引用权利作品时是否会对被引用的权利作品产生替代效应。

例如，在孙某斌与上海教育出版社有限公司侵害著作权纠纷一案[②]中，法院认为，对权利作品的正常使用和权利人的合法权益是否造成负面影响，主要指被诉侵权作品是否会因其中的引用而对被引用的权利作品产生替代效应，从而导致读者可以用被诉侵权作品替代对权利作品的选择。

本案中，被诉侵权作品系帮助理解该课文的教学辅导和参考材料，其在教学辅导书中引用课文中的诗歌，就日常生活常识角度而言，被诉侵权作品不仅不会产生替代效应，导致教师、学生等主要读者从权利作品转而选择被诉侵权作品，相反会对读者加深课文理解有所帮助。因此，被诉侵权作品并未对权利作品的正常使用和著作权人的合法利益造成负面影响。

综上，若被诉侵权作品在引用权利作品时对被引用的权利作品产生替代效应，则不能构成合理使用。

6. 被诉侵权作品引用权利作品是用于商业性还是公益性

法院在考虑被诉侵权作品在引用权利作品是否会构成适当引用时，原告往往主张被告的适当引用是出于商业性，因此不能构成适当引用。

---

① 上海市高级人民法院民事裁定书，(2020)沪民申2416号。

② 上海市高级人民法院民事裁定书，(2020)沪民申2416号。

对于在判断适当引用时是否需要考虑被诉侵权作品是用于商业性还是公益性问题，法院存在不同观点。

例如，在北京全景视觉网络科技股份有限公司与青海日报社因侵害作品信息网络传播权纠纷一案①中，法院认为《著作权法》规定了十二种合理使用的具体情形。总结其共同点，其中之一是合理使用需是公益目的，不涉及商业经营即不以营利为目的。因此，该法院认为在判断适当引用时需考虑被告是否公益使用。

然而，大部分法院认为被告对权利作品的引用是出于商业性或者是公益性，不会对认定适当引用产生影响。

例如，在上海美术电影制片厂与浙江新影年代文化传播有限公司、华谊兄弟上海影院管理有限公司侵害著作权纠纷一案②中，法院认为，合理使用制度并不天然排斥商业性使用的可能，商业性使用只要符合法律规定的相关要件，仍然可以构成合理使用。

又如，在孙某斌与上海教育出版社有限公司侵害著作权纠纷一案③中，法院认为，被控侵权图书或被诉侵权作品是否以营利为目的或是否实际营利并非判定被诉侵权作品是否构成“适当引用”合理使用的要件。

7. 考虑立法目的

著作权的立法目的如下：

（1）鼓励创作：著作权法赋予作者相应人身和财产权益，以保证作者获得精神和物质双重回馈，保护作者对其作品的专有权利进而激励其创作。④

（2）鼓励传播：鼓励作品的传播，促进社会主义文化和科学事业的发展与繁荣。⑤

（3）利益平衡：著作权法要确保作者权益和公共利益之间的利益平衡。著作权人权利过大，则会挤压社会公共利益空间，不利于作品的传播和利用；著作

---

① 上海市高级人民法院民事裁定书，（2020）沪民申 2416 号。

② 上海知识产权法院民事判决书，（2015）沪知民终字第 730 号。

③ 上海市高级人民法院民事裁定书，（2020）沪民申 2416 号。

④ 北京知识产权法院民事判决书，（2020）京 73 民终 3021 号。

⑤ 四川省成都市中级人民法院民事判决书，（2021）川 01 民初 4037 号。

权人权利过小，则不利于鼓励创作，从长远来看，无益于公众福祉。[①]

法院在认定合理使用时，会考虑著作权法的立法目的。

例如，在孙某斌与上海教育出版社有限公司侵害著作权纠纷一案[②]中，法院认为，我国《著作权法》在第一条即规定了其立法目的，即一方面应保护文学、艺术和科学作品作者的著作权以及与著作权有关的权益；另一方面应鼓励有益于社会主义精神文明、物质文明建设的作品的创作和传播，促进社会主义文化和科学事业的发展与繁荣。

保护作者合法权利及权益与促进作品传播及利用以提升社会福祉，应当是著作权法立法宗旨的一体两面。《著作权法》通过明晰权利边界、明确侵权责任等方式，也通过设置法定许可、合理使用等制度对立法宗旨予以充分诠释。而根据前述阐释，本案以介绍、解读、评论教学课文为主要目的的引用，虽具有一定营利性，但尚未逾越著作权法规定的著作权权利边界，亦未损害著作权人法定权益，仍在著作权法"适当引用"的合理使用范畴内，故教学课文之著作权人对此理应予以容忍，以更好地提升社会福祉、促进社会主义文化事业的发展与繁荣。

8. 被诉侵权作品引用权利作品时是否具有必须性

关于法院在认定适当引用时是否需要被告引用权利作品具有必须性问题，法院亦观点不一。有的法院认为，引用的作品即使不是必须的，也可以构成合理使用。例如，在上海美术电影制片厂与浙江新影年代文化传播有限公司、华谊兄弟上海影院管理有限公司侵害著作权纠纷一案[③]中，法院认为，该被引用作品在新作品中亦不是以必须为前提，即使在新作品中引用作品不是必须的，也会构成合理使用。

然而，有的法院认为被引用的作品应是必须的，否则不能构成合理使用。例如，在包商银行股份有限公司与北京全景视觉网络科技股份有限公司侵害作品信息网络传播权纠纷一案[④]中，法院认为，案涉摄影作品内容与包商银行对应的微博内容之间关联性不强，案涉作品可能使微博内容更生动形象，但对微博内容的表达不具备必然性，不构成著作权法意义上的合理使用。

① 北京知识产权法院民事判决书，(2020)京73民终3021号。

② 上海市高级人民法院民事裁定书，(2020)沪民申2416号。

③ 上海知识产权法院民事判决书，(2015)沪知民终字第730号。

④ 内蒙古自治区高级人民法院民事判决书，(2019)内知民终60号。

（二）转换性使用

所谓转换性使用，是指被告使用原告的作品并不是为了纯粹展示被引用作品本身的艺术价值，而被引用作品在新作品中被引用致使其原有的艺术价值和功能发生了转换，[①]使原作品被赋予了新的含义、价值或者功能。转换性使用是在认定合理使用时的一个重要考虑因素，若是转换性使用程度越高，则被认定构成合理使用的可能性越大。

例如，在上海美术电影制片厂与浙江新影年代文化传播有限公司、华谊兄弟上海影院管理有限公司侵害著作权纠纷一案[②]中，法院认为，电影海报中引用"葫芦娃""黑猫警长"美术作品不再是单纯地再现"葫芦娃""黑猫警长"美术作品的艺术美感和功能，而是反映一代共同经历八十年代少年儿童期，曾经经历"葫芦娃""黑猫警长"动画片盛播的时代年龄特征，亦符合电影主角的年龄特征。因此，"葫芦娃""黑猫警长"美术作品被引用在电影海报中具有了新的价值、意义和功能，其原有的艺术价值功能发生了转换，而且转换性程度较高，属于我国著作权法规定的为了说明某一问题的情形，构成合理使用。

再如，在王某与谷歌公司、北京谷翔信息技术有限公司侵害著作权纠纷一案[③]中，公众使用被告搜索软件，输入关键词搜索原告作品时，被告的搜索软件会片段式呈现原告作品中的包含该关键词的一部分作品，原告认为侵犯了其著作权，被告主张其属于合理使用。

该案法院认为，被告在涉案片段式使用行为并未实质性地再现原告作品表意功能，且又在较大程度上实现了相应图书信息检索功能的情况下，这一行为已构成对原告作品的转换性使用，不会对原告对其作品的正常使用造成影响，亦不会不合理地损害原告的合法利益，故构成合理使用。

五、结语

综上所述，著作权在侵权判断过程中，法院会按照上述步骤进行侵权认定。

---

① 上海知识产权法院民事判决书，(2015)沪知民终字第730号。
② 上海知识产权法院民事判决书，(2015)沪知民终字第730号。
③ 北京市第一中级人民法院民事判决书，(2011)一中民初字第1321号。

在侵权认定要件中,独创性、实质性相似、合理使用等在侵权判断中系重点,亦系难点,需在处理著作权侵权案件中给予高度重视。

另外,在近年的长短视频之争中,长视频的著作权人起诉短视频作者以及相关网站,主张短视频构成抄袭其长视频的案件层出不穷,而涉诉短视频的被告其抗辩的理由往往是对长视频的使用构成合理使用中的适当引用,可见适当引用抗辩在案件中的重要性以及普遍性。然而,根据本书分析可知,适当引用抗辩中的不少考虑因素在法院中亦存在不同观点,需待之后的法律法规或者司法裁判案例予以明确。

本节通过案例对著作权侵权裁判标准进行具体的分析,希冀对企业在处理著作权侵权案件中以及各位同人在办理著作权诉讼案件中能有所帮助。

第二节　文学作品构成抄袭的侵权裁判标准

抄袭现象在文学领域层出不穷,前有琼某诉于某的《宫锁连城》抄袭其《梅花烙》,后有张某帆起诉周某的《锦绣未央》抄袭其小说《一世为臣》,由于文学作品的“抄袭”并非全部照搬原作品,有的抄袭了部分语句,有的则借鉴了权利作品的部分情节和人物关系。然而,对于文学作品抄袭的侵权裁判标准,我国法律法规还未明文规定。本书根据司法判例,总结大部分法院在判决时所采纳的侵权裁判标准,希冀给各位同人有所借鉴。

一、文学作品构成抄袭的侵权裁判标准概述

在文学作品构成抄袭的侵权案件中,主要分为三种情形:第一种是语句相似,但情节、人物关系和人物设置不相似。第二种是情节、人物关系和人物设置相似,但语句不相似。第三种是情节、人物关系和人物设置不具有独创性,但整体结合具有独创性。

对于第二种与第三种情形,法院对于实质性相似的判定标准是遵循并列比对,综合判断的比对方法,即如果侵权作品与权利作品产生高度相似的观感,则可以认定存在抄袭。

对于第一种情形，在语句构成实质性相似时，不需要两部作品整体的欣赏体验一致，这是因为语句不像情节，其本身就是表达。

以上三种情形，本书分别论述如下。

二、语句相似，但情节、人物关系和人物设置不相似

著作权侵权裁判标准是“接触＋实质性相似”。对于侵权作品只抄袭了部分语句，但情节，人物关系和人物设置没有相似的情形，法院的裁判标准如下：

（1）被告对原告作品是否有接触。

（2）侵权作品在语句上是否构成实质性相似。

（一）接触

“接触”考虑的是侵权人是否有接触著作权作品的可能性，该可能性可以为推定，著作权权利人只需要举证证明在侵权作品完成前，权利人作品已进入相关公共领域或者侵权人通过其他途径可接触权利人作品的，在没有相反证据的情况下，即可推定具有接触可能性。①

例如，在湖南经视文化传播有限公司、余某、东阳欢娱影视文化有限公司、万达影视传媒有限公司、东阳星瑞影视文化传媒有限公司与陈某侵害著作权一案②中，法院认为，根据剧本《梅花烙》拍摄的电视剧《梅花烙》早已在中国公开播放，电视剧《梅花烙》是对剧本《梅花烙》内容的视听化。

比对陈某提供的剧本《梅花烙》打印文本所载内容与电视剧《梅花烙》内容，两者高度一致，相关公众通过观看电视剧《梅花烙》即可获知剧本《梅花烙》的内容，尤其是结合陈某在法院诉讼中提交的证据，余某微博中的表述清楚地表明其观看过电视剧《梅花烙》，由此更可以印证余某已经知悉电视剧《梅花烙》的内容。因此，电视剧《梅花烙》的公开播放可以视为剧本《梅花烙》的发表，并可据此推定余某、湖南经视公司、东阳欢娱公司、万达公司、东阳星瑞公司接触了剧本《梅花烙》。

---

① 重庆市第一中级人民法院民事判决书，（2021）渝01民终3014号。

② 北京市高级人民法院民事判决书，（2015）高民（知）终字第1039号。

（二）语句上的实质性相似

文学创作往往离不开对前人智慧的学习和借鉴，不同作品中出现相同的成语典故、常见的修辞手法、语法句式及日常一般用语等内容并不鲜见，这些内容往往属于公知领域的范畴，不应被一个作者所垄断。此外，对于相同或相似的语句是否构成侵害他人著作权的判断，不应将句子甚至短语或字词进行孤立看待和割裂对比，还应结合文字的相似程度、数量，考虑上下文的衔接，将被控侵权的语句进行整体认定和综合判断。①

换言之，语句上的实质性相似需要达到一定的量，若作品中只是个别的短语或字词相同或者相似，不能构成实质性相似。

而在对于语句上的实质性相似的判断上，分为以下两种情形：第一种情形是语句具有独创性构成实质性相似的情形。第二种情形是单独语句没有独创性，但这些语句的整体组合具有独创性构成实质性相似的情形。

1. 语句具有独创性构成实质性相似

（1）独特的比喻或形容的具体表达具有独创性

在张某帆与北京当当科文电子商务有限公司、周某侵害著作权纠纷一案②中，法院认为，《锦绣未央》有173句是被控侵权语句，构成了与《一世为臣》相同或实质性相似的表达，其中一种侵权语句均使用了独特的比喻或形容的具体表达。这独特的比喻或形容的具体表达具有独创性（见表2－1）。

表2－1 从独特的比喻或形容的具体表达方面比对作品

权利作品：《一世为臣》	侵权作品：《锦绣未央》
福康安阒黑的双眸如望不见底的深滩，无惧地迎视过去：和珅即便此刻依附于你也不过碍于情势，如今的他，唯一乐衷的只会是权势地位！待到他真能位极人臣傲视天下之时，除了一国之君就再没有人能压制的了他	她阒黑的双眸如望不见底的深滩，无惧地迎视过去：拓跋真唯一乐衷的只会是权势地位！待到他真能成为一国之君傲视天下之时，这世上再没有人能压制的了他

① 北京市朝阳区人民法院民事判决书，（2017）京0105民初987号。

② 北京市朝阳区人民法院民事判决书，（2017）京0105民初987号。

续表

权利作品:《一世为臣》	侵权作品:《锦绣未央》
那拉氏被废如天降巨石,把朝中局势砸出一个又一个窟窿来。福康安第一次觉得闹地这沸反盈天的大事与他无关,无论乾隆之后给他多少优容多少抚慰,他也依旧只是木木地,机械似地磕头谢恩	皇帝的话一声声传下去,把朝中局势砸出一个又一个窟窿来。这沸反盈天的大事,宫中几乎人人震动,可是李未央却没什么表情,仿佛一切与她无关一样

(2)采用相同或类似的细节描写来刻画人物或事物具有独创性

在张某帆与北京当当科文电子商务有限公司、周某侵害著作权纠纷一案①中,法院认为,《锦绣未央》的173句被控侵权语句中,构成了与《一世为臣》相同或实质性相似表达,其中一种情况是二者均采用相同或类似的细节描写来刻画人物或事物,而用细节描写来刻画人物或事物具有独创性(见表2-2)。

表2-2　从细节描写方面比对作品

权利作品:《一世为臣》	侵权作品:《锦绣未央》
守门的家丁原本半靠着门要睡不睡,被这番人嘶马叫的动静惊醒,揉着眼睛刚起身,忽然齐齐地瞠目结舌,而后一气儿向内府奔去,狂喜着喊:"少主子回来了——少主子回来了!"福康安翻身下马,随手将马鞭丢给下人,紧抿着唇大步流星地往里走,众人纷纷让路	守着后门的家丁突然被一匹快马惊住,看清了马上的人,忽然齐齐地瞠目结舌,而后一气儿向内府奔去,狂喜着喊:"五少爷回来了——五少爷回来了!"蒋天翻身下马,随手将马鞭丢给下人,紧抿着唇大步流星地往里走,众人纷纷让路
庆成冷冷地看着和珅平静的神情被一种扭曲狰狞的痛苦所替代,整个人再也支撑不住地软下身子,蜷在地上不住地哆嗦发抖,一道道落下的鞭影却越发密集增加	平静的神情被一种扭曲狰狞的痛苦所替代,整个人再也支撑不住地软下身子,蜷在地上不住地哆嗦发抖,一道道落下的藤影却越发密集

2. 单独语句没有独创性,但这些语句的整体组合具有独创性

有些语句中的某些单独句子,孤立看可能属于文学作品的常用表达,不具有独创性,但这些句子的组合如果在整体上能够体现作者的独特构思,则这些句子组成的语句在整体上仍具有独创性。②

① 北京市朝阳区人民法院民事判决书,(2017)京0105民初987号。

② 北京市朝阳区人民法院民事判决书,(2017)京0105民初987号。

例如,在张某帆与北京当当科文电子商务有限公司、周某侵害著作权纠纷一案①中,法院认为,《锦绣未央》的173句被控侵权的部分语句中,《锦绣未央》使用了与《一世为臣》相同或相似的这种大量常用语言的组合,与《一世为臣》的相关语句构成实质性相似(见表2-3)。

表2-3 从语句的整体性方面比对作品

权利作品:《一世为臣》	侵权作品:《锦绣未央》
和珅睁眼,忽然揪住他的衣领,直面一拳,正打在福康安的鼻梁上!“你做什么!”福康安暴怒地跳离床沿,他这辈子还从没被人打过!他和珅怎么敢!和珅翻身坐起,将身上的绳子撇掉,又一踏步上前,重重地挥出一拳:“你说的对,我接近你们全为了能升官发财,我有什么真心待你们?!今天这结果是我咎由自取!是我活该受罪!”说话间已是连出三拳,最后一个拳头在快袭上福康安面门时被攥在手心,动弹不得——“你——你这疯子!住手!”福康安从来气度从容,一点脏话不会骂的,这次也怒极骂道	李敏德上前一步,忽然揪住他的衣领,直面一拳,正打在蒋南的鼻梁上!“你做什么!”蒋南只觉得一阵剧痛,仿佛鼻梁都被对方打断了,却没办法挣扎,只能暴怒地瞪着他,他这辈子还从没被人打过!他李敏德怎么敢!李敏德毫不犹豫又重重地挥出一拳:“……还有你要记住,今天这结果是我咎由自取!是我活该受罪!”说话间已是连出三拳,最后一个拳头把蒋南打得眼前金星直冒,几乎气都喘不过来。“你——你这疯子!住手!”蒋南从来自诩高贵,这次也怒极骂道

在上述语句中,若孤立地看待“忽然揪住他的衣领”“你做什么”“他怎么敢”“是我活该受罪”“这疯子!住手”等句子,其属于常用表达,但这些句子组合形成的上述语句,从整体上看仍具有独创性。

三、情节、人物关系和人物设置部分相似,但语句不相似

在大多数文学作品抄袭案件中,侵权作品大多借鉴了权利作品的部分情节、人物关系和人物设置,该类侵权的裁判标准为“接触+实质性相似”,“接触”规则已在前文有所论述,在此不再赘述。

在对双方作品进行实质性相似的比对时,应当采取整体综合比较的比对方法,将双方作品作为一个整体来比对和分析。② 换言之,比对时可将情节、人物关系和人物设置相似的部分结合成一个整体,再判断两部作品是否有相似的欣赏体验。

---

① 北京市朝阳区人民法院民事判决书,(2017)京0105民初987号。
② 上海知识产权法院民事判决书,(2020)沪73民终57号。

而情节是整部作品的灵魂和精华所在，它直接影响读者的欣赏体验，是决定一部作品与另一部作品之间质的区别。[①] 在蔡某与北京首都华融影院有限责任公司、欢瑞世纪（东阳）影视传媒有限公司侵害著作权一案[②]中，法院认为，虽然涉案两部作品表现的均是男明星与女经纪人的恋爱故事以及职场斗争过程。但是，两部作品不仅在情节的总体安排、情节发展的推进方式、关键环节以及各个情节之间的逻辑关系设置上存在差异，而且在大量的情节描述、细节设置上存在显著区别，上述区别使读者对于上述两部作品会产生不同的欣赏体验。因此，两者之间不构成实质性相似。

综上，在作品抄袭侵权中，情节比对起着至关重要的作用，本书着重讨论。

（一）情节构成表达且实质性相似的判断

情节是指作品中表现人物活动及其由此产生的事件的发展过程，其往往由一系列展示人物性格、表现人物关系的具体事件构成。[③] 对于“情节”的抄袭来说，主要的争议焦点在于该相似的情节是否著作权法保护的客体。

著作权保护表达，不保护思想。如果相似的故事情节极为抽象，只能属于思想，不能受著作权法所保护。而文学作品中，情节的前后衔接、逻辑顺序将全部情节紧密贯穿为完整的个性化表达，这种足够具体的人物设置、情节结构、内在逻辑关系的有机结合体可以成为著作权法保护的表达。[④] 对于情节构成表达且实质性相似的裁判标准如下。

1. 原告主张的情节需排除创意、素材、公有领域的信息、必要场景、唯一或有限表达

（1）必要场景、唯一或有限表达不具有独创性

所谓必要场景，是指在文学作品中，如果根据历史事实、人们的经验或者读者、观众的期待，在表达某一主题的时候，必须描述某些场景或使用某些场景的安排和设计，那么这些场景即使是由在先作品描述的，在后作品以自己的表达

---

① 北京知识产权法院民事判决书，（2017）京73民终1117号。

② 北京知识产权法院民事判决书，（2017）京73民终1117号。

③ 北京市朝阳区人民法院民事判决书，（2017）京0105民初987号。

④ 北京市高级人民法院民事判决书，（2015）高民（知）终字第1039号。

描写相同场景也不构成侵权。所谓有限表达,是指当表达特定构想的方法只有一种或极其有限时,则表达与构想合并,从而即使作品之间构成实质相似,也不构成侵害著作权。所谓公知素材,是指已经进入公有领域、不再受著作权法保护的作品、素材或客观事实。①

以湖南经视文化传播有限公司、余某、东阳欢娱影视文化有限公司、万达影视传媒有限公司、东阳星瑞影视文化传媒有限公司与陈某侵害著作权一案②为例,法院认为,在《梅花烙》中,倩柔发现吟霜身上的梅花烙,向吟霜询问成长经历,决定日后保护女儿。这段情节属于公知素材,即惯常情节,因此,涉案作品的相关情节安排不具有独创性。

(2)部分情节虽属于公有领域,但与其他情节结合后整体具有独创性的构成表达

在湖南经视文化传播有限公司、余某、东阳欢娱影视文化有限公司、万达影视传媒有限公司、东阳星瑞影视文化传媒有限公司与陈某侵害著作权一案③中,法院认为,即使作品中的部分具体情节属于公共领域或者有限、唯一的表达,但是并不代表上述具体情节与其他情节的有机联合整体不具有独创性,不构成著作权法保护的表达。部分情节不构成实质性相似,并不代表整体不构成实质性相似。

2. 原告主张的情节已具体到一定程度,可以作为表达受到保护

剧本和小说均属于文学作品,文学作品中思想与表达界限的划分较为复杂。文学作品的表达既不能仅仅局限为对白台词、修辞造句,也不能将文学作品中的主题、题材、普通人物关系认定为著作权法保护的表达。

文学作品的表达,不仅表现为文字性的表达,也包括文字所表述的故事内容。但人物设置及其相互的关系,以及由具体事件的发生、发展和先后顺序等构成的情节,只有具体到一定程度,即文学作品的情节选择、结构安排、情节推进设计反映出作者独特的选择、判断、取舍,才能成为著作权法保护的表达。确

① 北京知识产权法院民事判决书,(2018)京73民终1061号。

② 北京市高级人民法院民事判决书,(2015)高民(知)终字第1039号。

③ 北京市高级人民法院民事判决书,(2015)高民(知)终字第1039号。

定文学作品保护的表达是不断抽象过滤的过程。①

换言之,只有足够具体的情节才可以作为表达受到著作权法的保护,然而足够具体的情节没有明确标准,而是需要根据个案具体分析。

以在湖南经视文化传播有限公司、余某、东阳欢娱影视文化有限公司、万达影视传媒有限公司、东阳星瑞影视文化传媒有限公司与陈某侵害著作权一案②为例,法院认为,对于包含时间、地点、人物、事件起因、经过、结果等细节的情节,则可以成为著作权法保护的表达(见表2-4)。

表2-4 不同情节构成思想还是表达

序号	情节	思想或是表达
1	若情节概括了"偷龙转凤"	属于思想
2	若情节概括了"福晋无子,侧房施压,为保住地位偷龙转凤"	属于思想
3	若情节概括了"福晋连生三女无子,王爷纳侧福晋地位受到威胁后,计划偷龙转凤,生产当日又产一女,计划实施,弃女肩头带有印记,成为日后相认的凭据"	属于表达

对于上述第三个情节,该情节设计实现了男女主人公身份的调换,为男女主人公长大后的相识进行了铺垫,同时该情节也是整个故事情节发展脉络的起因。上述细节的设计已经体现了独创性的选择、安排,属于著作权法保护的表达,剧本《宫锁连城》的相应情节与其构成实质性相似。

再如,在张某帆与北京当当科文电子商务有限公司、周某侵害著作权纠纷一案③中,法院认为,以"威胁"为例,两书在情节中,均塑造了"自杀的母亲""痛苦的独子""爱而不得的爱人"等非常具体的人物,设计了"母亲笃定自己是儿子爱人所害""儿子内心替爱人辩解""儿子是母亲的独子""儿子下定决心夺取帝位"等具体的矛盾冲突和细节,两情节构成相似,且上述情节不属于惯常情节。该"威胁"情节见表2-5。

① 北京市高级人民法院民事判决书,(2015)高民(知)终字第1039号。
② 北京市高级人民法院民事判决书,(2015)高民(知)终字第1039号。
③ 北京市朝阳区人民法院民事判决书,(2017)京0105民初987号。

表 2－5 “威胁”情节比对

权利作品:《一世为臣》	侵权作品:《锦绣未央》
福康安的母亲服毒后摔进儿子怀里,攥着福康安的衣角表示,自己的死是和珅所害。福康安双目赤红,和珅从未对不起傅家,却是他及他的家族对不起和珅在先。福康安的母亲表示,“你是我唯一的儿子,傅家唯一的希望”,要求福康安不得与和珅在一起。福康安的母亲死在福康安的怀里,福康安痛苦不安,仰天长啸。福康安下定决心,为了得到和珅,唯有坐拥江山	拓跋玉的母亲吞金后,攥着拓跋玉的衣角表示,自己的死是李未央所害。拓跋玉双目赤红,李未央从未对不起他,却是他和母亲对不起李未央在先。拓跋玉的母亲表示,“你是我唯一的儿子,我唯一的希望”,要求拓跋玉不得与李未央在一起。拓跋玉的母亲死在拓跋玉怀里,拓跋玉下定决心,为了得到李未央,唯有坐拥江山

3. 侵权情节已达到了一定的量或者对侵权作品具有一定程度的重要性

(1)相似部分需要达到一定的量

被告的侵权情节构成“实质性相似”的前提是相似情节需要达到一定的量。若只是个别的情节构成相似的情形,则难以构成实质性相似从而达到侵权认定的程度。

例如,在湖南经视文化传播有限公司、余某、东阳欢娱影视文化有限公司、万达影视传媒有限公司、东阳星瑞影视文化传媒有限公司与陈某侵害著作权一案[①]中,法院认为,如果被诉侵权作品中包含足够具体的表达,且这种紧密贯穿的情节设置在被诉侵权作品中达到一定数量、比例,可以认定为构成实质性相似。

如果被诉侵权作品中包含的紧密贯穿的情节设置已经占到了权利作品足够的比例,即使其在被诉侵权作品中所占比例不大,也足以使受众感知到源于特定作品时,可以认定为构成实质性相似。

再如,在上海华某文化艺术有限公司与上海某剧院、陈某宇等侵害作品改编权纠纷一案[②]中,法院认为,就两部作品的篇幅来论,上述相同或相似点中所占的比重较小,尽管这不是确定在后作品是否改编作品的决定性因素,但在判断借鉴使用的合理性时也是考虑因素之一,更重要的是,两部作品在整体印象

① 北京市高级人民法院民事判决书,(2015)高民(知)终字第1039号。

② 上海市第一中级人民法院民事判决书,(2012)沪一中民五(知)终字第112号。

方面所表现出来的独创性出现了重大的差异。

综上可知，若相似情节较少，从整体印象和欣赏体验来说，两部作品则不太容易被认定是相似的。

(2)相似部分对侵权作品具有一定程度的重要性

如果被诉侵权作品使用了权利作品具有独创性的部分，即使该独创性部分在被诉侵权作品中所占比重不大，但对作品具有一定程度的重要性，也可能构成对权利作品著作权的侵害。①

例如，在快看世界(北京)科技有限公司与刘某、重庆天成合影视文化传媒有限公司、连某晟、姚某鸣、姚某婷、北京田宥盈文化传媒有限公司、重庆兴丽源科技有限公司、尚莲(上海)文化传媒有限公司侵害作品署名权纠纷、侵害作品摄制权纠纷一案②中，法院认为，虽然被诉侵权作品人物设置和人物关系更为丰富，并且增设了其他的情节内容，除摄影棚任务中的部分剧情外，整容游戏 App 设置的其他任务与权利作品亦不同。

但上述不同点是建立在被诉侵权作品使用了与权利作品相同的人物和情节的基础上展开和设置的，即均是在整容游戏 App 让人变美这一特殊功能的基础上设置的相同的主要人物关系而推进相应的故事情节。没有这些相同的核心内容，被诉侵权作品所添附的其他人物和情节的独创性将大幅减弱，而上述框架内容已经足够具体，可以作为表达受我国《著作权法》的保护。故被诉侵权作品使用了权利作品的核心表达内容，构成对快看世界(北京)科技有限公司等权利作品所享有的改编权的侵害。

(二)人物设置和人物关系实质性相似的判断

人物是小说作品中必不可少的构成要素，人物和人物关系通过故事情节来刻画、塑造和充实，同时又推动故事情节的发展。抽象的人物关系如夫妻关系、父母与子女的关系、朋友关系、上下级关系等都属于公有领域的素材，属于思想范畴，不受著作权法保护。

人物、人物关系的比对通常不能脱离具体的情节，只有与情节结合形成足够

---

① 上海知识产权法院民事判决书，(2020)沪 73 民终 57 号。

② 上海知识产权法院民事判决书，(2020)沪 73 民终 57 号。

具体的、有个性化特征，才能作为有独创性的表达，落入著作权法的保护范围。[①]

1. 人物设置和人物关系构成实质性相似的情形

在湖南经视文化传播有限公司、余某、东阳欢娱影视文化有限公司、万达影视传媒有限公司、东阳星瑞影视文化传媒有限公司与陈某侵害著作权一案[②]中，二审法院认为：以两部作品中的男女主人公为例，下列要素在两部作品中均存在，见表2－6。

表2－6 比对作品中的人物关系

权利作品：《梅花烙》	侵权作品：《宫锁连城》
吟霜和皓祯身份调换	连城和恒泰身份调换
吟霜和皓祯在王府外的市井相遇	连城和皓祯在王府外的市井相遇
吟霜受到欺负后丧父	连城受到欺负后丧母
皓祯施救吟霜并安排至王府外的小院	恒泰施救连城并安排至王府外的小院
吟霜和皓祯陷入爱河、私定终身	连城和恒泰陷入爱河、私定终身
皓祯被皇帝指婚，与公主结婚	恒泰被皇帝指婚，与公主结婚
吟霜后进入王府，遭到公主的欺负	连城后进入王府，遭到公主的欺负
福晋无意中发现吟霜的真实身份	福晋无意中发现连城的真实身份
偷龙转凤之秘密被揭开，龙凤知悉彼此真实身份	偷龙转凤之秘密被揭开，龙凤知悉彼此真实身份

综上，法院经比对，剧本《宫锁连城》中对于男女主人公的角色设置与情节互动、情节推进，包含了剧本《梅花烙》的上述要素，故二者构成实质性相似。

另外，二审法院认为，一审法院对于人物设置和人物关系的相关认定，均系结合人物与情节的互动及情节的推进来进行比对的，并进而在构成表达的层面对两部作品进行比对。虽然不可否认剧本《宫锁连城》中的人物设置更为丰富，故事线索更为复杂，但由于其包含了剧本《梅花烙》的主要人物设置和人物关系，故原审法院认定剧本《宫锁连城》的人物设置和人物关系是在涉案作品的基础上进行改编及再创作，并无不当。

---

① 上海市浦东新区人民法院民事判决书，(2017)沪0115民初84551号。

② 北京市高级人民法院民事判决书，(2015)高民(知)终字第1039号。

2. 人物关系和人物设置不构成实质性相似的情形

在刘某田与湖南广播电视台、凤凰传奇影业有限公司、周某森、上海利达影业有限公司、北京正和顺文化传媒有限公司、大盛国际传媒集团有限公司、弘道影业有限公司、天津嘉会文化传媒有限公司侵害著作权一案①中,法院认为,原告从相似人物中提取的比对内容依然是抽象的,原、被告作品中基于人物和人物关系产生的具体情节并不相似。

如李玉庭与高小琴对比,李玉庭为了利益与刘云波结为儿女亲家,而高育良与高小凤结婚是赵瑞龙与杜伯仲设下的美人计,且非高小琴安排。又如原告将季子川与高小凤、高小琴、陆亦可三个人物进行比对,将三个人物的特征集合在另一个人物身上,而这三个人物各有自己的角色使命,原告这种比对方式显然是不恰当的。综上,原告主张的人物关系和人物设置不构成实质性相似。

另外,在题材类似的情况下,单纯的人物和人物关系设置相似不可避免。原告主张的人物关系和人物设置分为政府官员、女人、资方、企业方四个方面,由于原、被告作品均涉及国企改制和官员贪腐,因此在人物的身份上存在相似是不可避免的,如作品中均存在老首长、省委书记、市长、公安局局长、妻子、情人、商人、工人等,但单纯的人物和人物关系属于思想,并不受著作权法保护。

3. 人物名称、道具名称、盗墓规矩不构成实质性相似的情形

在上海玄霆娱乐信息科技有限公司、北京萌游科技有限责任公司、北京易科成志科技发展有限公司、北京乐触无限软件技术有限公司与张某野、无锡天下九九文化发展有限公司侵害著作权纠纷、不正当竞争纠纷一案②中,法院认为,涉案游戏画面使用了与《鬼吹灯》系列小说中相同的人物名称、道具名称、盗墓规矩等,虽然两者有相同之处,但从情节中抽离出来的角色名称等难以成为表达,因此上海玄霆娱乐信息科技有限公司不能对前述人物名称、道具名称、盗墓规矩等享有著作权。

4. 例外:对于人物群像中的人物形象,人物名称、性格特征、人物关系可脱离具体情节构成表达

通常,单个人物形象在脱离具体情节后,人物名称、人物关系等难以构成表

---

① 上海市浦东新区人民法院民事判决书,(2017)沪0115民初84551号。

② 上海知识产权法院民事判决书,(2017)沪73民终324号。

达，但对于人物群像中的人物形象，人物名称、性格特征、人物关系可脱离具体情节构成表达。比如，在北京精典博维文化传媒有限公司、杨某、林某怡与北京联合出版有限责任公司侵害著作权纠纷、不正当竞争纠纷一案①中，二审法院认为，虽然就单个人物形象来说，难以都认定获得了充分而独特的描述，但整体而言，郭靖、黄蓉、乔峰、令狐冲等60多个人物组成的人物群像，无论是在角色的名称、性格特征、人物关系、人物背景都体现了查良镛的选择、安排，可以认定为已经充分描述、足够具体到形成一个内部各元素存在强烈逻辑联系的结构，属于著作权法保护的“表达”。故，法院认为《此间的少年》抄袭《射雕英雄传》《天龙八部》《笑傲江湖》《神雕侠侣》四部作品中人物名称、性格特征、人物关系的行为属于著作权法所禁止的剽窃行为，杨某侵害了涉案四部作品的著作权。

综上所述，根据上述案例可知，人物设置和人物关系的实质性相似的判断，通常需要结合情节的推进作比对后进行判断，若脱离情节后将人物设置和人物关系进行单独比对，往往难以构成具体的表达。但也有例外情况，即在人物群像中，人物设置和人物关系可脱离情节进行实质性相似的判断。

四、情节、人物关系和人物设置不具有独创性，但整体结合具有独创性

对于该种情形下的侵权裁判标准为“接触＋实质性相似”，“接触”要件已在前文有所论述，在此不再赘述，对于是否构成实质性相似的判断，本书分析如下。

“实质性相似”是指在后作品与在先作品在表达上存在实质性的相似，使读者产生相似的欣赏体验。② 文学作品侵权案件中，实质性相似的裁判标准应当遵循并列比对、综合判断的比对方法。

在快看世界（北京）科技有限公司与刘洋、重庆天成合影视文化传媒有限公司、连某晟、姚某鸣、姚某婷、北京田宥盈文化传媒有限公司、重庆兴丽源科技有限公司、尚莲（上海）文化传媒有限公司侵害作品署名权纠纷、侵害作品摄制权纠纷一案③中，法院认为，即便作品中单个情节和人物关系属于公有领域中常见

---

① 广州知识产权法院民事判决书，(2018)粤73民终3169号。
② 北京知识产权法院民事判决书，(2017)京73民终1117号。
③ 上海知识产权法院民事判决书，(2020)沪73民终57号。

的素材，但并不代表这些情节和人物关系就必然不能受到保护。倘若这些常见的情节、人物关系和作品中其他情节、人物关系结合后形成的作品整体具有独创性，也应当作为著作权法保护的对象。

故在对双方作品进行实质性相似的比对时，应当采取整体综合比较的比对方法，将双方作品作为一个整体来比对和分析，而不应将作品分解之后分别比对。并且比对时应当比对两者的相似之处，而不应比对两者的不同之处，在此基础上再判断这些相似之处是否构成权利作品的独创性表达。

换言之，若单个情节和人物关系是公有领域素材，对情节、人物关系和人物设置相似部分作为整体进行综合判断，判断是否有相似的欣赏体验。如果产生高度相似的观感，则可以认定存在抄袭。

例如，在蔡某与北京首都华融影院有限责任公司、欢瑞世纪（东阳）影视传媒有限公司侵害著作权一案①中，法院认为，著作权法上的作品，应以其相应的故事情节及语句，赋予这些“人物”以独特内涵，这些人物与故事情节和语句一同构成著作权法的保护对象。因此，所谓的人物特征、人物关系，以及与之相应的故事情节均不能简单割裂开来，人物和叙事应为有机融合的整体，在判断是否抄袭时应综合进行考虑。

五、结语

综上所述，从上述案例可知，在文学作品构成抄袭的侵权案件中，除了语句构成实质性相似外，法院对于作品构成实质性相似的判定标准是遵循并列比对、综合判断的比对方法，即如果侵权作品与权利作品产生高度相似的观感，则可以认定存在抄袭。

而情节直接影响读者的观赏体验，这是比对的关键所在。此外，情节与人物关系和人物设置是相辅相成的，人物设置与人物关系的实质性相似是结合情节的推进来判断。当情节足够具体构成实质性相似时，人物设置与人物关系也能达到实质性相似，反之亦然。

本书抛砖引玉，从司法判例中分析文学作品抄袭中侵权的裁判标准，希冀

---

① 北京知识产权法院民事判决书，(2017)京73民终1117号。

对著作权人在文学作品的抄袭维权过程中,以及各位同人在办理相关案件中有所帮助。

第三节 字体著作权侵权的裁判标准

企业为吸引消费者,往往选用具有个性化的字体,或用于产品包装上,或用于海报宣传中。商业使用字体通常需获权利人许可,然而企业经常忽视此点,对字体著作权不够重视,殊不知,字体侵权赔偿可高达百万元。

以北京子盟科技有限公司与北京汉仪创新科技股份有限公司侵害著作权纠纷一案①为例,法院判决子盟公司侵害汉仪公司"新蒂下午茶体"字体的改编权以及信息网络传播权,判赔200万元经济损失。因此,对于字体著作权侵权,企业应予以高度重视。本书就字体著作权侵权的相关裁判标准阐述如下。

一、字库、字体、字库中的单字的保护

(一)字库

字库是字型原稿经数字化处理后由人工或计算机根据字型原稿的风格结合汉字组合规律拼合而成,以相应的坐标数据和函数算法存在。② 字库在早些年作为何种作品受到保护一直存有争议,直至在北京北大方正电子有限公司等与暴雪娱乐股份有限公司等侵害著作权纠纷一案③中,最高人民法院认为字库属于计算机软件作品,至此之后在司法实践中便再无争议。

在北京北大方正电子有限公司等与暴雪娱乐股份有限公司等侵害著作权纠纷一案④中,最高人民法院认为,计算机程序是指为了得到某种结果而可以由计算机等具有信息处理能力的装置执行的代码化指令序列,或者可以被自动转换成代码化指令序列的符号指令序列或者符号化语句序列。

① 北京知识产权法院民事判决书,(2020)京73民终1897号。

② 江苏省苏州市中级人民法院民事判决书,(2019)苏05知初549号。

③ 最高人民法院民事判决书,(2010)民三终字第6号。

④ 最高人民法院民事判决书,(2010)民三终字第6号。

该案中,诉争字库中的字体文件的功能是支持相关字体字型的显示和输出,其内容是字型轮廓构建指令及相关数据与字型轮廓动态调整数据指令代码的结合,其经特定软件调用后产生运行结果,属于计算机系统软件的一种,应当认定其是为了得到可在计算机及相关电子设备的输出装置中显示相关字体字型而制作的由计算机执行的代码化指令序列。因此,字库属于《计算机软件保护条例》第三条第一项规定的计算机程序,属于著作权法意义上的计算机软件作品。

(二)字体

关于字体属于著作权上所保护的哪种作品类型,在司法实践中有争议。有些法院认为字体是著作权法上的美术作品,而有些法院认为字体并不构成美术作品。

1. 字体不构成美术作品

在北京北大方正电子有限公司等与暴雪娱乐股份有限公司等侵害著作权纠纷一案[①]中,法院认为,每款字体(字库)均使用相关特定的数字函数,描述常用的5000余汉字字体轮廓外形,并用相应的控制指令及对相关字体字型进行相应的精细调整,因此每款字体(字库)均由上述指令及相关数据构成,并非由线条、色彩或其他方式构成的有审美意义的平面或者立体的造型艺术作品,其不属于著作权法意义上的美术作品。

从上述案例可知,法院认为字体是由计算机指令及相关数据构成,并非由线条、色彩或者其他方式构成,而美术作品需要由线条、色彩等显示其美感,因此字体不属于美术作品。

2. 字体构成美术作品

在北京子盟科技有限公司与北京汉仪创新科技股份有限公司侵害著作权纠纷一案[②]中,法院认为,涉案字体是字体设计人员创作出的具有统一艺术设计风格的字体,呈现不同于公有领域字体的书写风格,即新蒂下午茶体笔法线条圆滑流畅、没有分明棱角、笔画萧疏,展现出一种舒缓、轻松的特点;新蒂泡芙体笔法

---

① 最高人民法院民事判决书,(2010)民三终字第6号。

② 北京知识产权法院民事判决书,(2020)京73民终2207号。

线条圆滑弯曲、不规则,呈现一种俏皮、可爱的特点。涉案字体均充满手写感,在笔画间结构的搭配、笔画的粗细、曲直、长短等方面都融入了字体设计人员对字体美感的把握和对设计形态的取舍,体现了设计人员的个性化风格,具有独创性,属于有一定审美意义的字体,构成我国著作权法意义上的美术作品。

由此可见,该案中的法院认为字体能体现设计人员的个性化风格,具有独创性,属于著作权法意义上的美术作品。

在潍坊文星科技开发有限公司与北京北大方正电子有限公司侵害著作权纠纷一案①中,法院认为,方正兰亭 V4.0 字库中的字型是方正公司独立创作完成的文字的数字化表现形式,是由线条构成的具有审美意义的平面造型艺术作品,属于我国著作权法规定的美术作品,受我国著作权法的保护。同时,由各个文字的坐标数据和指令构成的字库可以被计算机执行,属于我国《计算机软件保护条例》规定的计算机软件,受该条例的保护。方正公司作为方正兰亭 V4.0 字库的作者,对字库中的每个文字的字型以及由这些文字的数据坐标和指令程序构成的字库软件享有著作权。

在上述案例中,法院所指的字型即指字体,其认为字型是由线条构成属于具有审美意义的平面造型艺术作品,因此属于美术作品。而字库由坐标数据和指令构成,属于计算机软件作品。

综上,在司法实践中,字体是否能作为美术作品予以著作权法上的保护,法院观点各有不同。有的法院认为每款字体(字库)均由指令及相关数据构成,因此不属于美术作品;而有的法院认为字体由线条、色彩或其他方式构成,能体现设计人员的个性化风格,具有独创性,构成美术作品。法院认定字体属于不同作品的主要原因是其对字体的表现形式的认识不同。目前,字体作为美术作品予以保护是司法主流观点。

(三)字库中的单字

1. 早前部分法院认为字库中的单字不具有可版权性

早前,字库中的单字可版权性问题在各个法院观点不同。有的法院认为,

---

① 北京市高级人民法院民事判决书,(2005)高民终字第443号。

字库中的单字不能作为作品受著作权法保护。比如,在北京北大方正电子有限公司与北京家乐福商业有限公司、广州宝洁有限公司侵害著作权纠纷一案①中,法院认为,就汉字而言,其作用主要在于作为沟通符号的实用性和功能性。因结构和笔画不可改变,单字所体现的风格有其局限性,故单字能够形成区别于其他字体的独特风格较为困难。因字库字体需要整体风格的协调统一,其中单字的独特风格更受到较大限制,与书法家单独书写的极具个人风格的单字书法作品无法相提并论,也不同于经过单独设计的风格极为特殊的单字。

但当单字的集合作为字库整体使用时,整套汉字风格协调统一,其显著性和识别性可与其他字库字体产生较大区别,较易达到著作权法意义上的独创性高度。对于此种字库作品,他人针对字库字体整体性复制使用,尤其是与软件的复制或嵌入相配合的使用行为,可以认定侵权成立。但将其中的每一个单字都确认具有独创性,享有美术作品的著作权,依据不足。

从上述案例可知,法院认为单字的集合作为字库整体使用,可以达到独创性标准受著作权法保护,但是单字无法达到独创性标准,不能享有著作权。

2. 目前的司法实践中,单字作为美术作品予以保护

在目前的司法实践中,单字具有可版权性,且被认为作为何种作品类型受到保护已无太大争议,法院已普遍认为字库中的单字可以作为美术作品予以保护。例如,在北京北大方正电子有限公司与上海跃兴旺贸易有限公司、北京家乐福商业有限公司侵害著作权纠纷一案②中,法院认为计算机字库单字是在汉字基础上发展而来,当然要遵守汉字固有的基本书写结构。通过对原有汉字每一单字的笔画结构搭配、笔画粗细和弯度等外观形态进行变化,可以使计算机字库单字呈现与现有字体不同的艺术造型风格,体现一定的视觉美感,只要其明显不同于公有领域的通用字体,并且为使用者接受和喜爱,其审美意义就应当得到承认。目前的计算机字库单字既有楷、宋、黑等进入公有领域的字体,也有个性化风格更加突出的丰富多样的字体供使用者自由选择。

在该案中,方正平和体字库单字与传统隶书及现有公知领域的其他字体相比,具有鲜明的独特的形体外观,方正平和体单字“自”“然”“之”“子”在笔画、

① 北京市海淀区人民法院民事判决书,(2008)海民初字第27047号。

② 北京市第三中级人民法院民事判决书,(2014)三中民(知)初字第9233号。

结构等方面均较好地展现了方正平和体字的设计风格，字体凝正而稳健、风格优雅而有韵味。上海跃兴旺贸易有限公司选择使用了方正平和体而并没有选用公有领域的楷、宋、黑等字体，恰恰体现了方正平和体单字“自”“然”“之”“子”所具有的审美价值，因此属于著作权法上的美术作品，给予著作权法保护。

综上，字库中的单字若满足独创性要求可认定为美术作品受著作权法保护已没有争议，那么字库中的单字是否均能满足独创性要求？单字独创性要求又是如何认定的？下文将逐一分析。

二、判定字库中单字独创性的裁判标准

关于判定字库中单字独创性的裁判标准，各法院认定标准不一，本书举例具有代表性的判定标准，供读者参考。

1. 裁判标准一：考虑单字特点以及与公知领域字体和原告发行的其他字库对比后的创作高度

部分法院在认定单字的独创性标准时会考虑如下因素：（1）遵循美术字艺术创作的规律，根据汉字的笔画特征、笔画数量、结构等特点进行考虑。（2）将单字体现的艺术风格、特点与公知领域的其他美术字书体如宋体、仿宋体、黑体等进行对比，分析原告主张权利的单字是否具有明显的特点或一定的创作高度。（3）将一种书体字库中的单字与原告发行的字库中其他相近书体中的相同单字进行对比，分析原告主张权利的单字是否具有明显的特点或一定的创作高度。①

以汉仪公司诉笑巴喜公司字体商标侵权纠纷一案②为例，法院认为，在汉仪秀英体整体风格一致的框架内，并不是每一个汉字均能达到美术作品独创性的创作高度。虽然单字的风格如（一、二、三、五、十）等字与秀英体字库整体风格一致，但其笔画特征与公有领域的黑体（一、二、三、五、十）以及原告汉仪公司《汉仪浏览字宝》中的汉仪字库中汉仪粗圆体相同汉字（一、二、三、五、十）相比，上述一、二、三、五、十等字，笔画、结构特征基本没有变化，两者差别不大，极为相似，此类受表达方式限制的汉字难以构成具有独创性的美术作品。

---

① 江苏省南京市中级人民法院民事判决书，（2011）宁知民初字第60号。

② 江苏省南京市中级人民法院民事判决书，（2011）宁知民初字第60号。

根据上述论证，本案中涉及的“笑”“巴”“喜”三个汉字，其中“笑”“喜”二字基本体现了原告创作该字体的笔画特征。点撇、长撇、长捺笔画体现秀英体特色，与现有公知领域包括原告汉仪公司《汉仪浏览字宝》中其他美术字书体相比，不相同也不相似，具有明显的个性特征，能够独立构成美术作品。其中的“巴”字的折笔与横钩虽然体现了原告创作该字体的笔画特征，但该单字笔画特征与公知领域的美术字书体黑体字中相同汉字“巴”相比，区别仅在“巴”字的右折笔处变方为圆。右下的横钩处变方笔为圆弧设计，其余笔画、结构特征两者无明显区别，极为近似，属近似的书体。该单字再与汉仪字浑中粗圆体（简）“巴”相比，右折笔画更为相似，两者明显相似，属近似书体。由此可见，该字的个性特征不明显。因此，该单字未达到著作权法意义上的美术作品的独创性，单独一个“巴”字不能独立构成美术作品。

2. 裁判标准二：单字类似于实用艺术作品，具有较高独创性要求

部分法院认为字库中的单字类似于实用艺术作品，因此，对于字库中的单字，其独创性应具备较高的独特审美要求，应高于一般美术作品的独创性。以福建双飞日化有限公司、北京汉仪科印信息技术有限公司、青蛙王子（中国）日化有限公司侵害著作权纠纷一案①为例，法院认为，鉴于字库字体本身同时兼具审美与实用工具的双重特性，字库字体创作的目的是满足计算机使用汉字的需要，因此，字库字体属于作品性和工具性紧密结合的智力成果，在将字库字体作为美术作品进行保护时，其独创性应当具备较高的独特审美的要求，亦即获得保护的字库单字应当明显有别于已有的公知字体。

一般的美术字如果系手工独立完成，即应认定为独创性美术作品，而字库字体的独创性要求则不能等同于一般美术字，且对运行字库软件输出的单字是否具有独创性应当逐一进行判断。如果字库单字的保护标准较低，有可能很难将其与已有字体区分，造成混乱状况，妨碍公众对已有字体工具的正常使用，阻碍对文化的传播。故只有体现较高独特审美，并能够与已有字体明确区分的字库单字才有可能被认定为美术作品加以保护。

① 江苏省高级人民法院民事判决书，(2012)苏知民终字第161号。

三、企业在商用中使用字体的注意事项

商业用字如果不规范容易引起字体侵权纠纷，因此，对于企业在商业中使用字体的注意事项，笔者建议如下：

（1）若从官方网站下载，需明确该字体是否可免费商业使用，建议尽量使用免费商用字体。若企业需要使用付费商用字体，需获得该字体权利人的许可。

（2）从第三方下载的字体，第三方免责声明无法作为不侵权抗辩理由。

（3）若委托第三方设计作品，可在委托合同中约定，委托作品中若涉嫌字体侵权，责任由受托方承担。

（4）微软公司在 Office 软件中提供的字体，既包括免费商用字体，也包括付费商用字体。比如，微软雅黑字体则是付费商用字体，该字体是微软公司委托北大方正电子有限公司（以下简称方正公司）开发，微软公司只有该字体的屏幕输出和以个人使用为目的打印的授权许可，而商业使用版权仍归方正公司所有。故企业在对 Office 软件中的字体进行商业使用时，需甄别能否用于商用。

四、结语

综上所述，字体著作权侵权纠纷在企业中很常见，主要原因在于企业在使用字体时容易忽视字体的著作权，导致字体侵权人被诉侵权时不知所措。本书抛砖引玉，通过众多案例来分析法院在字体著作权侵权时认定的裁判标准，以期对企业在字体合规工作中或者各位同人在处理字体著作权侵权纠纷中有所助益。

第四节　网络游戏侵权的裁判标准

网络游戏侵权案件屡见不鲜，前有“奇迹神话”抄袭“奇迹 MU”，法院判决被告赔偿原告 400 万元，后有“迷你世界”抄袭“我的世界”玩法规则，法院判决被告赔偿原告 5000 万元。在网络游戏侵权领域，一些问题的认定在司法层面没有达成一致，比如，网络游戏的保护模式，游戏规则是否能纳入整体保护模式进行保护等。本书结合司法案例，就网络游戏中侵权的相关裁判标准作出分析。

一、网络游戏保护模式

司法实践中有三种网络游戏的保护模式：第一种是将网络游戏采用整体保护的模式；第二种是对网络游戏各要素单独保护模式；第三种是对网络游戏源代码的保护模式。本书对这三种模式逐一分析。

（一）整体保护模式

整体保护模式是将网络游戏的整体画面作为类电影作品（现为视听作品）进行保护。2021年6月开始实施的新《著作权法》取消了电影和类电影作品，取而代之的是视听作品，而新增的视听作品含义等于修法前的电影作品和类电影作品总和。

所谓游戏画面，是指游戏程序自动或者应游戏用户操作指令，临时调取游戏中预设的文字、图片、视频、音频等素材片段，并借助技术设备实时呈现的影像画面（常伴有声音），而游戏整体画面是指游戏运行后形成的全部游戏画面的整体。[①]

从"奇迹MU"游戏侵权案[②]的判决起，法院在认定游戏整体画面构成类电影作品的判决逐渐增多。但是，由于游戏有多种类型，比如，RPG游戏、沙盒类游戏、FPS游戏、卡牌类游戏等，不同类型的游戏有不同玩法规则，所呈现的画面均会不同，即使是同一种类型的游戏，也可以由于创新元素的加入趋于不同。因而，并不是所有游戏的整体画面均能构成类电影作品，对于游戏整体画面能否构成类电影作品，需要个案认定。因此，在认定游戏整体画面是否构成类电影作品时，熟悉法院对此的认定考虑因素就至关重要。

在广州维动网络科技有限公司、广州硕星信息科技股份有限公司与上海壮游信息科技有限公司侵害著作权纠纷、不正当竞争纠纷一案[③]中，法院认为，原告的"奇迹MU"游戏整体画面构成类电影作品，且无须对文字作品和美术作品的各类游戏素材作为游戏画面的组成部分作单独保护的必要，具体分析见表2-7。

---

① 广东省高级人民法院民事判决书，（2021）粤民终1035号。
② 上海知识产权法院民事判决书，（2016）沪73民终190号。
③ 上海知识产权法院民事判决书，（2016）沪73民终190号。

表 2 -7 法院认定思路

法院认定游戏整体画面构成类电影作品的步骤	具体内容
第一步:"奇迹 MU"游戏整体画面具有独创性,构成作品	"奇迹 MU"游戏整体画面,在其等级设置、地图名称以及地图、场景图的图案造型设计、职业角色设置及技能设计、武器、装备的造型设计等方面均具有独创性,且游戏画面可以以有形形式复制,符合上述法律规定的作品的构成要件,属于著作权法意义上的作品
第二步:"奇迹 MU"游戏整体画面具有类电影作品的表现形式,即连续活动画面组成	类电影这一类作品的表现形式在于连续活动画面,这亦是区别于静态画面作品的特征性构成要件,网络游戏在运行过程中呈现的亦是连续活动画面
第三步:游戏玩家操作的互动性所形成的游戏画面未超出游戏设置的画面。 结合上述两步,认定"奇迹 MU"游戏整体画面构成类电影作品	类电影作品特征性表现形式在于连续活动画面,网络游戏中连续活动画面因操作不同产生的不同的连续活动画面其实质是因操作而产生的不同选择,并未超出游戏设置的画面,不是脱离游戏之外的创作。因此,"奇迹 MU"游戏整体画面构成类电影作品
第四步:无须对文字作品和美术作品的各类游戏素材作为游戏画面的组成部分作单独保护的必要	鉴于已将游戏的整体画面认定为类电影作品予以保护,原告所主张构成文字作品和美术作品的各类游戏素材作为游戏画面的组成部分,在该案中并无单独予以保护的必要

再如,在广州网易计算机系统有限公司、深圳市迷你玩科技有限公司、上海网之易吾世界网络科技有限公司侵害著作权纠纷、不正当竞争纠纷一案①中,法院在认定原告的"我的世界"是否构成类电影作品时,从以下四个方面进行考虑(见表 2 -8)。

表 2 -8 法院认定思路

法院认定游戏整体画面构成类电影作品的步骤	具体内容
第一步:"我的世界"画面之间是否具有一定程度的关联性或逻辑关系,给人以"连续、动态"的感觉	游戏整体画面是否符合"一系列视听画面组成"的要件,关键在于画面之间是否具有一定程度的关联性或逻辑关系,给人以"连续、动态"的感觉。这意味着满足该条件的游戏整体画面不能只有静态操作界面,而应至少形成若干实质性差异的画面,比如,通过不同场景的不断切换或者同一场景的视角转变、移动等方式产生画面上的连续变化、衔接和串联

① 广东省高级人民法院民事判决书,(2021)粤民终 1035 号。

续表

法院认定游戏整体画面构成类电影作品的步骤	具体内容
第二步:“我的世界”中素材的选择、编排、融合以及视听画面之间的衔接与串联是否能体现独创性	视听作品的智力创造性主要体现在视听画面中素材的选择、编排、融合以及视听画面之间的衔接与串联,即画面的拍摄制作、画面衔接、声画配合(如有)是视听作品独创性判断的关键要点
第三步:“我的世界”整体画面实质是否符合类电影作品的“固定性”要求	对视听作品的“固定性”要求不能仅限于画面本身的固定,还可包括形成画面所需的视听素材和调取、整合这些素材的算法参数等数据信息的固定。只要随时可以利用技术手段临时呈现连续动态画面,无论画面本身是否预先形成并固定,都不影响作品的表达内容和表现形式,也不影响受众的观赏体验
第四步:“我的世界”整体画面的“交互性”是否影响将其归入类电影作品范畴	基于游戏可玩性的要求,游戏中必须预留一定的玩家互动操作空间。游戏画面确实会因玩家不同操作过程呈现不同变化,具有一定不确定性,但游戏画面是各种预设素材及代码转化成视听表达的集合,其内容范围在整体上仍有一定边界,具有相对稳定性

(二)网络游戏各要素单独保护模式

在网络游戏侵权中,原告可将游戏中的各类元素单独作为作品主张侵权。对于游戏中的各类元素,根据各自特征,可主张美术作品、文字作品、音乐作品等,法院依据不同作品的类型分别进行认定。

例如,在暴雪娱乐有限公司、上海网之易网络科技发展有限公司与上海游易网络科技有限公司著作权权属、侵权纠纷一案[①]中,原告主张保护炉石标识、游戏界面、卡牌牌面设计、卡牌和套牌的组合、视频和动画特效五类作品,具体见表2-9。

表2-9 针对不同元素法院认定的结果

各元素	法院认定结果
炉石标识、游戏界面、卡牌牌面设计	作为美术作品进行保护

---

① 上海市第一中级人民法院民事判决书,(2014)沪一中民五(知)初字第23号。

续表

各元素	法院认定结果
卡牌和套牌的组合(实质是游戏的规则和玩法)	对于卡牌上的文字说明,就单个卡牌或者每一句或者每一段而言,由于其表达过于简单,难以达到著作权法所要求的独创性的高度。 但是卡牌上的文字说明是用以说明卡牌在游戏中所具备的技能或功能,将其组合成一个整体,可以视为游戏说明书而作为著作权法所规定的文字作品予以保护
视频和动画特效	以摄制电影的方法创作的作品,虽然必须要有独创性,但法律并没有规定明确的创作高度。法院认定本案视频和动画特效可以作为以摄制电影的方法创作的作品予以保护

(三)网络游戏源代码的保护模式

在网络游戏侵权案中,网络游戏源代码可作为计算机软件作品进行保护,无论原告是主张整体保护模式还是元素单独保护模式,若网络游戏侵权还构成源代码抄袭,则可主张计算机软件作品侵权。

根据《计算机软件保护条例》第三条第一项规定:"计算机程序,是指为了得到某种结果而可以由计算机等具有信息处理能力的装置执行的代码化指令序列,或者可以被自动转化成代码化指令序列的符号化指令序列或者符号化语句序列。同一计算机程序的源程序和目标程序为同一作品。"

一个源程序只能转化成唯一形式的目标程序,但一个目标程序有可能来自多种语言以及同种语言多种写法的源程序,也就是说,目标程序相同或近似并不等同于其源程序必然相同或近似。因此,在游戏侵犯计算机软件程序案件中,一般就被告游戏软件的源程序与原告游戏软件的源程序是否相同或近似进行比对。①

然而,若被告拒不提供被诉侵权游戏的源代码,则法院无法进行源代码比对。但是,当原告尽力举证后,若被告仍不提供其源代码进行比对,则被告将承担举证不能的后果。

例如,在智乐软件(北京)有限公司与重庆梦呓科技有限公司侵害著作权纠

---

① 重庆市第五中级人民法院民事判决书,(2015)渝五中法民初字第46号。

纷一案[1]中,法院认为,原告的"HOC"游戏与被告的"三界魂"游戏在程序文件方面文件夹及其下级文件夹(文件)的文件命名格式相同,且原、被告游戏的登录及运行界面,除页面背景图案及人物名称不同外,界面的主体框架和功能相似,"建立队伍"、"选择英雄"、"对阵列表"、展开小地图模式、返回游戏主页等,所显示界面框架、栏目、提示内容以及"选项"的"操作"子界面、"聊天界面"等页面结构、名称、图标等相似。而且被告"三界魂"游戏软件的配置文件中,也出现了与原告公司相关的"gameloft"等内容。

除原告举证大量相似情形外,原告还向法院提出申请,就被告的"三界魂"游戏软件与原告的"HOC"游戏软件的源程序、代码及文档的内容等进行鉴定,并向法院提交了"HOC"游戏相关文档光盘和程序光盘、HOCSVN 工作日志数据光盘等材料以供鉴定使用。而被告应当对其独立创作完成"三界魂"游戏负有举证责任,但被告并未举示相应证据予以证明。从举证责任角度讲,被告应当承担举证不能的后果。因此,法院认为,被告侵犯了原告"HOC"游戏软件著作权。

二、游戏规则在网络游戏中的保护

《著作权法》并不保护抽象的思想、构思、系统,仅保护以文字、美术、音乐等各种有形的方式对思想的具体表达。[2]

对于游戏设计本身是否构成作品,应当以抽象概括的方式区分层次加以分析,一般同类游戏的基本玩法属于基础规则,属于思想范畴,不能落入著作权法的保护范围。当事人主张游戏设计构成作品的,应当证明其所主张的游戏设计属于具体规则,且属于独创性表达,具体规则系在基础规则的基础上指引玩家行为的一系列机制及机制的组合,使得整个游戏的玩法与其他游戏相比具有个性或特质。[3]

① 重庆市第五中级人民法院民事判决书,(2015)渝五中法民初字第46号。

② 上海知识产权法院民事判决书,(2020)沪73民终33号。

③ 上海知识产权法院民事判决书,(2020)沪73民终33号。

（一）游戏规则具体到何种程度属于表达

游戏规则若过于抽象则只能属于思想，那么游戏规则具体到何种程度才能构成表达，下文将具体分析。

在暴雪娱乐有限公司、上海网之易网络科技发展有限公司与四三九九网络股份有限公司、广州四三九九信息科技有限公司侵害著作权纠纷、不正当竞争纠纷一案①中，原告的“守望先锋”网络游戏规则的呈现大致可概括为五个层次，具体见表 2－10。

表 2－10 “守望先锋”游戏规则的呈现

五个层次	具体内容	思想还是表达
第一层	游戏立项阶段的游戏类型定位。如涉案游戏最顶端的规则为第一人称视角的团体在线射击游戏	思想
第二层	围绕游戏类型定位的规则设计。如射击类游戏的基础规则即“移动”和“射击”的功能。又如射击类游戏占点、攻防、护送等不同玩法的选定	思想
第三层	一是与战斗目标相匹配的地图行进路线设计； 二是游戏人物的初始数值策划，赋予每位人物不同侧重的参数值和各具特色的技能或武器技能； 三是用户界面的整体布局	表达
第四层	资源串联及功能调试，打磨游戏规则与游戏资源的契合度，不断地验证与纠错，完善游戏的逻辑自洽，最终形成连贯流畅的整体画面	表达
第五层	游戏资源的进一步细化制作。美术和音频部分继续介入，包括场景地图的具体布置、外观的细化设计、人物的外观、武器外观及技能特效画面的细化设计、用户界面的丰富和整合等	表达

法院认为，所谓“换皮游戏”，其本质就是在全面改变第五层的游戏全部外部美术造型的基础上，保留对第三层和第四层内容的抄袭，从而最大限度地简化最耗费经济成本和时间成本的核心游戏资源制作及功能调试阶段，直接实现游戏的逻辑自洽。

---

① 上海市浦东新区人民法院民事判决书，(2017)沪 0115 民初 77945 号。

上述第三层和第四层设计架构是否属于著作权法保护的“表达”范畴，应当结合该类游戏的特点和玩家体验综合判断。

当玩家开始进入“FPS”游戏时，英雄人物的外观造型、地图上建筑的种类选择、建筑物的造型设计、色彩的运用等有美学效果的外部呈现均被淡化和抽离，地图的行进路线、射击点和隐藏点的位置选择、所选人物的技能在当局战斗中的优势和缺陷、自己和队友的人物选择搭配、对方人物的选择搭配以及血包的摆放等游戏设计要素被凸显。

而这些游戏设计要素，大部分存在于第三层的设计中，并且在第四层的资源串联里与游戏的规则融合。游戏规则通过以游戏设计要素为内核的游戏资源制作得以外在呈现，这种外在呈现即表达。因此，游戏地图的行进路线、地图进出口的设计、人物的类型、技能和武器组合等整体构成了对“FPS”游戏规则的具体表达。

（二）游戏规则形成表达后能否依据整体画面保护模式获得保护

对于整体画面保护模式能否保护游戏玩法规则，各法院观点不一，具体如下。

1. 整体画面保护模式只能保护作为画面表达的游戏规则

在广州网易计算机系统有限公司、深圳市迷你玩科技有限公司、上海网之易吾世界网络科技有限公司侵害著作权纠纷、不正当竞争纠纷一案①中，法院认为，对于游戏玩法规则范畴内已经形成独创性表达的那一部分内容，如其构成作品，也可能与游戏画面作为视听作品的独创性表达有所不同，两者属于不同性质的客体，不可混为一谈。

以涉案游戏为例，游戏玩法规则的具体设计既有视听表达（如游戏资源/元素的平面图标、立体造型、动画特效等），也存在非视听表达内容（如游戏资源/元素的功能用途、获得方式、合成规则、数值属性等）。若简单、笼统地将画面表达与非画面内容合二为一，实则将性质不同的独创性表达在同一作品的范畴内予以等同替换，超出了游戏画面著作权的保护范围。

---

① 广东省高级人民法院民事判决书，(2021)粤民终1035号。

综上，整体画面保护模式保护的是连续画面，若有游戏玩法规则属于非画面内容，则不属于整体画面保护模式的保护范围。

2. 游戏规则适用类电影作品的整体画面保护模式

在苏州仙峰网络科技股份有限公司与上海恺英网络科技有限公司、浙江盛和网络科技有限公司侵害著作权纠纷、不正当竞争纠纷一案①中，法院认为，游戏设计师通过游戏连续动态图像中的游戏界面，将单个游戏系统的具体玩法规则或通过界面内直白的文字形式或通过连续游戏操作界面对外叙述表达，使玩家在操作游戏过程中清晰感知并据此开展互操作，具有表达性。

如前所述，在 ARPG 类电子游戏中，角色的选择、成长、战斗等玩法设置本身具有叙事性，依托游戏界面呈现的详尽的游戏玩法规则类似于详细的电影剧情情节；游戏开发过程中通过绘制、设计游戏界面落实游戏规则的表达，与电影创作过程中依据文字剧本绘制分镜头剧本摄制、传达剧情具有一定相似性。可以说，以游戏界面设计体现的详细游戏规则构成了对游戏玩法规则的特定呈现方式，是一种被充分描述的结构，构成作品的表达。

法院认为，游戏特定玩法规则和情节是构成游戏的核心，其通过游戏界面或连续动态画面呈现的具体表达也是玩家所感知的游戏主要内容，将该部分内容作为核心组成部分并对游戏整体适用类电影作品法律规则予以保护，有利于实现对网络游戏著作权的充分保护和实质保护。

（三）游戏规则受《反不正当竞争法》保护

在游戏规则不能被《著作权法》保护时，原告可寻求《反不正当竞争法》的保护。对游戏规则不正当竞争纠纷的审理和裁判并非扩展著作权保护范围，而是基于另外的法律价值和目标来综合考虑被诉行为的正当性。②

在广州网易计算机系统有限公司（以下简称网易公司）、深圳市迷你玩科技有限公司（以下简称迷你玩公司）、上海网之易吾世界网络科技有限公司侵害著作权纠纷、不正当竞争纠纷一案③中，法院首先认定“迷你世界”整体抄袭了“我

① 浙江省高级人民法院民事判决书，（2019）浙民终 709 号。
② 广东省高级人民法院民事判决书，（2021）粤民终 1035 号。
③ 广东省高级人民法院民事判决书，（2021）粤民终 1035 号。

的世界”游戏玩法规则。其次，法院从以下五个方面分析认定被告是否违反《反不正当竞争法》，具体见表2-11。

表2-11 认定被告是否违反《反不正当竞争法》的五个方面

五个方面	具体内容
第一，游戏玩法规则具有竞争属性，能给经营者带来竞争优势和竞争利益	当一款游戏在玩法规则上的个性特征足以影响消费决策，促使玩家购买和体验，就具有个性化的商业价值。而“我的世界”是一款风靡世界的沙盒类游戏，在国内外具有极高知名度和美誉度，是该品类游戏的典型代表或开创者之一，甚至成为该品类游戏“代名词”。因此，“我的世界”具有竞争优势和竞争利益
第二，原告网易公司的合法权益因被告迷你玩公司竞争行为受到损害	网易公司和迷你玩公司均是从事游戏开发、运营的企业，涉案两款游戏亦属于同一品类，双方当事人之间存在直接的竞争关系。从市场竞争角度来看，迷你玩公司开发、运营“迷你世界”，本质上是与网易公司争夺该品类游戏市场的商业机会或市场份额，必然会造成网易公司利益受损
第三，被告迷你玩公司的模仿行为超过合理限度且会造成实质性替代后果	沙盒类游戏吸引玩家的是玩法规则而非视听画面，“迷你世界”除了视听画面以外对玩法规则的全面模仿，足以造成实质性替代，已经超出合理借鉴、自由模仿的界限而走向抄袭的范畴
第四，被告迷你玩公司实施了“搭便车”竞争行为	“迷你世界”充分攀附“我的世界”在相关玩家群体中的吸引力和影响力，利用网易公司宣传推广“我的世界”的热度，迅速打开市场、抢占市场，从而使迷你玩公司在与网易公司的竞争中获得此消彼长的先发优势
第五，被告迷你玩公司相关行为违背了诚信原则和商业道德	迷你玩公司并非凭借自身智力劳动或资金投入赢得竞争优势，而是通过抄袭手段直接攫取了他人智力成果中关键、核心的个性化商业价值。这种擅自使用他人智力成果，无视他人巨大投资，无偿利用他人在长期经营中累积的产品声誉和吸引力，以牺牲他人诚信经营利益为代价来抢夺商业机会的行为，好比“盗用他人身上的黄金”，有悖于诚信原则和商业道德

综上，法院认定被告抄袭原告游戏规则的行为有悖于诚信原则和商业道德，扰乱游戏市场竞争秩序，损害网易公司合法权益，构成《反不正当竞争法》第二条规定的不正当竞争行为。

三、网络游戏整体保护模式的侵权裁判标准

网络游戏整体保护模式中，在判断侵权中的实质性相似时，法院对于侵权

比对规则观点不一，下文将具体分析。

（一）“元素比对＋整体感知”

在苏州仙峰网络科技股份有限公司与上海恺英网络科技有限公司、浙江盛和网络科技有限公司侵害著作权纠纷、不正当竞争纠纷一案①中，法院认为，认定在后游戏是否实质利用了在先游戏的独创性表达，应先判断两者单个子系统的特定呈现方式是否构成相同或实质性相似，再看整体游戏架构中对于单个子系统的选择、安排、组合是否实质性相似，见表2－12。

表2－12 比对在后游戏是否实质利用在先游戏的独创性表达

比对方法	具体内容
元素比对	1. 角色养成系统的装备、技能属性及属性数值、等级功能开放节奏、阶星架构、升级所需材料等与原告的“蓝月传奇”的对应设置存在相同或相似。 2. 消费奖励系统的活动类型和内容、等级提升所需条件的设置，材料的属性构成及数值、获得路径等与原告的“蓝月传奇”的对应设置存在相同或相似。 3. 场景（副本）段落的任务条件、副本类型、等级开放条件和节奏、任务奖励经验值与原告的“蓝月传奇”的对应设置存在相同或相似。相应地，呈现以上内容的操作界面和动态画面视觉效果也存在部分相似性
整体感知	对于角色扮演类游戏而言，具体的玩法规则、属性数值策划、技能体系等属于游戏设计的核心部分，美术、配乐等形象设计服务于游戏情节的需要，尽管被告的“烈焰武尊”进行了美术、动画、音乐等内容的再创作，但其在玩法规则的特定呈现方式上利用了“蓝月传奇”的独创性表达。对于普通游戏玩家而言，其所感知到的游戏整体情节相似度极高，故两者整体上构成实质性相似

又如，在苏州蜗牛数字科技股份有限公司与北京爱奇艺科技有限公司、成都天象互动科技有限公司侵害著作权纠纷一案②中，法院认为，涉案两款ARPG类手机游戏均具备结构庞大、复杂的玩法系统，认定在后游戏是否实质利用了在先游戏玩法规则的整体表达，应就玩法规则体系进行整体比对，先判断单个玩法系统的特定呈现方式上是否构成相同或实质近似，再看整体游戏架构中对于单个玩法系统的整体选择、安排、组合是否实质相似。整体判断时，不仅应当

---

① 浙江省高级人民法院民事判决书，（2019）浙民终709号。

② 江苏省苏州市中级人民法院民事判决书，（2015）苏中知民初字第201号。

考虑构成实质性相似的单个玩法系统的数量，还应考虑不同玩法系统对于游戏玩赏体验影响程度以及是否属于游戏设计重点、游戏盈利点等因素以综合判断。

再如，在上海菲狐网络科技有限公司与深圳侠之谷科技有限公司、广州柏际网络科技有限公司、霍尔果斯侠之谷信息科技有限公司著作权权属纠纷、侵害著作权纠纷一案①中，法院认为，如果各种游戏规则与游戏情节相互结合，推动游戏的故事情节不断发展，表现出了特定的人物关系、任务主线、场景转换顺序和游戏效果等，情节足够丰富细致，有完整的个性化表达，那么这种足够具体的人物设置、任务主线、情节结构和游戏效果等有机结合形成的整体，符合著作权法上的表达时，就应该予以保护。

这时所保护的就不是游戏规则本身，而是一系列游戏规则经过整合、编排后与游戏资源库的元素相结合所表现出来的内容。如果被诉侵权作品中包含这些相同或相似的内容，且达到一定数量、比例，足以使普通观察者感知到源于特定作品时，可以认定两部作品构成实质性相似。

（二）元素比对

在广州维动网络科技有限公司、广州硕星信息科技股份有限公司与上海壮游信息科技有限公司侵害著作权纠纷、不正当竞争纠纷一案②中，法院认为，网络游戏的连续活动画面变化的是场景视角、角色动作等，游戏地图、等级设置、角色技能、武器装备、怪物、NPC 等元素是角色扮演类网络游戏基本固定的构成元素，这些元素的相似程度能够决定网络游戏整体画面的相似程度。经比对，两款游戏前 400 级三大角色剑士、魔法师、弓箭手的所有技能均与权利游戏中的部分技能相同或基本相同，而等级设置、角色名称及技能、地图场景、武器装备、怪物及 NPC 等方面均基本相同，足以认定两款游戏整体画面实质性相似。

（三）以游戏整体视听表达来判断

若游戏元素相似，不能直接推定游戏整体视听画面构成实质性相似，要以

---

① 广州互联网法院民事判决书，（2018）粤 0192 民初 1 号。

② 上海知识产权法院民事判决书，（2016）沪 73 民终 190 号。

游戏整体视听表达来判断。

例如，在广州网易计算机系统有限公司、深圳市迷你玩科技有限公司、上海网之易吾世界网络科技有限公司侵害著作权纠纷、不正当竞争纠纷一案[①]中，法院认为，游戏开发者按照相同的玩法规则来设计游戏资源或元素时，可以形成不同的表达。两款游戏中存在多处游戏元素及其组合的设计相同、相似但画面表达有较大差异的情形。

判断视听画面构成实质性相似，应着眼于游戏视听表达来判断游戏整体画面是否实质性相似，具体见表2－13。

表2－13 两款游戏是否构成实质性相似的比对

权利作品："我的世界"	侵权作品："迷你世界"
游戏画面偏暗、色温偏冷，整体呈现像素方块的风格	游戏画面明亮、色温偏暖，整体呈现卡通可爱的风格
游戏资源/元素在形象上较方正且边缘锐利，大部分建模造型简单粗糙、细节较少	游戏资源/元素在形象上较圆润且边缘柔和，大部分建模造型丰富立体、细节较多

除此之外，两款游戏中大量游戏资源/元素在平面图标、建模造型、动画效果上有较大差异，仅有个别相近，但两者基本参照现实中相应物品、动植物等的形象和动作设计，各有独创性视听表达。两款游戏中工具箱/工作台、熔炼炉/熔炉、融合附魔箱/附魔台、修理台/铁砧等有单独操作界面，虽然展示的合成、烧炼、附魔或修理过程存在相似之处，但在美术形象及动画效果上有较大差异。综合来看，两款游戏整体画面不构成实质性相似。

四、结语

综上所述，从上述案例可知，在网络游戏的保护模式中，主要有整体保护模式和各类元素单独保护模式，大多数法院倾向于采纳整体保护模式保护网络游戏。

在网络游戏规则抄袭的侵权认定中，对于游戏规则是否构成表达进行保护

---

① 广东省高级人民法院民事判决书，(2021)粤民终1035号。

需要个案认定，在暴雪娱乐有限公司“守望先锋”被抄袭案件[①]中，法院从游戏规则的五个层面来详细论述游戏规则分别所属的抽象和具体的表达，给予之后司法判决不少启发。

在对网络游戏的整体保护模式进行侵权中的实质性相似的比对时，大部分法院采纳“元素比对＋整体感知”相结合的方式进行实质性相似的认定。

本书抛砖引玉，从司法判例中分析相关网络游戏的侵权裁判标准，希冀对企业在游戏的维权过程中，以及各位同人在办理相关案件中有所帮助。

第五节　计算机软件著作权的侵权裁判标准

计算机软件有多种知识产权保护路径，例如，计算机软件可通过软件著作权来保护，计算机程序可申请发明专利来保护，计算机 GUI 界面可通过外观设计专利来保护。在实务中，大部分企业通过软件著作权对计算机进行保护，因而，计算机侵权纠纷多发生于软件著作权领域，本书就计算机软件著作权的侵权裁判标准具体作分析。

一、计算机软件著作权概述

计算机软件著作权所涉及的主要法律法规为《著作权法》和《计算机软件保护条例》。计算机软件著作权保护的是计算机程序和文档的表达，并不延及开发软件所用的思想、处理过程、操作方法或者数学概念等。[②]

计算机程序，是指为了得到某种结果而可以由计算机等具有信息处理能力的装置执行的代码化指令序列，或者可以被自动转换成代码化指令序列的符号化指令序列或者符号化语句序列。同一计算机程序的源程序和目标程序为同一作品。[③]

计算机文档，是指用来描述程序的内容、组成、设计、功能规格、开发情况、

---

① 上海市浦东新区人民法院民事判决书，(2017)沪0115民初77945号。

② 参见《计算机软件保护条例》第六条。

③ 参见《计算机软件保护条例》第三条。

测试结果及使用方法的文字资料和图表等，如程序设计说明书、流程图、用户手册等。①

1. 仅以单独文档主张计算机软件著作权不予支持

虽然计算机软件有程序和文档构成，但是文档是程序的辅助，在司法实践中，若权利人只起诉计算机文档侵犯其软件著作权，而没有同时对程序提出计算机软件著作权的侵权，则法院不予支持原告的诉讼请求。

例如，在天云融创数据科技（北京）有限公司因与北京九章云极科技有限公司、张皓者侵害计算机软件著作权纠纷一案②中，法院认为，在计算机软件著作权侵权案件中，原告应举证证明双方软件的源程序、文档等文件构成实质性相似。

文档主要是对计算机程序的功能介绍和操作指导，脱离了其所对应的计算机程序，文档无法单独运行从而得到计算机软件所追求得到的某种结果。因此，文档一旦脱离其所对应的计算机程序，则不能单独主张计算机软件著作权的保护。

本案中，原告天云融创数据科技（北京）有限公司主张被告北京九章云极科技有限公司侵犯了涉案软件的软件著作权，但仅提供了被诉侵权文档与涉案文档的比对，并未提供被诉侵权软件的源程序、目标程序，也未提供被诉侵权软件的运行界面，因此无法对双方软件进行比对。原告主张的被告侵害涉案软件著作权不能成立。

2. 计算机软件著作权与计算机程序专利权的区别

如前所述，软件著作权保护的是计算机程序的表达，并不保护思想。然而，计算机程序专利权保护的是该计算机程序的技术方案，即思想。通常计算机程序专利是方法发明专利，保护的是计算机的流程、步骤等。由于软件迭代速度快，而发明专利申请时间长达 1 至 3 年，且专利以公开换取保护，故大部分企业以软件著作权形式保护其计算机软件，较少申请计算机程序专利，因而，计算机程序专利侵权诉讼并不常见。以下为计算机程序专利侵权诉讼案例，供读者参考。

---

① 参见《计算机软件保护条例》第三条。

② 最高人民法院民事判决书，(2021)最高法知民终 1647 号。

在北京百度网讯科技有限公司与北京搜狗科技发展有限公司、北京搜狗信息服务有限公司侵害发明专利权纠纷一案①中，原告北京搜狗科技发展有限公司和北京搜狗信息服务有限公司指控被告的"百度手机输入法"产品及其所使用的输入过程中删除信息的百度输入法构成侵犯其专利权。

原告申请了关于"一种输入过程中删除信息的方法及装置"的计算机程序发明专利，原告认为被告的被控侵权产品落入涉案专利授权公告的权利要求"一种输入过程中删除信息的方法，其特征在于，输入区域包括编码输入区和字符上屏区，所述方法包括：当输入焦点在编码输入区时，接收删除键的指令，删除已输入的编码；当所有的编码全部删除完时，暂停接收所述删除键的指令；当所述删除键的按键状态达到预置条件时，继续接收删除键的指令，删除字符上屏区中的字符"。该案中，最高人民法院认为被告的现有技术抗辩成立，因此不构成侵犯原告的专利权。

由此可见，对于计算机程序的发明专利，只要被控侵权产品落入其保护的技术方案则可以构成侵权，即使被控侵权产品的源代码与涉案专利产品的源代码完全不同，也可认定构成专利侵权。然而，软件著作权侵权案件并不考虑被控侵权产品的技术方案，只对程序的表达，即源代码、目标代码等是否构成实质性相似进行判断是否构成侵权。

综上，软件著作权与计算机程序专利权的本质区别在于软件著作权保护的是表达，计算机程序专利权保护的是技术方案。

二、计算机软件著作权侵权裁判标准

计算机软件是著作权法保护的对象之一，因此计算机软件著作权侵权裁判标准也沿用著作权法的一般侵权裁判标准，即"接触＋实质性相似"。

（一）接触

所谓接触，是指被控侵权软件的开发者以前曾研究、复制对方计算机软件产品或者有研究、复制对方计算机软件产品的机会。②

① 最高人民法院民事判决书，（2020）最高法民再82号。

② 辽宁省高级人民法院民事判决书，（2011）辽民三终字第58号。

例如，沈阳智诚祥软件科技有限公司（以下简称智诚祥公司）、孔某运与大连声鹭科技有限公司（以下简称大连声鹭公司）侵害计算机软件著作权纠纷一案①中，法院认为，被告智诚祥公司的法定代表人孔某运曾一直在原告大连声鹭公司工作，并担任原告公司的核心技术人员和原告公司开发部的主要负责人。在原审进行询问中被告孔某运亦明确表示接触过诉争软件的源程序。另孔某运曾作为原告大连声鹭公司的代表一直负责与案外人公安厅之间就该印章系统软件的升级改造进行磋商，对原告大连声鹭公司的升级改造方案的内容全部掌握。因此可以认定被告孔某运对原告大连声鹭公司的软件源程序及文档均接触过。

（二）实质性相似

1. 实质性相似的概述

所谓实质性相似，是指《计算机软件保护条例》规定的计算机程序及其有关文档的实质性相似。这里的程序就是指源代码，文档是指用来描述程序的内容、组成、设计、功能规格、开发及使用方法的文字资料和图表。②

实践中通常认为，计算机软件程序构成“实质性相似”的情形有如下情形：一是文字成分的相似，即以程序代码中引用的百分比为依据进行判断；二是非文字成分的相似，即强调以整体上的相似作为确认两个软件之间实质上相似的依据。③

对于程序代码的实质性相似的比对，一般比对对象包括源程序、目标程序，而整体相似的一般比对对象包括结构、流程、设计、界面等。

源程序，是指未编译的按照一定的程序设计语言规范书写的文本文件，是一系列人类可读的计算机语言指令，一般也称源代码，即原始程序的代码。目标程序为源程序经编译可直接被计算机运行的机器码集合。换言之，源程序是人类可读的计算机语言指令，而目标程序为计算机可读的计算机语言指令。

---

① 辽宁省高级人民法院民事判决书，(2011)辽民三终字第58号。

② 辽宁省高级人民法院民事判决书，(2011)辽民三终字第58号。

③ 最高人民法院民事判决书，(2020)最高法知民终1138号。

2. 比对方法

理论上来说,实质性相似的比对对象应是将涉案软件的源程序与原告软件的源程序进行比对。源程序的比对中,首先排除公有领域的内容,其次对文件名、文件内容、函数、变量等进行比对。但是实践中,被告往往不提供源程序进行比对,或者提供的源程序与原告的源程序不是同一种语言,那么在该情况下,法院可采用以下方法进行比对。

根据《北京市高级人民法院侵害著作权案件审理指南》的规定,若被告拒不提供被诉侵权的计算机软件源程序时,可以将原告主张权利的计算机软件目标程序与被诉侵权的计算机软件目标程序进行对比。通过比对,若满足以下三个条件之一的,则可认定构成实质性相似①:

(1)原告能够举证证明二者目标程序相同或者相近似的。目标程序比对属于文字性比对,主要对两个程序的哈希值进行比对。若哈希值相同,则软件可能构成相同或者相近似。若哈希值不同,则可对安装程序、安装过程、安装后的程序等进行比对。

(2)虽二者目标程序不相同或者相近似,但被诉侵权的计算机软件目标程序中存在原告主张权利的计算机软件特有内容。该特有内容包括原告的软件缺陷、多余设计等。例如,在石某林与泰州华仁电子资讯有限公司侵害著作权纠纷一案②中,法院认为,鉴于被控侵权软件与原告软件存在共同的系统软件缺陷,根据计算机软件设计的一般性原理,在独立完成设计的情况下,不同软件之间出现相同的软件缺陷概率极小,而如果软件之间存在共同的软件缺陷,则软件之间的源程序相同的概率较大。同时,结合其他相关事实,法院认为原告石某林提供的现有证据能够形成高度盖然性优势,足以使法院相信被控侵权软件和原告软件构成实质性相似。

(3)虽二者目标程序不相同或者相近似,但被诉侵权在软件结果(包括软件界面、运行参数、数据库结构等)方面与涉案软件相同或者实质性相似。该比对属于非文字性比对,即整体性比对,使用的比对方法主要为"结构、顺序、组织"法。

---

① 参见《北京市高级人民法院侵害著作权案件审理指南》第11.6、11.8条。

② 江苏省高级人民法院民事判决书,(2007)苏民三终字第18号。

这种方法主要考虑软件中的三个方面:结构、顺序和组织。结构是指软件的整体架构,包括数据结构、算法和程序框架等。顺序是指软件中的程序代码或指令的排列顺序。组织是指软件中的代码和数据的组织方式。

一般来说,软件的结构、顺序和组织较为抽象,属于思想层面,不能受著作权法所保护,但是如果构成相似的软件整体架构、排列顺序以及组织方式能够足够具体且构成表达的,那么它可以受到著作权法保护。例如,在武汉芯动科技有限公司、新思科技有限公司侵害著作权纠纷一案[①]中,最高人民法院认为,所谓整体上的相似,指的是两个软件在程序的组织结构、处理流程、所采用的数据结构等方面实质相似。因此,原告新思科技有限公司在本案中既可以程序代码相同或实质相似来主张被告芯动公司侵犯其软件著作权,亦可以双方软件之间组织结构、数据结构、输入输出形式等方面相同或实质相似来主张芯动公司侵犯其软件著作权。

当然,《北京市高级人民法院侵害著作权案件审理指南》可作为法院判决的参考,而有些裁判中也有不同于该条文的观点。比如对于上述第二项中,对于虽二者目标程序不相同或者相近似,但被诉侵权的计算机软件目标程序中存在原告主张权利的计算机软件特有内容的可认定构成实质性相似的规定,有些法院并不因为被控侵权软件中存在特有内容而直接认定构成实质性相似,而是将其作为举证责任的转移认定标准。

例如,在北京智恒网安科技有限公司与北京信诺瑞得软件系统有限公司侵害著作权纠纷一案[②]中,法院认为,在计算机软件著作权侵权纠纷中,源代码的比对并非判断被诉侵权软件是否侵害权利软件著作权的必备条件和必须环节。如果权利人已经举证证明被诉侵权软件存在与权利软件相同的自主命名信息、设计缺陷、冗余设计等特有信息,可以认为权利人完成了初步举证责任,此时举证责任转移至被诉侵权人,应由其提供相反证据以证明未实施侵权行为。

本案中,被诉侵权软件在软件核心程序结构及配置、自由命名、开发工具、错误信息、冗余设计、性能测试结果等方面存在与权利软件相同或高度近似的信息,尤其是针对软件具有创造性的部分,被诉侵权软件直接出现了权利软件

---

① 最高人民法院民事判决书,(2020)最高法知民终 1138 号。

② 最高人民法院民事判决书,(2021)最高法知民终 1269 号。

曾用名及错误命名。被告北京智恒网安科技有限公司虽否认其使用权利软件，但未能对上述不合理相似之处作出合理解释，亦未能提供相反证据以证明其未实施侵权行为，因此，法院认为被诉侵权软件与权利软件构成实质性相似。

综上，从该案中可知，法院认为，原告若证明被控侵权软件中存在特有内容，可以认为原告完成了初步举证责任，此时举证责任转移至被告，应由其提供相反证据以证明未实施侵权行为。若被告无法提出相反证据，则可认定构成侵权。

（三）接触与实质性相似相辅相成

1.接触要件与实质性相似要件相辅相成

在计算机软件著作权侵权案件中，接触要件和实质性相似要件并非各自独立进行判定的，而是相辅相成。若是接触要件的证据非常充分，那么对于实质性相似要件的要求则不那么高，反之亦然。

例如，在嘉丰永道（北京）科技股份有限公司、掌游天下（北京）信息技术股份有限公司侵害著作权纠纷、不正当竞争纠纷一案①中，法院认为，在软件著作权侵权判断中，如果有确凿的证据证明，被诉侵权人实际接触了著作权人的软件源代码，则对于软件实质性相似的证明要求会相应降低，举证责任的分配也会有所转移。

又如，在王某、熊某、刘某喜、北京元图智慧科技有限公司、卢某陶、贲某东与北京龙软科技股份有限公司侵害著作权纠纷一案②中，法院认为，被诉软件与权利软件运行结果在主功能运行界面、数据处理、数据表信息和特征性漏洞等方面均具有不合理的相同之处，在北京元图智慧科技有限公司无正当理由拒不提交被诉软件源代码的情形下，结合被诉软件开发时间距离刘某喜、卢某陶、王某、熊某、贲某东自龙软公司离职时间较为接近的事实，应认定被诉软件与权利软件构成实质相同，构成侵权。

综上，法院在证明接触要件成立后，对实质性相似要件要求会相应降低。比如在上述第二个案例中，法院在认定被告是原告的离职员工后，对之后实质

---

① 最高人民法院民事判决书，（2020）最高法知民终1456号。

② 最高人民法院民事判决书，（2020）最高法知民终1639号。

性相似的比对要求降低，在认定被诉软件与权利软件运行结果在主功能运行界面、数据处理、数据表信息和特征性漏洞等方面均具有不合理的相同之处，且被告无正当理由拒不提交被诉软件源代码的情形下认定构成实质性相似。

2. 若无证据证明存在接触可能性，实质性相似要求极高

一般来说，计算机软件著作权的侵权裁判标准是"接触 + 实质性相似"，然而软件著作权与一般的著作权作品有所不同，其软件源代码并没有公开，因此，若原告无法证明被告有接触软件源代码的可能性，那么法院对于实质性相似有极高的要求。

例如，在嘉丰永道（北京）科技股份有限公司、掌游天下（北京）信息技术股份有限公司侵害著作权纠纷、不正当竞争纠纷一案[①]中，法院认为，如果没有证据证明存在接触可能性，则通常通过软件源代码的比对，判断软件是否实质性相似。如果双方的软件源代码实质性相似，且被诉侵权人无法给出合理解释，即能推定侵权成立。

综上，在该案中，若原告无法证明有接触可能性，则须对源代码进行比对来判断是否构成实质性相似。

三、计算机软件著作权侵权行为分析

《北京市高级人民法院侵害著作权案件审理指南》将软件著作权侵权行为分为五类具体行为和一类兜底条款涵盖的行为，分别是单纯传播类、最终用户类、抄袭剽窃类、破坏技术措施类、出租类和其他侵害计算机软件著作权的行为。本书就五类具体侵权行为进行分析。

（一）单纯传播类

单纯传播类侵权行为是指被告未改变原告计算机软件的内容，而是通过复制发行、信息网络传播等方式向公众提供计算机软件。[②] 单纯传播类的案件较为简单，被告对原告的计算机软件未作修改，完全复制原告的计算机软件，因此，在该类案件中，法院无须对侵权软件与涉案软件作实质性相似的比对。

① 最高人民法院民事判决书，(2020)最高法知民终1456号。

② 参见《北京市高级人民法院侵害著作权案件审理指南》第11.1条。

例如,在游戏天堂电子科技(北京)有限公司与三亚鸿源网吧侵害著作权纠纷一案[①]中,原告是“三国群英传 V”游戏软件独家被许可人,被告未经许可,在其经营场所内的计算机上安装“三国群英传 V”游戏软件,侵犯了原告享有游戏“三国群英传 V”的复制权。在该案中,由于被告完全复制原告的游戏软件,法院并未对原被告计算机软件进行实质性相似的比对。

(二)最终用户类

最终用户类侵权行为是指被告未改变原告计算机软件的内容,而是作为计算机软件的最终用户,在商业活动中使用计算机软件。[②] 计算机软件用户未经许可或者超过许可范围商业使用计算机软件的行为,侵害的是原告所享有著作权中的复制权。[③]

根据《计算机软件保护条例》第三十条,软件的复制品持有人不知道也没有合理理由应当知道该软件是侵权复制品的,不承担赔偿责任;但是,应当停止使用、销毁该侵权复制品。如果停止使用并销毁该侵权复制品将给复制品使用人造成重大损失的,复制品使用人可以在向软件著作权人支付合理费用后继续使用。

根据上述条款可知,在最终用户类侵权案件中,最终用户被认定为侵权需满足如下要件:(1)最终用户需在商业活动中使用该计算机软件。(2)最终用户明知或者应知该软件是侵权复制品。

例如,在微软公司与大众保险股份有限公司侵害著作权纠纷一案[④]中,法院认为,首先,被告是一家商业保险公司,故被告在计算机中使用涉案软件的行为属于商业使用行为。其次,被告抗辩称计算机中的软件由供应商等其他公司安装。法院认为,被告在购买计算机时应当知晓计算机中是否有正版操作系统等软件,如果被告明知购买的计算机中装有侵权的计算机软件仍继续使用,则构成对该软件著作权的侵害。

---

① 海南省高级人民法院民事判决书,(2012)琼民三终字第 39 号。

② 参见《北京市高级人民法院侵害著作权案件审理指南》第 11.1 条。

③ 参见《最高人民法院关于审理著作权民事纠纷案件适用法律若干问题的解释》(2020 修正)第二十一条。

④ 上海市浦东新区人民法院民事判决书,(2009)浦民三(知)初字第 128 号。

（三）抄袭剽窃类

抄袭剽窃类侵权行为是指被告复制、修改或者改编原告计算机软件的内容，作为被告开发的计算机软件向公众提供。[①] 在该类侵权行为中，法院往往需要通过侵权比对来确定被告是否侵权。侵权比对的裁判标准即为第二部分所分析的“接触 + 实质性相似”标准。

例如，在南京因泰莱电器股份有限公司（以下简称泰莱公司）、西安市远征科技有限公司（以下简称远征科技公司）、西安远征智能软件有限公司（以下简称远征软件公司）侵害著作权纠纷一案[②]中，原告因泰莱公司独立研发了 PA100 系列综合数字继电器嵌入式软件 V3.4 和 PA200 系列综合数字继电器嵌入式软件 V3.1，对其享有著作权。被告远征科技公司、远征软件公司复制上述软件，仿制出 YZ100、YZ300 系列综合数字继电器，原告主张被告的行为侵犯了原告的计算机软件著作权。

关于接触要件的认定，法院认为，原告因泰莱公司自 2001 年起即向被告远征科技公司提供变配电系统综合自动化集成技术，以 OEM 方式提供包括涉案 PA100 和 PA200 产品在内的系列产品，并且提供免费技术培训。换言之，被告远征科技公司、远征软件公司生产被控侵权产品时，双方就涉案软件技术已存在过合作关系。根据上述事实，法院认为，可以认定被告远征科技公司在其被控侵权产品生产之前，具备接触原告因泰莱公司涉案软件的条件。

关于实质性相似要件的认定，一审法院认为，通过对比目标代码，两软件的二进制代码数据块、代码段的前后顺序基本一致，但代码具体存放的地址有差异。两软件功能类似，代码的一致率达 60% 以上，并据此认为被控侵权产品 YZ300 - CX 软件与因泰莱公司 PA200 产品软件构成实质性相同。二审法院认为，一审鉴定在确定两软件相关核心代码一致的基础上，结合双方软件产品文档资料相同度较高等相关佐证，得出软件实质相同的结论并无不当。

因此，法院认定被告远征科技公司、远征软件公司侵犯了原告因泰莱公司涉案 PA100、PA200 计算机软件著作权。

---

① 参见《北京市高级人民法院侵害著作权案件审理指南》第 11.1 条。

② 江苏省高级人民法院民事判决书，(2008)苏民三终字第 79 号。

综上,被告的侵权行为并不是单纯传播原告的软件,而是对原告的软件进行了复制、修改和改编,并作为被告开发的计算机软件向公众提供。因此,法院在侵权认定时,需要对“接触 + 实质性相似”的构成要件作分析判断。

(四)破坏技术措施类

破坏技术措施类侵权行为是指被告故意避开或者破坏著作权人为保护其计算机软件而采取的技术措施。[①]

所谓的技术措施指的是相应的技术手段,用于保护著作权人或相邻权人专有权利和防止未经许可获得作品的技术手段。[②] 我国著作权法所规范的技术保护措施大体分为两类:一类是访问控制技术措施;另一类是保护著作权人专有权利的技术措施。[③] 访问控制技术措施是用于防止未经权利人许可访问、阅读和欣赏作品和运行计算机软件,比如采用支付使用费形式来控制作品的访问、阅读和欣赏。

保护著作权人专有权利的技术措施是用于防止未经权利人许可实施其控制的专有权利的行为,比如采用序列号来控制软件的使用行为。在上海地创网络技术有限公司、上海万格科学器材有限公司诉北京万户名媒科技有限公司、北京万户名媒科技有限公司上海分公司侵犯计算机软件著作权纠纷一案[④]中,系争软件系通过使用序列号来控制用户的使用期限,用户获得许可的期限到期后,软件会要求用户购买新的序列号才能继续使用。法院认为,两被告在许可期限到期后,为了能继续使用软件,采用技术手段破解了软件的序列号,侵犯了原告所享有的软件著作权。

(五)出租类

出租类侵权行为是指被告有偿许可他人临时使用计算机软件,但计算机软件不是出租的主要标的的除外。[⑤]

---

① 参见《北京市高级人民法院侵害著作权案件审理指南》第 11.1 条。
② 广州知识产权法院民事判决书,(2015)粤知法著民终字第 16 号。
③ 广东省高级人民法院民事裁定书,(2016)粤民申 3308 号。
④ 上海市浦东新区人民法院民事判决书,(2008)浦民三(知)初字第 453 号。
⑤ 参见《北京市高级人民法院侵害著作权案件审理指南》第 11.1 条。

关于计算机软件出租类侵权案件为数不多，很大原因在于计算机软件的出租市场已退出历史舞台，出租行为几乎消失，那么，其所涉及的侵权行为也会相应消失。王迁教授认为，出租行为近乎消失，规定出租权已没有很大意义，而著作权法上的出租权，“宣誓意义大于实际意义”。[①] 本书作者亦同意该观点。

四、结语

综上所述，目前全国计算机软件著作权登记总量累计已突破 1000 万件，而软件著作权侵权纠纷数量亦呈逐年攀升趋势，因此，了解计算机软件著作权的侵权裁判标准尤为重要。

本书通过案例对计算机软件著作权的侵权裁判标准进行具体分析，希冀对企业在软件著作权侵权纠纷中以及各位同人在办理计算机软件著作权诉讼案件中有所助益。

第六节　NFT 作品著作权侵权的裁判标准

2021 年 3 月 11 日晚，艺术家 Beeple 所创作的《每一天：前 5000 天》的这幅 NFT 数字作品在纽约佳士得网络上竞价拍卖，最终以超过 6900 万美元的竞拍价售出。这场竞拍轰动一时，引来各方关注，使 NFT 继 DeFi 后成为加密货币界的热点和新潮流。接踵而来的是 NBA 超级巨星勒布朗 · 詹姆斯的扣篮视频“高光时刻”被制成 NFT 形式并以 20.8 万美元的价格被售出。推特（Twitter）联合创始人、首席执行官杰克 · 多西将其第一条推文制成 NFT 数字资产，最终以超过 290 万美元价格出售，NFT 逐渐进入人们视线。由于 NFT 是一个较前沿概念，因此本节先分析 NFT 相关的概念，以便读者可以对 NFT 有基本的了解，之后，本节将分析 NFT 著作权侵权第一案，以探析 NFT 作品在我国的侵权裁判标准。

---

① 王迁：《知识产权法课程》（第七版），中国人民大学出版社 2021 年版，第 179 页。

一、NFT 交易及其运行原理

（一）什么是 NFT？

NFT 是 Non – Fungible Token 的英语缩写，中文翻译为“非同质化代币”，与 NFT 对应的是 FT（Fungible Token），中文翻译为“同质化代币”。同质化代币即这些代币是可替代性的，比如以太币或者比特币均是同质化代币，十个比特币等于十个比特币，价值没有区别，可以相互替换。然而，NFT 比较特殊，每一个 NFT 均是唯一的，无法相互替代。因此 NFT 的价值是“所有者能够证明其是唯一真正持有创作者‘签名’的原版拥有者，并且该作品的交易记录均可追溯，以证明作品权益的流通及归属”。①

（二）NFT 交易流程

随着 NFT 交易日益兴盛，NFT 交易平台如雨后春笋般不断涌现，如 OpenSea、SuperRare、Raribe、Async、Roll、KnownOrigin 等交易平台。OpenSea 作为 NFT 交易平台之一，在 NFT 交易中占有比较重要的地位，其品类齐全，在 NFT 交易领域中具有高知名度。本书以 OpenSea 交易平台为例，简要讲述 NFT 的具体交易流程。

如需要在 OpenSea 交易平台上售卖一幅 NFT 数字作品，具体步骤如下：

（1）首先需要创建一个数字钱包。

（2）兑换加密货币。

（3）上传 NFT 数字作品。

（4）NFT 数字作品在区块链上签约。

以上即为在 OpenSea 交易网站上传 NFT 数字作品的流程。相对于卖方上传 NFT 数字作品的流程，买方购买 NFT 数字作品的流程则更简单了。买方购买 NFT 数字作品的流程如下：

---

① 李浩：《电子游戏玩家为何如此抵制 NFT 产品？》，载微信公众号“知识产权那点事”2022 年 2 月 21 日，http://mp. weixin. qq. com/s/g. hE – C37gVkVdELpBoaunA；史欣悦、杨琦：《NFT 的法律属性与合规分析》，载微信公众号“君合法律评论”2022 年 1 月 25 日，http://mp. weixin. qq. com/s/LefAQ8_La2wT_oeeMCZAoQ。

(1)打开 OpenSea 官网,用 MetaMask 数字钱包授权登录。

(2)对 OpenSea 网站上欲购买的 NFT 数字作品,点击购买。

(3)确认付款信息并支付费用。此费用种包含了 NFT 费用以及 Gas 费用。

由此可见,在 OpenSea 交易平台上买卖 NFT 数字作品并不困难,只要按照上述步骤操作,即便不甚了解 NFT 背后的运行原理,也可以达成交易。而 NFT 实质上用到了区块链技术,即把买卖合约写进了区块链上,使其变成独一无二的数字作品,固定了"所有权";而区块链技术则是 NFT 数字作品交易成功的基础和关键。

(三)区块链运行原理以及 NFT 特点

目前以太坊是 NFT 发行使用最多的公链,当然除了以太坊公链之外,NFT 还可以在其他公链上铸币,比如币安智能链 BSC、Flow 等公链;而本书之前举例提及的 OpenSea 交易平台也是基于以太坊区块链技术。结合上述在 OpenSea 平台的 NFT 交易流程,本书简单描述其背后的运行原理。

1. NFT 可根据以太坊 ERC721 或其他标准,将电子作品等加密后变成了一种非同质化的代币,这个过程叫作铸币(mint)。

2. 铸币的过程,是需要和区块链签约的,要支付手续费(Gas 费),而这笔手续费是支付给各节点的矿工(从事虚拟货币挖矿的人),需要矿工将签约写进区块链。写的过程需要计算哈希函数、随机值、哈希值,并形成一个新的区块链上的区块。

3. NFT 铸币结束,NFT 数字作品便上架到交易平台 OpenSea 上可供交易。当买方购买这幅 NFT 数字作品时,系统会向区块链发送一个交易合约,随后各节点开始计算哈希函数、随机值、哈希值,计算结束后,给买方一个智能合约加密代码,即为确权代码。

以太坊区块链是基于比特币区块链上发展和进步的,其在比特币区块链的基础上增加了智能合约的设定。基于区块链去中心化和智能合约的特点,使 NFT 具有不可替代、不可分割、不可篡改等特点。①

---

① 参见王永利:《必须审慎对待 NFT》,载微信公众号"经济金融研究"2021 年 6 月 26 日,http://mp.weixin.qq.com/s/os-dQAH9Hk20LBXSYNowjA。

(四)NFT 与数字藏品

1. 什么是数字藏品

我国 NFT 交易平台自称为数字藏品交易平台,其发行的数字艺术品称为数字藏品。数字藏品这个概念是基于我国 NFT 特色所创造的。由于 NFT 在我国受到严格监管,NFT 发布平台为了规避监管措施,则其在发布数字作品时,用数字藏品这个概念来代替 NFT 数字艺术品。但在本质上,数字藏品和 NFT 是相同的,均是基于区块链技术,将作品数字化后记录在区块链上,使该作品成为独一无二的数字艺术品,具有收藏价值,可用于交易,而该数字艺术品在区块链上所对应的序列号则是其"所有权"的象征。另外,数字藏品和 NFT 都具有不可替代性、唯一性、不可分割性的特征。

2. NFT 与数字藏品的区别

虽 NFT 与数字藏品本质上相同,但由于我国监管原因,数字藏品与 NFT 主要区别如下。

(1)去中心化层面

NFT 之所以能受人追捧的主要原因是其去中心化的特点。去中心化顾名思义是去除了人为的干预。由于国外 NFT 大部分是在公链上交易,交易最多的是基于 web3.0 技术的以太坊公链,公链的特点则是节点分布广且多,一旦数据写入公链上,则无法修改,以此实现了去中心化。

而对于数字藏品,由于我国监管不允许 NFT 使用公链,国内 NFT 平台发布数字藏品则采用的是联盟链,比如腾讯幻核采用的是至信链这条联盟链。联盟链是国内数个机构共同组建和管理的区块链,共同维护和管理节点,与公链相比,联盟链的节点分布范围狭小且数量少。因此对于联盟链上的数据,管理机构有可修改的可能性,从而无法实现真正地去中心化。

(2)二级市场层面

我国对 NFT 的监管,其中一个措施是不允许 NFT 进行二级市场的交易。该等措施是为了禁止利用 NFT 进行炒作和投机行为。但是,国外的 NFT 平台,比如 Opensea,NFT 数字艺术品可以在该平台上进行二级市场的交易。而 NFT 在国外盛行的主要原因之一也是 NFT 在二级市场可流通获得盈利,NFT

流通性实现了 NFT 的快速变现能力，而上链者也可从二级市场交易中获得一定版税收入，这也会促使更多数字艺术品的创作，有利于 NFT 交易的蓬勃发展。

然而对于我国的数字藏品，由于不能在二级市场进行交易，使该数字藏品只有收藏功能，没有变现功能。比如，界面新闻近期报道，腾讯将关闭旗下的 NFT 交易平台幻核，如果腾讯关闭幻核，由于数字藏品无法流转，该数字藏品如何处理也是一大问题，或可能对数字藏品进行退款，或是将数字藏品转移到其他 NFT 平台。如果涉及转移数字藏品，则需被转移的 NFT 平台共享一条联盟链，由于国内的 NFT 平台采用的联盟链众多，导致作品转移也受到一定限制。因此，对 NFT 在二级市场交易的限制，会减缓 NFT 在我国的发展。

(3)加密货币层面

加密货币即虚拟货币，在国外 NFT 交易平台对 NFT 进行交易时，由于 NFT 交易全是基于加密货币进行交易的，则需要创建加密货币钱包账号，在去中心化交易所中，用法币兑换加密货币。

我国的监管政策是禁止加密货币进行流通，因此，我国的 NFT 平台在数字藏品的交易中，使用的是通过第三方支付平台，比如支付宝，采用以人民币对数字藏品进行交易的形式。

综上，数字藏品只是 NFT 平台经营者用来规避监管的用词，其本质与 NFT 相同，且在司法领域中也并没有将数字藏品与 NFT 数字艺术品相区分。在我国 NFT 诉讼第一案中，法院对 NFT 在我国的交易进行了分析和定性，本节在第三部分进行简要分析。

二、NFT 交易在司法实践中的认定

以我国 NFT 诉讼第一案深圳奇策迭出文化创意有限公司与杭州原与宙科技有限公司侵害作品信息网络传播权纠纷一案①为例，在该案中，被告是 NFT 交易平台的经营者，网络用户在被告 NFT 交易平台上，上链了未经原告许可的侵权作品“我不是胖虎”，并以 NFT 数字艺术作品形式予以售出。随即，原告认

① 杭州互联网法院民事判决书，(2022)浙 0192 民初 1008 号；浙江省杭州市中级人民法院民事判决书，(2022)浙 01 民终 5272 号。

为被告侵犯其著作权之复制权,发行权以及信息网络传播权,诉至法院。经审理,一审法院判决被告承担帮助侵犯原告著作权的侵权责任,需承担损害赔偿。二审法院维持原判。

该案中,法院对于 NFT 的交易定性以及 NFT 相关的权利进行了界定,对经后 NFT 数字作品的交易影响深远,本书在此试作分析。

(一)NFT 本质是什么

一审法院认为,NFT 交易模式本质上属于以数字化内容为交易内容的买卖关系,购买者所获得的是一项财产权益,并非对一项数字财产的使用许可,亦非对一项知识产权的转让或许可授权。

二审法院认为,NFT 数字作品作为网络虚拟财产受到民法保护时体现为一种财产性权益。一审判决中类似 NFT 数字作品“所有权”的表述存在语义模糊之处,对此应予以明晰。鉴于原审判决认定 NFT 数字作品的转让行为不受发行权规制,故原审判决中所指的 NFT 数字作品的“所有权”不应理解为民法中的物权意义上的所有权。其系从数字作品交易所呈现的形式而言,即从形式上看,NFT 数字作品交易呈现的后果是该数字作品的“持有者”发生了变更,相应地,基于该 NFT 数字作品的财产性权益在不同的民事主体之间发生了移转。

由此可知,二审法院认为,NFT 数字作品本质上是民法上的一种财产性权益,一审法院所称的 NFT“所有权”不属于民法中的物权意义上的所有权,只是从形式上表示 NFT 数字作品的财产性权益在不同的民事主体之间发生了移转。

(二)NFT 交易是否受著作权法上的发行权规制

发行权是指以出售或者赠与方式向公众提供作品的原件或者复制件的权利。根据传统理论,发行权满足的前提是要转移作品的有形载体,由于 NFT 交易并没有转移该数字作品的有形载体,故不构成著作权法上的发行行为。

此与法院的观点如出一辙,法院认为“发行权的核心特征在于作品原件或复制件的所有权转让,即当前著作权法中的发行限定为有形载体上的作品原件或复制件的所有权转让或赠与,故未经权利人许可将 NFT 数字作品在第三方交易平台的出售行为尚无法落入发行权所控制范畴”。

二审法院亦认为NFT数字作品在第三方交易平台的出售行为不受发行权控制。

综上,一审和二审法院均认为NFT数字作品在第三方交易平台的出售行为不受发行权控制。

(三)NFT交易是否适用著作权法上的权利用尽原则

著作权法上的权利用尽原则是指发行权的权利用尽,其指当权利人将作品原件或者复印件第一次出售后,其不能控制之后该原件或者复印件的流通行为。

一审法院认为,著作权领域的权利用尽原则的适用基础是作品与其有形载体的不可分性,通过对作品有形载体的使用权利作出规制,具有物理空间和现实操作的可控性。而NFT数字作品交易时并不伴随有形载体的转移,故其不适用于权利用尽原则。

二审法院认为,鉴于NFT数字作品的网络虚拟财产属性,其出售转让过程难以适用发行权予以规制,故目前NFT数字作品交易适用权利用尽原则尚缺乏法律依据。

由此可知,对于NFT交易是否适用著作权法上的权利用尽原则,一审法院认为不适用权利用尽原则,二审法院认为目前NFT数字作品交易适用权利用尽原则尚缺乏法律依据。

(四)NFT交易是否受著作权法中的信息网络传播权所规制

在司法实践中,著作权中的复制权被信息网络传播权所吸收,因此,对于NFT交易行为符合信息网络传播权的基础上,则不对复制行为作评价。

信息网络传播权是指以有线或者无线方式向公众提供,使公众可以在其选定的时间和地点获得作品的权利。上链者将NFT数字作品上传到网络,公众可以在NFT平台上浏览该数字作品,此将作品发布在NFT平台上供公众浏览行为已属于信息网络传播权规制的范畴。

对于NFT数字作品交易行为是否受信息网络传播权规制,一审法院认为虽然NFT数字作品所有权转让结合了区块链和智能合约技术。但是NFT数字作品通过铸造被提供在公开的互联网环境中,交易对象为不特定公众,每一次交易通过智能合约自动执行,可以使公众可以在选定的时间和地点获得NFT数字作品,故NFT数字作品交易符合信息网络传播行为的特征。

二审法院认为,NFT数字作品的交易流程为网络用户(上传)“铸造”—上架发布—出售转让。其中,在NFT数字作品的“铸造”阶段,涉及复制行为;在NFT数字作品的上架发布阶段,涉及信息网络传播行为;在NFT数字作品的出售转让阶段,不涉及复制行为,不涉及信息网络传播行为,也不涉及发行行为。

由此可知,对于NFT数字作品交易行为是否受信息网络传播权规制,一审法院认为交易行为受信息网络传播权规制,而二审法院认为只有交易行为中的NFT数字作品的上架发布阶段才涉及信息网络传播行为,受信息网络传播权规制。

三、NFT交易平台的法律风险以及合规建议

2022年7月12日,上海市人民政府发布了《上海市数字经济发展“十四五”规划》(以下简称“十四五”规划),该“十四五”规划支持龙头企业探索NFT交易平台建设,推动NFT资产数字化。从该规划中可知,上海市政府鼓励建设NFT交易平台,推进NFT数字作品交易的繁荣和发展。

随着该“十四五”规划的出台,可以预期NFT交易平台数量会逐步增加,产业会逐渐繁荣。然而,NFT交易平台看似即将一路繁花,前程似锦,殊不知在这繁花似锦中却隐藏着不少危机和挑战,稍不留神,就会面临法律的风险,承担赔偿责任。本书就NFT交易平台面临的法律风险以及NFT交易平台之合规建设试作探讨。

(一)法律风险

NFT交易平台是提供给交易者对NFT数字作品做交易的一个网络平台。目前,我国在NFT交易平台监管领域未出台具体的法律法规,那么NFT交易平台主要会面临什么法律风险?本书作者认为,NFT交易平台可能会涉及知识产权共同侵权的法律责任。

在NFT诉讼第一案中，法院认为NFT交易平台不是一般网络服务提供者，其注意义务要比一般网络服务提供者更高。原因如下。

1. NFT交易平台在用户每出售一件NFT数字作品时，均将抽取一定比例佣金，且在NFT后续权利转让中，也会抽取佣金。此外，NFT交易平台收取GAS费用作为手续费。根据《最高人民法院关于审理侵害信息网络传播权民事纠纷案件使用法律若干问题的规定》第十一条的规定，网络服务提供者从网络用户提供的作品中获得经济利益的，应负有较高的注意义务。

2. 鉴于NFT数字作品的特殊性。NFT是基于区块链技术和智能合约，将数字作品铸造成一个独一无二的数字作品，NFT数字作品的传播是基于对去中心化区块链技术的信任，弥补了交易主体之间因缺乏信任而有的顾虑。如果侵权案件频发，则会让交易者对NFT数字作品的交易失去信任，而NFT交易平台对NFT交易模式具有一定控制能力，因此其需要负有更高注意义务，以防NFT数字作品交易信任的丧失。

3. NFT数字作品上链者不仅要求其拥有NFT数字作品的"所有权"，还需要其享有该作品的著作权，从而使NFT交易风险远大于一般商品交易风险。因此NFT交易平台需要有更高的审核注意义务。

在该案中，被告只做到了一般网络交易平台的"通知—删除"义务，法院认为该义务不足以使其免除责任，因为其需要负有更高注意义务。从该案中可知，NFT交易平台若只是做到一般网络平台的注意义务，其很有可能会涉及共同侵犯知识产权的侵权责任。

（二）建议

基于上述分析可知，NFT交易平台极易卷入侵权风波，因此建立合规体系来防范风险对于NFT交易平台极其必要且刻不容缓。本书对于NFT交易平台的合规建设提出如下建议，以供参考。

1. 作品上链前审核著作权

对于上链作品，NFT交易平台务必让网络用户提供著作权登记证书、首次发表证明文件、著作权转让合同等文件，以证明其拥有该上链作品的著作权。NFT交易平台进行审核时，可以登录中国版权保护中心著作权登记系统等网站进行核实,也可在网络搜索该作品以核实著作权情况。

2. 实名注册并提供担保

NFT 交易平台可以在网络用户注册阶段,让其进行实名注册并提供一定数额的担保金。为了防止且减少侵权行为的发生,实名注册并提供担保不失为一种有效方法,这不仅可以让侵权人有所顾忌,且如发生侵权事件,担保金可以为 NFT 交易平台减少一定损失。

3. 接到投诉通知后采取必要措施

根据《电子商务法》第四十二条第二款的规定,电子商务平台经营者接到通知后,应当及时采取必要措施,并将该通知转送平台内经营者;未及时采取必要措施的,对损害的扩大部分与平台内经营者承担连带责任。

因此,NFT 交易平台在接到权利人投诉或者律师函后,需要通知涉嫌侵权作品的网络用户,并采取必要措施,比如下架该作品,删除该作品的链接等操作。如经 NFT 交易平台查实,确定该网络用户侵犯了权利人的著作权,可将该侵权 NFT 数字作品在区块链上予以断开并打入地址黑洞,从而停止网络用户的侵权行为。

四、结语

综上所述,由于 NFT 交易去中心化、交易国际化等特点,NFT 交易一旦发生侵权,被侵权人的利益可能难以得到保护,维权过程亦会障碍累累。因此,对于大型 NFT 交易,交易双方应在交易前对交易的各种风险事项进行预测和规避,将 NFT 交易过程中可能发生的侵权风险降至最低。

本章附录　中华人民共和国著作权法(2020修正)

中华人民共和国著作权法

(1990年9月7日第七届全国人民代表大会常务委员会第十五次会议通过　根据2001年10月27日第九届全国人民代表大会常务委员会第二十四次会议《关于修改〈中华人民共和国著作权法〉的决定》第一次修正　根据2010年2月26日第十一届全国人民代表大会常务委员会第十三次会议《关于修改〈中华人民共和国著作权法〉的决定》第二次修正　根据2020年11月11日第十三届全国人民代表大会常务委员会第二十三次会议《关于修改〈中华人民共和国著作权法〉的决定》第三次修正)

目　录

第一章　总　　则

第一条　为保护文学、艺术和科学作品作者的著作权,以及与著作权有关的权益,鼓励有益于社会主义精神文明、物质文明建设的作品的创作和传播,促进社会主义文化和科学事业的发展与繁荣,根据宪法制定本法。

第二条　中国公民、法人或者非法人组织的作品,不论是否发表,依照本法享有著作权。

外国人、无国籍人的作品根据其作者所属国或者经常居住地国同中国签订的协议或者共同参加的国际条约享有的著作权,受本法保护。

外国人、无国籍人的作品首先在中国境内出版的,依照本法享有著作权。

未与中国签订协议或者共同参加国际条约的国家的作者以及无国籍人的作品首次在中国参加的国际条约的成员国出版的,或者在成员国和非成员国同时出版的,受本法保护。

第三条　本法所称的作品,是指文学、艺术和科学领域内具有独创性并能以一定形式表现的智力成果,包括:

(一)文字作品;

(二)口述作品;

(三)音乐、戏剧、曲艺、舞蹈、杂技艺术作品;

(四)美术、建筑作品;

(五)摄影作品;

(六)视听作品;

(七)工程设计图、产品设计图、地图、示意图等图形作品和模型作品;

(八)计算机软件;

(九)符合作品特征的其他智力成果。

第四条　著作权人和与著作权有关的权利人行使权利,不得违反宪法和法律,不得损害公共利益。国家对作品的出版、传播依法进行监督管理。

第五条　本法不适用于:

(一)法律、法规,国家机关的决议、决定、命令和其他具有立法、行政、司法性质的文件,及其官方正式译文;

（二）单纯事实消息；

（三）历法、通用数表、通用表格和公式。

第六条 民间文学艺术作品的著作权保护办法由国务院另行规定。

第七条 国家著作权主管部门负责全国的著作权管理工作；县级以上地方主管著作权的部门负责本行政区域的著作权管理工作。

第八条 著作权人和与著作权有关的权利人可以授权著作权集体管理组织行使著作权或者与著作权有关的权利。依法设立的著作权集体管理组织是非营利法人，被授权后可以以自己的名义为著作权人和与著作权有关的权利人主张权利，并可以作为当事人进行涉及著作权或者与著作权有关的权利的诉讼、仲裁、调解活动。

著作权集体管理组织根据授权向使用者收取使用费。使用费的收取标准由著作权集体管理组织和使用者代表协商确定，协商不成的，可以向国家著作权主管部门申请裁决，对裁决不服的，可以向人民法院提起诉讼；当事人也可以直接向人民法院提起诉讼。

著作权集体管理组织应当将使用费的收取和转付、管理费的提取和使用、使用费的未分配部分等总体情况定期向社会公布，并应当建立权利信息查询系统，供权利人和使用者查询。国家著作权主管部门应当依法对著作权集体管理组织进行监督、管理。

著作权集体管理组织的设立方式、权利义务、使用费的收取和分配，以及对其监督和管理等由国务院另行规定。

第二章 著 作 权

第一节 著作权人及其权利

第九条 著作权人包括：

（一）作者；

（二）其他依照本法享有著作权的自然人、法人或者非法人组织。

第十条 著作权包括下列人身权和财产权：

（一）发表权，即决定作品是否公之于众的权利；

（二）署名权，即表明作者身份，在作品上署名的权利；

（三）修改权，即修改或者授权他人修改作品的权利；

（四）保护作品完整权，即保护作品不受歪曲、篡改的权利；

（五）复制权，即以印刷、复印、拓印、录音、录像、翻录、翻拍、数字化等方式将作品制作一份或者多份的权利；

（六）发行权，即以出售或者赠与方式向公众提供作品的原件或者复制件的权利；

（七）出租权，即有偿许可他人临时使用视听作品、计算机软件的原件或者复制件的权利，计算机软件不是出租的主要标的的除外；

（八）展览权，即公开陈列美术作品、摄影作品的原件或者复制件的权利；

（九）表演权，即公开表演作品，以及用各种手段公开播送作品的表演的权利；

（十）放映权，即通过放映机、幻灯机等技术设备公开再现美术、摄影、视听作品等的权利；

（十一）广播权，即以有线或者无线方式公开传播或者转播作品，以及通过扩音器或者其他传送符号、声音、图像的类似工具向公众传播广播的作品的权利，但不包括本款第十二项规定的权利；

（十二）信息网络传播权，即以有线或者无线方式向公众提供，使公众可以在其选定的时间和地点获得作品的权利；

（十三）摄制权，即以摄制视听作品的方法将作品固定在载体上的权利；

（十四）改编权，即改变作品，创作出具有独创性的新作品的权利；

（十五）翻译权，即将作品从一种语言文字转换成另一种语言文字的权利；

（十六）汇编权，即将作品或者作品的片段通过选择或者编排，汇集成新作品的权利；

（十七）应当由著作权人享有的其他权利。

著作权人可以许可他人行使前款第五项至第十七项规定的权利，并依照约定或者本法有关规定获得报酬。

著作权人可以全部或者部分转让本条第一款第五项至第十七项规定的权利，并依照约定或者本法有关规定获得报酬。

第二节　著作权归属

第十一条　著作权属于作者,本法另有规定的除外。

创作作品的自然人是作者。

由法人或者非法人组织主持,代表法人或者非法人组织意志创作,并由法人或者非法人组织承担责任的作品,法人或者非法人组织视为作者。

第十二条　在作品上署名的自然人、法人或者非法人组织为作者,且该作品上存在相应权利,但有相反证明的除外。

作者等著作权人可以向国家著作权主管部门认定的登记机构办理作品登记。

与著作权有关的权利参照适用前两款规定。

第十三条　改编、翻译、注释、整理已有作品而产生的作品,其著作权由改编、翻译、注释、整理人享有,但行使著作权时不得侵犯原作品的著作权。

第十四条　两人以上合作创作的作品,著作权由合作作者共同享有。没有参加创作的人,不能成为合作作者。

合作作品的著作权由合作作者通过协商一致行使;不能协商一致,又无正当理由的,任何一方不得阻止他方行使除转让、许可他人专有使用、出质以外的其他权利,但是所得收益应当合理分配给所有合作作者。

合作作品可以分割使用的,作者对各自创作的部分可以单独享有著作权,但行使著作权时不得侵犯合作作品整体的著作权。

第十五条　汇编若干作品、作品的片段或者不构成作品的数据或者其他材料,对其内容的选择或者编排体现独创性的作品,为汇编作品,其著作权由汇编人享有,但行使著作权时,不得侵犯原作品的著作权。

第十六条　使用改编、翻译、注释、整理、汇编已有作品而产生的作品进行出版、演出和制作录音录像制品,应当取得该作品的著作权人和原作品的著作权人许可,并支付报酬。

第十七条　视听作品中的电影作品、电视剧作品的著作权由制作者享有,但编剧、导演、摄影、作词、作曲等作者享有署名权,并有权按照与制作者签订的合同获得报酬。

前款规定以外的视听作品的著作权归属由当事人约定;没有约定或者约定不明确的,由制作者享有,但作者享有署名权和获得报酬的权利。

视听作品中的剧本、音乐等可以单独使用的作品的作者有权单独行使其著作权。

第十八条 自然人为完成法人或者非法人组织工作任务所创作的作品是职务作品,除本条第二款的规定以外,著作权由作者享有,但法人或者非法人组织有权在其业务范围内优先使用。作品完成两年内,未经单位同意,作者不得许可第三人以与单位使用的相同方式使用该作品。

有下列情形之一的职务作品,作者享有署名权,著作权的其他权利由法人或者非法人组织享有,法人或者非法人组织可以给予作者奖励:

(一)主要是利用法人或者非法人组织的物质技术条件创作,并由法人或者非法人组织承担责任的工程设计图、产品设计图、地图、示意图、计算机软件等职务作品;

(二)报社、期刊社、通讯社、广播电台、电视台的工作人员创作的职务作品;

(三)法律、行政法规规定或者合同约定著作权由法人或者非法人组织享有的职务作品。

第十九条 受委托创作的作品,著作权的归属由委托人和受托人通过合同约定。合同未作明确约定或者没有订立合同的,著作权属于受托人。

第二十条 作品原件所有权的转移,不改变作品著作权的归属,但美术、摄影作品原件的展览权由原件所有人享有。

作者将未发表的美术、摄影作品的原件所有权转让给他人,受让人展览该原件不构成对作者发表权的侵犯。

第二十一条 著作权属于自然人的,自然人死亡后,其本法第十条第一款第五项至第十七项规定的权利在本法规定的保护期内,依法转移。

著作权属于法人或者非法人组织的,法人或者非法人组织变更、终止后,其本法第十条第一款第五项至第十七项规定的权利在本法规定的保护期内,由承受其权利义务的法人或者非法人组织享有;没有承受其权利义务的法人或者非法人组织的,由国家享有。

第三节 权利的保护期

第二十二条 作者的署名权、修改权、保护作品完整权的保护期不受限制。

第二十三条 自然人的作品,其发表权、本法第十条第一款第五项至第十七项规定的权利的保护期为作者终生及其死亡后五十年,截止于作者死亡后第五十年的12月31日;如果是合作作品,截止于最后死亡的作者死亡后第五十年的12月31日。

法人或者非法人组织的作品、著作权(署名权除外)由法人或者非法人组织享有的职务作品,其发表权的保护期为五十年,截止于作品创作完成后第五十年的12月31日;本法第十条第一款第五项至第十七项规定的权利的保护期为五十年,截止于作品首次发表后第五十年的12月31日,但作品自创作完成后五十年内未发表的,本法不再保护。

视听作品,其发表权的保护期为五十年,截止于作品创作完成后第五十年的12月31日;本法第十条第一款第五项至第十七项规定的权利的保护期为五十年,截止于作品首次发表后第五十年的12月31日,但作品自创作完成后五十年内未发表的,本法不再保护。

第四节 权利的限制

第二十四条 在下列情况下使用作品,可以不经著作权人许可,不向其支付报酬,但应当指明作者姓名或者名称、作品名称,并且不得影响该作品的正常使用,也不得不合理地损害著作权人的合法权益:

(一)为个人学习、研究或者欣赏,使用他人已经发表的作品;

(二)为介绍、评论某一作品或者说明某一问题,在作品中适当引用他人已经发表的作品;

(三)为报道新闻,在报纸、期刊、广播电台、电视台等媒体中不可避免地再现或者引用已经发表的作品;

(四)报纸、期刊、广播电台、电视台等媒体刊登或者播放其他报纸、期刊、广播电台、电视台等媒体已经发表的关于政治、经济、宗教问题的时事性文章,但著作权人声明不许刊登、播放的除外;

（五）报纸、期刊、广播电台、电视台等媒体刊登或者播放在公众集会上发表的讲话，但作者声明不许刊登、播放的除外；

（六）为学校课堂教学或者科学研究，翻译、改编、汇编、播放或者少量复制已经发表的作品，供教学或者科研人员使用，但不得出版发行；

（七）国家机关为执行公务在合理范围内使用已经发表的作品；

（八）图书馆、档案馆、纪念馆、博物馆、美术馆、文化馆等为陈列或者保存版本的需要，复制本馆收藏的作品；

（九）免费表演已经发表的作品，该表演未向公众收取费用，也未向表演者支付报酬，且不以营利为目的；

（十）对设置或者陈列在公共场所的艺术作品进行临摹、绘画、摄影、录像；

（十一）将中国公民、法人或者非法人组织已经发表的以国家通用语言文字创作的作品翻译成少数民族语言文字作品在国内出版发行；

（十二）以阅读障碍者能够感知的无障碍方式向其提供已经发表的作品；

（十三）法律、行政法规规定的其他情形。

前款规定适用于对与著作权有关的权利的限制。

第二十五条　为实施义务教育和国家教育规划而编写出版教科书，可以不经著作权人许可，在教科书中汇编已经发表的作品片段或者短小的文字作品、音乐作品或者单幅的美术作品、摄影作品、图形作品，但应当按照规定向著作权人支付报酬，指明作者姓名或者名称、作品名称，并且不得侵犯著作权人依照本法享有的其他权利。

前款规定适用于对与著作权有关的权利的限制。

第三章　著作权许可使用和转让合同

第二十六条　使用他人作品应当同著作权人订立许可使用合同，本法规定可以不经许可的除外。

许可使用合同包括下列主要内容：

（一）许可使用的权利种类；

（二）许可使用的权利是专有使用权或者非专有使用权；

（三）许可使用的地域范围、期间；

（四）付酬标准和办法；

（五）违约责任；

（六）双方认为需要约定的其他内容。

第二十七条 转让本法第十条第一款第五项至第十七项规定的权利，应当订立书面合同。

权利转让合同包括下列主要内容：

（一）作品的名称；

（二）转让的权利种类、地域范围；

（三）转让价金；

（四）交付转让价金的日期和方式；

（五）违约责任；

（六）双方认为需要约定的其他内容。

第二十八条 以著作权中的财产权出质的，由出质人和质权人依法办理出质登记。

第二十九条 许可使用合同和转让合同中著作权人未明确许可、转让的权利，未经著作权人同意，另一方当事人不得行使。

第三十条 使用作品的付酬标准可以由当事人约定，也可以按照国家著作权主管部门会同有关部门制定的付酬标准支付报酬。当事人约定不明确的，按照国家著作权主管部门会同有关部门制定的付酬标准支付报酬。

第三十一条 出版者、表演者、录音录像制作者、广播电台、电视台等依照本法有关规定使用他人作品的，不得侵犯作者的署名权、修改权、保护作品完整权和获得报酬的权利。

第四章 与著作权有关的权利

第一节 图书、报刊的出版

第三十二条 图书出版者出版图书应当和著作权人订立出版合同，并支付报酬。

第三十三条 图书出版者对著作权人交付出版的作品，按照合同约定享有的专有出版权受法律保护，他人不得出版该作品。

第三十四条 著作权人应当按照合同约定期限交付作品。图书出版者应当按照合同约定的出版质量、期限出版图书。

图书出版者不按照合同约定期限出版,应当依照本法第六十一条的规定承担民事责任。

图书出版者重印、再版作品的,应当通知著作权人,并支付报酬。图书脱销后,图书出版者拒绝重印、再版的,著作权人有权终止合同。

第三十五条 著作权人向报社、期刊社投稿的,自稿件发出之日起十五日内未收到报社通知决定刊登的,或者自稿件发出之日起三十日内未收到期刊社通知决定刊登的,可以将同一作品向其他报社、期刊社投稿。双方另有约定的除外。

作品刊登后,除著作权人声明不得转载、摘编的外,其他报刊可以转载或者作为文摘、资料刊登,但应当按照规定向著作权人支付报酬。

第三十六条 图书出版者经作者许可,可以对作品修改、删节。

报社、期刊社可以对作品作文字性修改、删节。对内容的修改,应当经作者许可。

第三十七条 出版者有权许可或者禁止他人使用其出版的图书、期刊的版式设计。

前款规定的权利的保护期为十年,截止于使用该版式设计的图书、期刊首次出版后第十年的 12 月 31 日。

第二节 表 演

第三十八条 使用他人作品演出,表演者应当取得著作权人许可,并支付报酬。演出组织者组织演出,由该组织者取得著作权人许可,并支付报酬。

第三十九条 表演者对其表演享有下列权利:

(一)表明表演者身份;

(二)保护表演形象不受歪曲;

(三)许可他人从现场直播和公开传送其现场表演,并获得报酬;

(四)许可他人录音录像,并获得报酬;

(五)许可他人复制、发行、出租录有其表演的录音录像制品,并获得报酬;

（六）许可他人通过信息网络向公众传播其表演，并获得报酬。

被许可人以前款第三项至第六项规定的方式使用作品，还应当取得著作权人许可，并支付报酬。

第四十条 演员为完成本演出单位的演出任务进行的表演为职务表演，演员享有表明身份和保护表演形象不受歪曲的权利，其他权利归属由当事人约定。当事人没有约定或者约定不明确的，职务表演的权利由演出单位享有。

职务表演的权利由演员享有的，演出单位可以在其业务范围内免费使用该表演。

第四十一条 本法第三十九条第一款第一项、第二项规定的权利的保护期不受限制。

本法第三十九条第一款第三项至第六项规定的权利的保护期为五十年，截止于该表演发生后第五十年的 12 月 31 日。

第三节 录音录像

第四十二条 录音录像制作者使用他人作品制作录音录像制品，应当取得著作权人许可，并支付报酬。

录音制作者使用他人已经合法录制为录音制品的音乐作品制作录音制品，可以不经著作权人许可，但应当按照规定支付报酬；著作权人声明不许使用的不得使用。

第四十三条 录音录像制作者制作录音录像制品，应当同表演者订立合同，并支付报酬。

第四十四条 录音录像制作者对其制作的录音录像制品，享有许可他人复制、发行、出租、通过信息网络向公众传播并获得报酬的权利；权利的保护期为五十年，截止于该制品首次制作完成后第五十年的 12 月 31 日。

被许可人复制、发行、通过信息网络向公众传播录音录像制品，应当同时取得著作权人、表演者许可，并支付报酬；被许可人出租录音录像制品，还应当取得表演者许可，并支付报酬。

第四十五条 将录音制品用于有线或者无线公开传播，或者通过传送声音的技术设备向公众公开播送的，应当向录音制作者支付报酬。

第四节　广播电台、电视台播放

第四十六条　广播电台、电视台播放他人未发表的作品，应当取得著作权人许可，并支付报酬。

广播电台、电视台播放他人已发表的作品，可以不经著作权人许可，但应当按照规定支付报酬。

第四十七条　广播电台、电视台有权禁止未经其许可的下列行为：

（一）将其播放的广播、电视以有线或者无线方式转播；

（二）将其播放的广播、电视录制以及复制；

（三）将其播放的广播、电视通过信息网络向公众传播。

广播电台、电视台行使前款规定的权利，不得影响、限制或者侵害他人行使著作权或者与著作权有关的权利。

本条第一款规定的权利的保护期为五十年，截止于该广播、电视首次播放后第五十年的12月31日。

第四十八条　电视台播放他人的视听作品、录像制品，应当取得视听作品著作权人或者录像制作者许可，并支付报酬；播放他人的录像制品，还应当取得著作权人许可，并支付报酬。

第五章　著作权和与著作权有关的权利的保护

第四十九条　为保护著作权和与著作权有关的权利，权利人可以采取技术措施。

未经权利人许可，任何组织或者个人不得故意避开或者破坏技术措施，不得以避开或者破坏技术措施为目的制造、进口或者向公众提供有关装置或者部件，不得故意为他人避开或者破坏技术措施提供技术服务。但是，法律、行政法规规定可以避开的情形除外。

本法所称的技术措施，是指用于防止、限制未经权利人许可浏览、欣赏作品、表演、录音录像制品或者通过信息网络向公众提供作品、表演、录音录像制品的有效技术、装置或者部件。

第五十条　下列情形可以避开技术措施，但不得向他人提供避开技术措施的技术、装置或者部件，不得侵犯权利人依法享有的其他权利：

（一）为学校课堂教学或者科学研究，提供少量已经发表的作品，供教学或者科研人员使用，而该作品无法通过正常途径获取；

（二）不以营利为目的，以阅读障碍者能够感知的无障碍方式向其提供已经发表的作品，而该作品无法通过正常途径获取；

（三）国家机关依照行政、监察、司法程序执行公务；

（四）对计算机及其系统或者网络的安全性能进行测试；

（五）进行加密研究或者计算机软件反向工程研究。

前款规定适用于对与著作权有关的权利的限制。

第五十一条 未经权利人许可，不得进行下列行为：

（一）故意删除或者改变作品、版式设计、表演、录音录像制品或者广播、电视上的权利管理信息，但由于技术上的原因无法避免的除外；

（二）知道或者应当知道作品、版式设计、表演、录音录像制品或者广播、电视上的权利管理信息未经许可被删除或者改变，仍然向公众提供。

第五十二条 有下列侵权行为的，应当根据情况，承担停止侵害、消除影响、赔礼道歉、赔偿损失等民事责任：

（一）未经著作权人许可，发表其作品的；

（二）未经合作作者许可，将与他人合作创作的作品当作自己单独创作的作品发表的；

（三）没有参加创作，为谋取个人名利，在他人作品上署名的；

（四）歪曲、篡改他人作品的；

（五）剽窃他人作品的；

（六）未经著作权人许可，以展览、摄制视听作品的方法使用作品，或者以改编、翻译、注释等方式使用作品的，本法另有规定的除外；

（七）使用他人作品，应当支付报酬而未支付的；

（八）未经视听作品、计算机软件、录音录像制品的著作权人、表演者或者录音录像制作者许可，出租其作品或者录音录像制品的原件或者复制件的，本法另有规定的除外；

（九）未经出版者许可，使用其出版的图书、期刊的版式设计的；

（十）未经表演者许可，从现场直播或者公开传送其现场表演，或者录制其表演的；

（十一）其他侵犯著作权以及与著作权有关的权利的行为。

第五十三条　有下列侵权行为的，应当根据情况，承担本法第五十二条规定的民事责任；侵权行为同时损害公共利益的，由主管著作权的部门责令停止侵权行为，予以警告，没收违法所得，没收、无害化销毁处理侵权复制品以及主要用于制作侵权复制品的材料、工具、设备等，违法经营额五万元以上的，可以并处违法经营额一倍以上五倍以下的罚款；没有违法经营额、违法经营额难以计算或者不足五万元的，可以并处二十五万元以下的罚款；构成犯罪的，依法追究刑事责任：

（一）未经著作权人许可，复制、发行、表演、放映、广播、汇编、通过信息网络向公众传播其作品的，本法另有规定的除外；

（二）出版他人享有专有出版权的图书的；

（三）未经表演者许可，复制、发行录有其表演的录音录像制品，或者通过信息网络向公众传播其表演的，本法另有规定的除外；

（四）未经录音录像制作者许可，复制、发行、通过信息网络向公众传播其制作的录音录像制品的，本法另有规定的除外；

（五）未经许可，播放、复制或者通过信息网络向公众传播广播、电视的，本法另有规定的除外；

（六）未经著作权人或者与著作权有关的权利人许可，故意避开或者破坏技术措施的，故意制造、进口或者向他人提供主要用于避开、破坏技术措施的装置或者部件的，或者故意为他人避开或者破坏技术措施提供技术服务的，法律、行政法规另有规定的除外；

（七）未经著作权人或者与著作权有关的权利人许可，故意删除或者改变作品、版式设计、表演、录音录像制品或者广播、电视上的权利管理信息的，知道或者应当知道作品、版式设计、表演、录音录像制品或者广播、电视上的权利管理信息未经许可被删除或者改变，仍然向公众提供的，法律、行政法规另有规定的除外；

（八）制作、出售假冒他人署名的作品的。

第五十四条 侵犯著作权或者与著作权有关的权利的，侵权人应当按照权利人因此受到的实际损失或者侵权人的违法所得给予赔偿；权利人的实际损失或者侵权人的违法所得难以计算的，可以参照该权利使用费给予赔偿。对故意侵犯著作权或者与著作权有关的权利，情节严重的，可以在按照上述方法确定数额的一倍以上五倍以下给予赔偿。

权利人的实际损失、侵权人的违法所得、权利使用费难以计算的，由人民法院根据侵权行为的情节，判决给予五百元以上五百万元以下的赔偿。

赔偿数额还应当包括权利人为制止侵权行为所支付的合理开支。

人民法院为确定赔偿数额，在权利人已经尽了必要举证责任，而与侵权行为相关的账簿、资料等主要由侵权人掌握的，可以责令侵权人提供与侵权行为相关的账簿、资料等；侵权人不提供，或者提供虚假的账簿、资料等的，人民法院可以参考权利人的主张和提供的证据确定赔偿数额。

人民法院审理著作权纠纷案件，应权利人请求，对侵权复制品，除特殊情况外，责令销毁；对主要用于制造侵权复制品的材料、工具、设备等，责令销毁，且不予补偿；或者在特殊情况下，责令禁止前述材料、工具、设备等进入商业渠道，且不予补偿。

第五十五条 主管著作权的部门对涉嫌侵犯著作权和与著作权有关的权利的行为进行查处时，可以询问有关当事人，调查与涉嫌违法行为有关的情况；对当事人涉嫌违法行为的场所和物品实施现场检查；查阅、复制与涉嫌违法行为有关的合同、发票、账簿以及其他有关资料；对于涉嫌违法行为的场所和物品，可以查封或者扣押。

主管著作权的部门依法行使前款规定的职权时，当事人应当予以协助、配合，不得拒绝、阻挠。

第五十六条 著作权人或者与著作权有关的权利人有证据证明他人正在实施或者即将实施侵犯其权利、妨碍其实现权利的行为，如不及时制止将会使其合法权益受到难以弥补的损害的，可以在起诉前依法向人民法院申请采取财产保全、责令作出一定行为或者禁止作出一定行为等措施。

第五十七条 为制止侵权行为，在证据可能灭失或者以后难以取得的情况下，著作权人或者与著作权有关的权利人可以在起诉前依法向人民法院申请保全证据。

第五十八条　人民法院审理案件，对于侵犯著作权或者与著作权有关的权利的，可以没收违法所得、侵权复制品以及进行违法活动的财物。

第五十九条　复制品的出版者、制作者不能证明其出版、制作有合法授权的，复制品的发行者或者视听作品、计算机软件、录音录像制品的复制品的出租者不能证明其发行、出租的复制品有合法来源的，应当承担法律责任。

在诉讼程序中，被诉侵权人主张其不承担侵权责任的，应当提供证据证明已经取得权利人的许可，或者具有本法规定的不经权利人许可而可以使用的情形。

第六十条　著作权纠纷可以调解，也可以根据当事人达成的书面仲裁协议或者著作权合同中的仲裁条款，向仲裁机构申请仲裁。

当事人没有书面仲裁协议，也没有在著作权合同中订立仲裁条款的，可以直接向人民法院起诉。

第六十一条　当事人因不履行合同义务或者履行合同义务不符合约定而承担民事责任，以及当事人行使诉讼权利、申请保全等，适用有关法律的规定。

第六章　附　　则

第六十二条　本法所称的著作权即版权。

第六十三条　本法第二条所称的出版，指作品的复制、发行。

第六十四条　计算机软件、信息网络传播权的保护办法由国务院另行规定。

第六十五条　摄影作品，其发表权、本法第十条第一款第五项至第十七项规定的权利的保护期在 2021 年 6 月 1 日前已经届满，但依据本法第二十三条第一款的规定仍在保护期内的，不再保护。

第六十六条　本法规定的著作权人和出版者、表演者、录音录像制作者、广播电台、电视台的权利，在本法施行之日尚未超过本法规定的保护期的，依照本法予以保护。

本法施行前发生的侵权或者违约行为，依照侵权或者违约行为发生时的有关规定处理。

第六十七条　本法自 1991 年 6 月 1 日起施行。

第三章　商标权裁判标准

本章导读

本章对商标权常见纠纷案件的裁判标准进行深入分析和阐述。本章主要涉及商标行政诉讼和商标民事诉讼中的裁判标准，其中，本章第一节至第三节分析商标行政诉讼案件的裁判标准，第四节至第六节分析商标民事诉讼案件的裁判标准。具体为：第一节分析商标行政诉讼的一般裁判标准，第二节分析商标连续三年不使用撤销案件的确权裁判标准，第三节分析《商标法》第三十二条中在先权利的裁判标准，第四节分析商标民事侵权的裁判标准，第五节分析企业名称权与商标权冲突的裁判标准，第六节分析驰名商标的民事侵权裁判标准。本章附录为我国现行有效的商标法条文，以便读者在阅读本章内容时随时查看。

第一节　商标行政诉讼裁判标准

商标行政诉讼是对于国家知识产权局作出的关于商标驳回复审决定、撤销复审决定、无效宣告裁定不服向人民法院提起的诉讼。相较于商标民事诉讼，商标行政诉讼原告胜诉率较低，根据国家知识产权局发布的统计数据，2021 年商标行政诉讼案件，除情势变更原因外，国家知识产权局一审胜诉率为 91.8%，二审胜诉率为 86.1%。这个数据意味着原告的一审胜诉率为 8.2%，二审胜诉率为 13.9%。由此可见，原告在商标行政诉讼中胜诉较为艰难。本书将对商标行政诉讼驳回复审，撤销复审以及无效宣告进行实务探析。

一、驳回复审行政诉讼

商标驳回复审在商标行政诉讼中占比最多，对于商标驳回复审，商标局的驳回理由主要分为两类：一是绝对理由，二是相对理由。绝对理由依据的是商标法第十条、第十一条和第十二条。而相对理由依据的是商标法第三十条以及第三十一条。由于大部分案件国家知识产权局均是依据相对理由作出的驳回复审决定，本书将从实务层面探讨在对相对理由驳回复审行政诉讼中原告的论述理由，这也是法院审理时所要考量的因素。

《商标法》第三十条规定，“申请注册的商标，凡不符合本法有关规定或者同他人在同一种商品或者类似商品上已经注册的或者初步审定的商标相同或者近似的，由商标局驳回申请，不予公告”。该规定意在对存在相同或者近似引证商标的诉争商标进行驳回。

对于存在相同或者近似引证商标障碍的商标驳回复审行政案件，本书建议可从如下方面进行论述。

（一）对引证商标提起撤销三年不使用申请、无效宣告申请、异议申请

如果引证商标不存在，则诉争商标就没有了权利障碍，便可顺利注册。因此，对引证商标提起撤销三年不使用、申请引证商标无效宣告或者对初审公告的引证商标提起异议则是首先要采纳的策略。

1. 撤销三年不使用申请

《商标法》第四十九条第二款规定，“注册商标成为其核定使用的商品的通用名称或者没有正当理由连续三年不使用的，任何单位或者个人可以向商标局申请撤销该注册商标。商标局应当自收到申请之日起九个月内做出决定。有特殊情况需要延长的，经国务院工商行政管理部门批准，可以延长三个月”。此条意在鼓励商标注册人对商标的使用，若连续三年不使用，则任何单位或者个人均可以提出撤销。

对于引证商标，如果相关搜索结果显示该商标连续三年没有使用，则可以向国家知识产权局提交撤销申请。值得注意的是，若任何一方当事人提出撤销复审申请或者提起诉讼，那么撤销三年不使用申请的流程需要历经撤销决定、

撤销复审决定、行政诉讼一审和二审，耗费时间长。而在商标驳回复审中，法院对引证商标撤销是否成功一般只采纳该引证商标的撤销公告。因此，一旦发现有引证商标连续三年未使用的情形，建议尽早启动撤销程序。实务中，有些代理机构在申请商标时，对可能成为被引证的商标提起“撤三”申请，旨在争取时间。由此可见，对引证商标提撤销三年不使用申请意义很大。

2. 异议申请

《商标法》第三十三条规定，“对初步审定公告的商标，自公告之日起三个月内，在先权利人、利害关系人认为违反本法第十三条第二款和第三款、第十五条、第十六条第一款、第三十条、第三十一条、第三十二条规定的，或者任何人认为违反本法第四条、第十条、第十一条、第十二条、第十九条第四款规定的，可以向商标局提出异议。公告期满无异议的，予以核准注册，发给商标注册证，并予公告”。

从该条可知，对于初审公告的商标分两种情况：第一种是属于在先权利人或者利害关系人申请异议的情况，即违反《商标法》第十三条第二款和第三款、第十五条、第十六条第一款、第三十条、第三十一条、第三十二条的规定。第二种是任何人均可以异议的情形，即违反《商标法》第四条、第十条、第十一条、第十二条、第十九条第四款的规定。另外，异议自初审公告之日起三个月内提出。若超期，则只能通过无效宣告申请来无效引证商标。

3. 无效宣告申请

《商标法》第四十四条以及第四十五条是对商标无效宣告的规定，其中，第四十四条是对商标绝对条款的无效申请。对于绝对条款的无效申请，任何人或者单位均可以提出，且没有时间限制。而第四十五条是对于相对条款的无效申请。相对条款需要在先权利人或者利害关系人在五年内提出，但是驰名商标所有人对于恶意注册的情况，不受五年的限制。

需要注意的是，商标法中在先权利人指的是著作权、企业名称权、姓名权，商品化权益、商标权等权利人。而商标法中的利害关系人，根据《最高人民法院关于审理商标民事纠纷案件适用法律若干问题的解释》第四条的规定，利害关系人包括注册商标使用许可合同的被许可人、注册商标财产权利的合法继承人等。另外，在同一个法律内，商标确权程序中的“利害关系人”与民事纠纷中的

"利害关系人"应当作统一的解释方符合法律解释的规则。因此,对于注册商标,无论在民事侵权程序中还是在商标授权确权程序中,其利害关系人均应当限于商标使用许可合同的被许可人、注册商标财产权利的合法继承人等与注册商标权之间存在直接的利害关系的主体,且该种解释可适用于非注册商标的利害关系人。[①]

(二)论述诉争商标与引证商标在形音义上的显著不同

根据2021年《商标审查审理指南》的规定,判定商标相同或者近似时,首先,应认定指定使用的商品或者服务是否属于同一种或者类似商品(服务);其次,应从商标本身的"形、音、义"和整体表现形式等方面,以相关公众的一般注意力和认知力为标准,采用隔离观察、整体比对和要部比对的方法,判断商标标志本身是否相同或者近似。同时考虑商标本身的显著性、在先商标知名度等因素判定是否易使相关公众对商品或者服务的来源产生混淆。另外,《最高人民法院关于审理商标民事纠纷案件适用法律若干问题的解释》第十条规定:"人民法院依据商标法第五十二条第(一)项的规定,认定商标相同或近似按照以下原则进行:(一)以相关公众的一般注意力为标准;(二)既要进行对商标的整体比对,又要进行对商标主要部分的比对,比对应当在比对对象隔离的状态下分别进行;(三)判断商标是否近似,应当考虑请求保护注册商标的显着性和知名度。"由这两个条文可知,对于商标近似的比对,需从商标整体入手,也要关注商标的主要部分,除此以外,还要对其含义以及读音进行比对。在实务中,需要将商标构成要素、主要识别部分、整体外观、读音以及含义进行详细比对,仔细说明。关于主要识别部分,在组合商标中,文字相较于图形是主要识别部分,而中文相较于英文是主要识别部分。另外,在司法实践中,一审法院北京知识产权法院着重于构成要素的差别,而二审法院北京市高级人民法院着重于整体外观的差别。

(三)诉争商标的知名度证据

商标的主要功能是指示商品或者服务的来源,而判断商标是否近似的原则

---

① 北京市高级人民法院行政判决书,(2019)京行终5958号。

是相关公众是否对诉争商标与引证商标构成混淆，是否会让相关公众误认为诉争商标的商品或者服务源于引证商标的权利人，或者与引证商标的权利人之间有特定联系。而提交知名度证据则是为了证明诉争商标通过宣传和使用，在相关公众中产生极高知名度，诉争商标与原告已形成一一对应的紧密关系，从而不会造成相关公众混淆。

对于知名度证据，在商标行政诉讼中各法官采纳的标准不一，有的法官不采纳知名度证据，理由是商标驳回复审行政诉讼中引证商标权利人不参与，无法提交引证商标的知名度证据，如采纳原告的知名度证据，会对引证商标权利人不公平。有的法官则会采纳知名度证据，从而判断相关公众是否会对诉争商标与引证商标构成混淆。因此，在实务中，本书作者建议原告提供尽可能多的知名度证据，不仅提交诉争商标的知名度证据，还可提交原告的知名度证据，从而证明相关公众对诉争商标和引证商标不会产生混淆。

（四）相关公众的注意力

对于不同产品，相关公众的一般注意力也是不同的。比如，对于一般商品，相关公众只施以一般注意力；对于价格昂贵的商品，医药类商品或者有关婴儿类商品，相关公众会施以极高的注意力。在极高的注意力下，相关公众不会轻易对诉争商标和引证商标产生混淆。

比如，本田技研工业株式会社“”商标与现代自动车株式会社“”商标，商标均是字母“H”，如果属于一般领域，极大可能会因近似而被驳回。然而，由于其属于汽车领域，汽车价格极其昂贵，相关公众购买时必定施加极高注意力，且两个商标均通过宣传获得了极高知名度，相关公众不易产生混淆。

（五）类似群组检索

在同类或者不同类的类似群组对同类型商标进行检索，证明在该类型上的商标有在先众多商标共存的情形，因此本案诉争商标与引证商标共存也不会使公众发生混淆，而即使商标个案认定，也应遵循一致性以及连贯性的原则，保护商标申请人的信赖利益。

在实务中，比如诉争商标“北极航空”与引证商标“北极”在十二类构成近似，那么在做类似群组检索时，在十二类上检索“北极 AB”与“北极”在同一类似群组上共存的商标，同时也检索“AB 航空”与“AB”共存的商标。在与十二类有关联的三十九类上以上述方法也作类似检索。另外，在十二类以及三十九类以外的其他类别上，也可以采用上述方法做类似检索。

（六）商品或者服务类似

法院在对近似商标进行判断时，除考虑商标的近似外，还需要考虑商品或者服务的类似情况。一般情况下，国家知识产权局和法院在判断商品或者服务是否类似时，参考国家知识产权局商标局编著的类似商品和服务区分表，但是只有在一部分案件中会突破区分表进行判断商品或者服务是否构成类似。

根据《最高人民法院关于审理商标民事纠纷案件适用法律若干问题的解释》第十一条：类似商品，是指在功能、用途、生产部门、销售渠道、消费对象等方面相同，或者相关公众一般认为其存在特定联系、容易造成混淆的商品。另外，在最高人民法院“啄木鸟”商标异议案件[①]中，法院认为在审理商标授权确权案件时，审查判断相关商品是否类似，应当考虑商品的功能、用途、生产部门、销售渠道、消费群体等是否相同或者具有较大的关联性，两个商标共存是否容易使相关公众认为商品是同一主体提供的，或者其提供者之间是否存在特定联系。

由此可知，要突破区分表，则需要论述诉争商标与引证商标在功能、用途、生产部门、销售渠道、消费群体等不具有关联性且不相同，因此诉争商标与引证商标共存并不会使公众产生混淆。

（七）共存协议

目前在司法实践中，国家知识产权局对共存协议普遍不接受，而在法院层面，只有部分法官能接受共存协议。共存协议即是诉争商标申请人与引证商标权利人达成共识，认为两个商标共存不会对相关公众造成混淆，且双方也同意两商标共存于市场。但是由于商标法一方面保护私权，即商标所有人权利，另一方面保护公共利益，即消费者公众的权利，其目的则是避免公众对商标产生

① 最高人民法院驳回商标行政纠纷再审行政通知书，（2011）知行字第 37 号。

混淆,造成损失。因此,对于相同或者极其近似的商标,即使双方达成了共存协议,法官为了保护公众利益,也不会采纳该共存协议。

二、撤销连续三年不使用商标行政诉讼

商标行政诉讼中,有一部分诉讼涉及对国家知识产权局关于撤销连续三年不使用商标作出的决定不服而提起的行政诉讼,提起诉讼的原告可以是申请撤销商标的申请人,也可以是被撤销商标的权利人。

撤销连续三年不使用商标诉讼中,法院主要是对诉争商标(被撤销商标)的使用证据进行审理,判断该诉争商标是否进行了实际使用。因此,本书对法院如何审理和判断使用证据进行简要分析。

使用证据包括实物类使用证据、合同类使用证据、票据类使用证据、陈述类使用证据、宣传类使用证据等。法院对于采纳使用证据的原则如下。

第一,以关键证据为主,且考虑整个使用证据的证据链,关键证据是指发票以及销售合同等发挥关键作用的证据。如果发票和销售合同的证据比较充足,那么非关键性证据,比如商品外包装合同,生产加工合同等能被法院采纳;反之,非关键性证据可能不会被采纳。

第二,法院对于证据的采纳采用与商品进入流通领域相反的方向。根据正常的商业逻辑,商品从广告宣传至生产加工,最后进入销售环节。然而法院对于证据的采纳,从销售环节开始,最后至商标授权许可合同,即法院最看重发票,其次是销售合同、宣传推广合同、生产加工环节等,最后是商标授权许可合同。

在分析法院认定撤销连续三年不使用商标诉讼证据的原则后,本书对上述提及的使用证据分析如下。

实物类证据。该类证据为商标用在商品外包装上,或者外包装箱上,该类证据证明力较强,但是也有其缺点。比如对该商品或者外包装进行拍照的照片证据,其照片真实性难以确定,其时间也难以考证。

合同类和票据类证据。合同类与发票类证据是使用证据中证明力非常强的证据,发票与销售合同需有对应关系,法院会从主体一致性、金额、商标商品以及时间范围内进行考虑。这类证据如果存在对应关系,即使该证据不是很

多,法院也会认定商标使用的真实性。

其中,票据类证据是核心。但是如果是自制证据的收据,则法院不太会采信,需要结合其他类证据。但是如果是发票,则证明力就比较强。如果没有发票,只有合同,法院要判定是否真实使用,对合同签订时间、内容、数量、价款、主体以及诉争商标进行认定。

对于商标许可合同,法院并不会因为该合同没有备案就予以否定,而是需要结合其他证据判断是否真实的意思表示。

对于销售合同,商标如何用于该合同中属于商标使用行为,商标法未予以明确。根据司法实践,对于在销售合同条款中显示商标名称,则属于商标使用行为。如只是以商标图案印于合同页眉或其他地方,则需要结合其他使用证据予以判断。

陈述类证据。陈述类证据分为两类:一类是具有公信力的中立机构,比如工商管理局,其提供的证明材料法院一般会进行采纳。另一类是员工、消费者、供货方等提供的陈述类证据,该证据证明力弱,法院会根据其利害关系、资质、接触可能性等其他证据综合判断。

宣传类证据。宣传类证据分为两类:一类是企业自制证据,比如海报、产品手册。该类证据证明力弱,需要结合其他证据予以判断。另一类是公开发行刊物,如报刊等,该类证据需要明确其范围、影响力、刊号、是否有稳定的群体等,若都能予以明确,则该类证据证明力强。

而对于广告合同等宣传类证据、产品图片类证据,不能作为单独使用证据予以采纳,需要与销售合同以及发票相结合予以判断。

三、无效宣告行政诉讼

第三类商标行政诉讼是商标无效宣告行政诉讼。根据上述所述,提出无效宣告的理由可以是绝对理由或者相对理由。最新修订的《商标法》增加了第四条无效宣告情形,该第四条与第四十四条“以其他不正当手段取得注册”的无效宣告情形在实务中容易混淆,本书在此阐述其区别。

(一)《商标法》第四十四条

根据《商标法》第四十四条的规定,已经注册的商标,违反《商标法》第四条、

第十条、第十一条、第十二条、第十九条第四款规定的,或者是以欺骗手段或者其他不正当手段取得注册的,由商标局宣告该注册商标无效;其他单位或者个人可以请求商标评审委员会宣告该注册商标无效。

《北京市高级人民法院商标授权确权行政案件审理指南》第十七条规定了《商标法》第四十四条第一款"以其他不正当手段取得注册"的适用情形:(1)诉争商标申请人申请注册多件商标,且与他人具有较强显著性的商标或者较高知名度的商标构成相同或者近似,既包括对不同商标权利人的商标在相同或类似商品、服务上申请注册的,也包括针对同一商标权利人的商标在不相同或不类似商品或者服务上申请注册的;(2)诉争商标申请人申请注册多件商标,且与他人企业名称、社会组织名称、有一定影响商品的名称、包装、装潢等商业标识构成相同或者近似标志的;(3)诉争商标申请人具有兜售商标,或者高价转让未果即向在先商标使用人提起侵权诉讼等行为的。

从该条可知,《商标法》第四十四条中"以其他不正当手段取得注册"规制的是商标囤积行为,如果恶意注册人注册了少量商标,则不能适用该条规定。该条的立法目的是公共利益的需要,防止商标注册行为受到扰乱,以及抢占公共资源的行为。

(二)《商标法》第四条

根据《商标法》第四条的规定,自然人、法人或者其他组织在生产经营活动中,对其商品或者服务需要取得商标专用权的,应当向商标局诉争商标注册。不以使用为目的的恶意商标注册申请,应当予以驳回。

相较而言,第四条是要证明不以使用为目的抢注商标且具有恶意。由此可见,违反第四条需要满足两个构成要件:一是不以使用为目的,二是存在恶意,若不以使用为目的的恶意囤积商标,也可以该条认定无效,但是恶意囤积只是该条的一种表现方式。

以凤山县顺兴商行诉国家知识产权局驳回复审(商标)二审行政诉讼为例,法院认为除诉争商标外,诉争商标申请人顺兴商行先后申请注册了四十余件商标,其中包括"香格里拉""中华""西湖十景"等与知名景点、县级以上行政区划名称、他人知名品牌等相同或者近似的标志。最后,虽然诉争商标申请人提交了委托加工合同和销售合同等证据，但在缺乏客观、充分地履行证据的情况下，难以证明其对诉争商标具有真实的使用意图或使用行为。综合本案情况，商标注册部门和司法机关一致认定诉争商标的注册违反2019年《商标法》第四条的规定，并无不当。①

另外，《北京市高级人民法院商标授权确权行政案件审理指南（2019）》第7.1条规定了《商标法》第四条的适用情形：商标申请人明显缺乏真实使用意图，且具有下列情形之一的，可以认定违反《商标法》第四条的规定：

（1）申请注册与不同主体具有一定知名度或者较强显著特征的商标相同或者近似的商标，且情节严重的；

（2）申请注册与同一主体具有一定知名度或者较强显著特征的商标相同或者近似的商标，且情节严重的；

（3）申请注册与他人除商标外的其他商业标识相同或者近似的商标，且情节严重的；

（4）申请注册与具有一定知名度的地名、景点名称、建筑物名称等相同或者近似的商标，且情节严重的；

（5）大量申请注册商标，且缺乏正当理由的。

前述商标申请人主张具有真实使用意图，但未提交证据证明的，不予支持。

（三）《商标法》第四条与第四十四条的区别

1. 对于"使用行为"的证明标准，相较于第四十四条对使用行为的证明标准，第四条对于使用行为证明标准略低，原因在于第四条立法目的是鼓励商标权人的使用商标行为。

2. 对于"恶意"的证明标准，第四十四条保护的是公共利益，其规制的恶意需要达到扰乱公共秩序的程度，而第四条的恶意证明标准只要证明恶意注册人应知明知即可，因此第四条对于"恶意"的证明程度比第四十四条的低。

3. 第四条可适用于商标驳回程序、商标异议及无效宣告程序，而第四十四

① 北京市高级人民法院行政判决书，（2021）京行终1996号。

条中“以其他不正当手段取得注册”的规定只适用于无效宣告程序中。

四、结语

综上所述，商标是企业的生命，因此商标行政诉讼的成败对企业至关重要。本书抛砖引玉，对商标行政诉讼中驳回复审行政诉讼、撤销连续三年不使用商标行政诉讼、无效宣告行政诉讼中的相关裁判标准进行探析，希望对企业以及各位同人在办理商标行政诉讼案件中有所助益。

第二节　商标连续三年不使用撤销案件的确权裁判标准

根据国家知识产权局商标局发布的《2022 年三季度全国省市县商标主要统计数据》，2022 年前三季度商标申请量已超过 581 万件，有效商标注册量已超过 3951 万件，可见，我国商标体量之大，新商标申请时很大可能会有引证商标阻碍。对于引证商标，在驳回复审中，除论述商标不近似、商品不类似外，对于近三年未使用的引证商标，还可以连续三年不使用为由提起撤销（以下简称“撤三”）申请，用以排除引证商标的阻碍。

除驳回复审案件外，在无效宣告案件中，被提出无效宣告申请的商标权利人可对引证商标提起“撤三”申请作为其反制的手段之一，若引证商标“撤三”成功，则在该无效宣告案件中的引证商标不足以成为该诉争商标无效宣告的理由。①

由此可见，“撤三”案件的成败在商标驳回复审案件和无效宣告案件中都起着关键性作用。本节第一部分对“撤三”制度的法律法规和立法目的作简要概述，第二部分至第四部分详述商标“撤三”案件的确权裁判标准。

一、关于商标连续三年不使用撤销案件概述

根据《商标法》第四十九条第二款，注册商标成为其核定使用的商品的通用

① 北京市高级人民法院行政判决书，(2022)京行终 3042 号；北京市高级人民法院行政判决书，(2021)京行终 6152 号；北京市高级人民法院行政判决书，(2022)京行终 4882 号。

名称或者没有正当理由连续三年不使用的,任何单位或者个人可以向商标局申请撤销该注册商标。商标局应当自收到申请之日起九个月内作出决定。有特殊情况需要延长的,经国务院工商行政管理部门批准,可以延长三个月。

从该条款可知,对于已注册超过三年的商标,若注册商标连续三年不使用,任何人均可以向商标局提出撤销申请。诉争商标权利人在被提"撤三"申请后,需要提交三年内使用该诉争商标的使用证据,该三年为第三人提出撤销申请之日起向前推算的三年。若诉争商标权利人无法提交使用证据但是有正当理由可以证明其在该指定期间内无法使用该商标的,也可维持该商标的注册。

(一)"撤三"案件中确权裁判标准

法院审理"撤三"案件的实质是审理商标权人提供的关于该商标的使用证据,该使用证据用以证明商标权人在指定期间积极使用该商标。因此,"撤三"案件的确权裁判标准即是对使用证据的审查裁判标准,该裁判标准如下。

1. 时间地点要素:诉争商标权利人需提交的使用证据时间为第三人提出撤销申请之日向前推算的三年内,且该使用证据的地点为中国境内。

2. 主体要素:使用该诉争商标的主体为商标权人、被许可人或者是不违背商标权人意志使用商标的人(关联公司)。

3. 商标使用:诉争商标的使用应是规范、公开、真实、合法。

4. 若诉争商标未实际使用需有正当理由:不可抗力、政府政策性限制、破产清算、其他不可归责于商标注册人的正当事由。

(二)"撤三"制度立法目的

法院在审查"撤三"制度的使用证据时,除上述裁判标准外,还会对"撤三"制度的立法目的进行考虑。若是违背了"撤三"制度的立法目的,该证据也不会被法院所采纳。"撤三"制度的立法目的和相关原则如下。

1. 避免资源浪费:激活商标资源,清理闲置商标,避免商标资源的闲置和浪费。①

① 北京知识产权法院行政判决书,(2020)京73行初15868号。

2. 鼓励商标使用：商标撤三制度的目的在于考虑商标权人是否具有真实的使用意图、是否将其商标进行使用，发挥商标功能，鼓励商标权人积极使用商标。①

3. 宽容的证据审查：撤销只是手段而非目的，对于使用虽有瑕疵但有生命力的商标，以及商标撤销复审案件中的使用证据，均应给予适度的宽容，不应轻易撤销。②

综上，对于商标使用证据的裁判标准中，时间要素、地点要素和主体要素容易理解。而商标规范、公开、真实和合法使用，以及诉争商标未实际使用的正当理由是重点和难点，本书将重点详述。

二、商标规范使用

商标规范使用主要体现在商标标识的规范使用和商品类别的规范使用，商标不规范使用在"撤三"案件中往往是争议焦点，也是法院审查重点。

（一）商标标识规范使用

商标权人应使用核定注册的商标标识，但是往往商标权人在实际使用时会改变其已注册的商标标识，那么商标权人可以改变多大的尺度以维持其商标的注册？

根据《最高人民法院关于审理商标授权确权行政案件若干问题的意见》第二十条第二款，实际使用的商标与核准注册的商标虽有细微差别，但未改变其显著特征的，可以视为注册商标的使用。

从上述法条可知，如果改变后与注册商标只是细微差别，没有改变显著特征的，法院可以视为注册商标的使用。但是如果改变了显著特征，则不认定为注册商标的使用。

在司法实践中，对于字体或者字母大小发生变化，或者文字位置等发生变化，比如横向排列变成纵向的，均属于未改变显著特征的。

根据前文所述，法院在"撤三"案件中对证据审查的尺度是较宽容的。但若

---

① 北京知识产权法院行政判决书，(2020)京73行初15876号。

② 北京市高级人民法院行政判决书，(2015)高行(知)终字第3267号。

商标权人改变商标标识出现某些情形,法院会从严把握商标的使用事实,此时,商标权人的商标则更不宜被维持注册。

那么,商标标识改变显著特征是如何认定的?商标权人如何改变商标标识让法院从严把握撤销商标的使用事实?

1. 商标改变后会让公众混淆误认为第三人商标的,法院从严把握撤销商标的使用事实。商标权人若对注册商标标识改变后使用,会让公众混淆误认为是第三人商标时,法院会从严把握该撤销商标的使用事实。

例如,在韦某建与天丝医药保健有限公司撤销复审一案[①]中,第三人韦某建是被申请撤销的诉争商标权利人,其实际使用的商标改变了其原来的注册商标。但是其实际使用的商标与原告的注册商标极其近似且关联度高,最高人民法院考虑到原告的红牛商标具有极高知名度,在相关领域已经具有广泛的影响,且红牛商标已经通过各种途径为相关公众熟知,第三人韦某建若使用复审商标生产红牛饮料,势必导致与原告生产的红牛相关产品相混淆。

最高人民法院认为,商标立法的相关目的是相互协调的,如果维持商标的结果导致与相关商标基本上无法区分,从而涉及公共利益和消费者权益保护的,就要适当从严把握该制度。在该案中,为维护公共利益和防止消费者混淆,有必要适当从严把握第三人韦某建对于复审商标的使用事实。最终,最高人民法院综合全案使用证据,认为第三人未能有效证明其在系争三年期间内使用了复审商标。

2. 使用商标的标识与商标权人其他商标更接近,可能不被认定为诉争商标的使用。商标权人在商业经营中使用的商标标识与其注册的商标不一致,且商标权人拥有其他注册商标,而其使用的商标标识与其他注册的商标更相似的,则法院很有可能认为该使用的商标标识不构成在诉争商标上的使用。

例如,在深圳市卡拉利服饰有限公司(以下简称卡拉利公司)与康纳利爱尔兰有限公司撤销复审一案[②]中,第三人为被申请撤销商标的权利人,法院认为,第三人卡拉利公司在服装等商品上拥有已核准注册的第6103451号“CARLI及图”商标,该商标标志与使用证据中显示的部分使用商标一致。在此情况下,难

---

① 最高人民法院行政裁定书,(2011)知行字第28号。

② 最高人民法院行政裁定书,(2021)最高法行申397号。

以认定在案证据所指向的使用行为系针对诉争的核定商标。因此,法院认为第三人提交的使用证据不足以证明诉争核定的商标在指定期间内在核定使用的“服装”商品上进行了合法、真实、有效的商业使用。

3. 若在注册商标上添加的部分为显著识别部分,则易被认定为改变了显著特征。

(1)增加中文标识

在商标撤销案件中,中文标识一般被认定为显著识别部分,若在注册商标上添加了若干中文标识进行使用,则法院易认定该使用改变了显著特征。

例如,在汤臣倍健股份有限公司(以下简称汤臣倍健)与中华人民共和国国家知识产权局撤销复审一案①中,汤臣倍健的注册商标为 NaturOne,实际使用的标识为“无限能 NATURONE”,法院认为,汤臣倍健实际使用的“无限能 NATURONE”的英文部分与诉争商标 NaturOne 仍存在字母大小写上的差异,而且该英文部分未形成新的含义。因此,汤臣倍健实际使用的“无限能 NATURONE”其中文部分是其显著识别部分,消费者难以将“无限能 NATURONE”和诉争商标与同一商品来源建立联系,因此,汤臣倍健的使用行为改变了诉争商标的显著特征。

(2)增加艺术处理的英文字母或显著性很强的图形部分

在商标撤销案件中,若在注册商标基础上增加英文字母或者图形进行使用,且该增加的英文字母经过艺术处理具有显著性,或者增加的图形部分显著性很强,则法院易认定该使用改变了显著特征。

例如,在鳄鱼恤有限公司与原国家工商行政管理总局商标评审委员会撤销复审一案②中,鳄鱼恤有限公司提供的使用证据为“CROCOLADIES”“CROCOKIDS 及图”标识,而其复审核定注册的商标为“Croco”,由字母组合而成。将复审商标与上述标识分别比较,虽然均包含“Croco”字母组合,但“CROCOLADIES”中的字母“L”经过艺术处理具有一定的显著性,“CROCOKIDS 及图”中的图形部分显著性较强,在整体视觉效果、呼叫等方面形成显著区别,不具有同一性。因此,上述证据不能证明鳄鱼恤有限公司在复审的三年期间内对该案复审商标进行了实际的商业性使用。

---

① 北京市高级人民法院行政判决书,(2018)京行终 3983 号。

② 北京市高级人民法院行政判决书,(2010)高行终字第 876 号。

（二）商品类别规范使用

除商标标识需要规范使用外，在其注册的商品类别上也需要规范使用。商标权利人在商业使用中，若不在注册的类别中规范使用，那么对于该种情形，法院能否认定属于注册商标使用，从而维持商标注册呢？

1. 在注册商品的类似商品上使用，不认定为注册商标的使用

若商标权人并未在注册商标所核定的商品上使用，而是在该注册商标核定商品的类似商品上使用，法院不认定其为该注册商标的使用。

以宁波市青华漆业有限公司（以下简称青华公司）与原国家工商行政管理总局商标评审委员会撤销复审一案①中，法院认为，商标的使用原则上应以核定使用的商品为限，这样才能视为在核定商品上使用该商标。

在该案中，青华公司提交的使用证据可以证明青华公司在指定期间将复审商标使用于批墙膏商品上。但批墙膏不属于复审注册商标核定商品所属的第二类商品，且在功能、用途等方面存在一定差异。因此，复审商标在批墙膏商品上的使用，不应视为在核定商品上的使用。

2. 在核定使用的部分商品上的使用，可以认定其在该部分商品相类似的商品上使用

若商标权人只在其核定使用的部分商品上使用了商标，那么对于该部分商品相类似的商品可以维持注册，而不类似的商品不予维持注册。

以港中旅（珠海）海泉湾有限公司（以下简称港中旅公司）与中华人民共和国国家知识产权局撤销复审一案②为例，法院认为，港中旅公司提交的使用证据可以证明港中旅公司在指定期间在洗发液、沐浴液、护发素、润肤露商品上对诉争商标进行了真实、有效的使用。鉴于诉争商标核定使用的“洗涤剂”与“洗发液”构成类似商品，故诉争商标在“洗发液”上的使用亦可以维持其在“洗涤剂”上的注册。

3. 在下位概念上的商品使用可认定为上位概念的商品使用

（1）概述

若商标权人注册了上位概念的商品，但其在下位概念的商品上使用，那么

---

① 北京市高级人民法院行政判决书，（2015）高行（知）终字第 3267 号。

② 北京市高级人民法院行政判决书，（2019）京行终 6685 号。

是否属于在其注册的上位概念的商品上使用？在司法实践中，在下位概念的商品上使用可以认定其在上位概念的注册的商品上使用。

例如，在成都华美牙科连锁管理股份有限公司（以下简称成都华美公司）与国家知识产权局撤销复审一案[①]中，法院认为，成都华美公司提交的证据可以证明，诉争商标在口腔医院上已经实际使用，而口腔医院是医院的下位概念，在口腔医院和医院未被“类似商品和服务区分表”同时作为独立服务项目的情况下，诉争商标在口腔医院上的使用应当视为在医院上的使用。

再如，在北京师范大学与国家知识产权撤销复审一案[②]中，北京师范大学注册商标“京师”核定使用在法律服务商品类别上，但其提交的使用证据为法律研究范围。法院认为，“法律服务”与“法律研究”在服务目的、内容、方式、对象等方面均相近，且根据第八版及之后各版区分表的划分“法律服务”的范围包括“法律研究”，可以认定“法律研究”系“法律服务”的下位概念，进而北京师范大学对诉争商标在“法律研究”服务上的使用能够认定为其在“法律服务”上的使用。

（2）种属关系

若商标权利人实际使用的商品与其核定注册的商品属于种属关系，比如饮用水和液体饮料，由于饮用水属于液体饮料的一种，那么在饮用水上使用商标可以认定其在液体饮料上商品的注册。

以三得利控股株式会社与原国家工商行政管理总局商标评审委员会撤销复审一案为例[③]，法院认为，包装饮用水应属液体饮料的一种。从商业特点上看，包装饮用水与液体饮料具有基本相同的饮用方式、功能用途、销售渠道和消费对象。从饮用方式和功能用途上看，包装饮用水和液体饮料均可供直接饮用，用于快速补充人体水分。从销售渠道和消费对象来看，包装饮用水和液体饮料均通过普通超市、商场销售；根据日常生活经验可知，两者通常在相同或者相近的货架上展示，其消费对象均是普通消费者。

另外，“类似商品和服务区分表”亦可以作为判断商品种属关系的重要参

---

① 北京市高级人民法院行政判决书，（2021）京行终3100号。

② 北京市高级人民法院行政判决书，（2022）京行终1720号。

③ 最高人民法院行政裁定书，（2017）最高法行申5093号。

考。虽然液体饮料并非“类似商品和服务区分表”中规范的商品名称，但是该表（2017 版本）中有水（饮料）、矿泉水（饮料）、纯净水（饮料）的商品项目，可以进一步佐证饮用水属于饮料的一种。加之饮用水在形态上为液体，可以进一步合理推知饮用水属于液体饮料。综上，法院认为，包装饮用水属于液体饮料的一种，争议期间内诉争商标在“饮用水”商品上的使用应属在其核定使用商品“液体饮料”上的使用。

4. 商标实际使用在零售服务上，不能认定在“替他人推销”服务上使用商标

商标第三十五类的“替他人推销”是商标权人的“必争之地”，大部分的企业均会申请这个群组，但是如何使用才属于“替他人推销”服务上的商标使用行为呢？

在张某剑与原国家工商行政管理总局商标评审委员会、第三人才某煜商标撤销复审纠纷一案①中，法院认为，在《商标注册用商品和服务国际分类》第三十五类服务的主要目的在于“对商业企业的经营或管理进行帮助”，或者“对工商企业的业务活动或者商业职能的管理进行帮助”，“尤其不包括：其主要职能是销售商品的企业，即商业企业的活动”。

《商标注册用商品和服务国际分类》第三十五类的服务项目不包括“商品的批发、零售”，商场、超市的服务不属于该类的内容。张某剑提交的证据均系证明其在自行销售中使用相关商标的事实，而非为他人商业活动提供帮助或服务，因此，法院认定其使用行为不属于在注册商标核定使用的服务上的使用。

再如，在湖南天恒商贸有限公司与原国家工商行政管理总局商标评审委员会、北京天恒置业集团有限公司撤销复审一案②中，法院认为，在先生效的北京高院第 3172 号判决已明确第三十五类服务的主要目的在于“对商业企业的经营或管理进行帮助”或者“对工商企业的业务活动或者商业职能的管理进行帮助”，而且“尤其不包括：其主要职能是销售商品的企业，即商业企业的活动”，并明确指出“‘推销（替他人）’服务的内容是：为他人销售商品（服务）提供建议、策划、宣传、咨询等服务”。

在该案中，湖南天恒商贸有限公司提交的销售发票、营业执照、供货合同等

① 最高人民法院行政裁定书，（2017）最高法行申 81 号。

② 北京市高级人民法院行政判决书，（2018）京行终 4401 号。

证据,能够证明湖南天恒超市有限公司经湖南天恒商贸有限公司的许可,在指定期间内将诉争商标使用在超市商品货物销售、量贩销售等服务上,但并未使用诉争商标核定使用的“推销(替他人)”服务上。诉争商标核定使用的第三十五类“推销(替他人)”服务不应包括“商品的批发、零售”。因此,在案证据不足以证明湖南天恒商贸有限公司将诉争商标使用于“推销(替他人)”服务上。

综上,由上述两则案例可知,第三十五类的“替他人推销”服务内容是“为他人销售商品(服务)提供建议、策划、宣传、咨询等服务”。而商场、超市的批发、零售服务不属于该类的内容。

三、公开、真实、合法使用商标

(一)公开使用

1. 概述

商标使用的目的是区分商品或者服务来源,因此商标需要公开使用。例如,在丁某与国家知识产权局撤销复审二审一案[①]中,法院认为,微信朋友圈截图仅能证明丁某之妻郭某红于微信朋友圈发布含有“玩转地球”尾注文字的信息,其信息所附点赞及评论数量多在个位数,微信朋友圈具有封闭性且涉及人员较少,故该朋友圈截图不能构成商标法意义上的使用行为。

在该案中,法院认为微信朋友圈具有封闭性,在微信朋友圈里使用商标不属于商标法上的使用行为。

另外,除了微信朋友圈属于非公开使用以外,公司内部的商标使用以及未进入流通市场的商标使用行为等均属于非公开使用,不能认定为商标法意义上的使用行为。

2. 单纯出口行为中的商标使用认定

在早前的司法实践中,在单纯出口行为中使用商标是否属于商标使用存在争议。商标权人在中国工厂生产商品并将商标附着于商品之上,再将商品全部出口至国外销售,该单纯出口行为是否属于商标使用行为,部分观点认为其属于该注册商标的使用行为,而部分观点认为不属于,因为该使用并没有在中国

① 北京市高级人民法院行政判决书,(2021)京行终1160号。

领域内公开使用。而目前该争议已尘埃落定，现大部分法院均认为单纯出口行为中的商标贴附行为属于商标性使用。

例如，在鑫海贸易顾问有限公司与原国家工商行政管理总局商标评审委员会撤销复审一案[①]中，法院认为，肯特株式会社通过委托加工的方式生产标有诉争商标的商品并出口国外，虽然该商品未在中国市场流通，但是该生产行为系积极使用商标的行为，并未搁置和浪费商标资源，如果不认定该行为为商标使用行为，恐不尽公平，且有悖于拓展对外贸易的政策。因此，肯特株式会社使用诉争商标的行为符合《商标法》关于商标撤销三年不使用的立法目的，诉争商标不宜以连续三年不使用为由予以撤销。

（二）真实使用

根据《最高人民法院关于审理商标授权确权行政案件若干问题的意见》第二十条，没有实际使用注册商标，仅有转让或许可行为，或者仅有商标注册信息的公布或者对其注册商标享有专有权的声明等的，不宜认定为商标使用。上述法条中仅有转让或许可行为。仅有商标注册信息的公布或者对其注册商标享有专有权的声明等的商标使用，均是非真实使用的情形，不能认定为商标使用。除此以外，象征性使用也非真实性使用商标的行为，法院在审查商标是否真实使用时会考察商标权人是否有真实使用的意图和是否有实际使用商标的行为，而非为了维持注册只象征性地使用了商标。

在成某与通用磨坊食品亚洲有限公司撤销复审一案[②]中，法院认为，成某主张复审商标在法定期间内以广告宣传和许可他人使用的方式进行了真实的商业使用，但从其提交的相关证据来看，并不能佐证其主张。例如，成某与苏州凌琳日化有限公司食堂签订的《湾仔码头商标合作合同》以及与宁波海曙天一湾仔码头茶餐厅签订的《商标合作协议》，均没有有效证据佐证其实际履行情况，故上述证据不能证明复审商标在核定使用的服务上进行了实际使用。成某虽与苏州市吴中区金庭西湾农家乐饭店签订了《商标许可使用合同》，但无有效证据证明复审商标的实际使用情况，成某提交的《城市商报》中缝刊登的苏州市吴

---

① 北京市高级人民法院行政判决书，(2017)京行终5392号。

② 最高人民法院行政裁定书，(2015)知行字第181号。

中区金庭西湾农家乐饭店“畅游太湖品位农家”广告，不仅晚于复审商标的指定期间，且该证据亦不能佐证复审商标的实际使用。综上，法院认为，成某所提交的上述证据均不能佐证复审商标在指定期间进行了实际使用，属于象征性使用。

（三）合法使用

违反法律规定的商标使用行为分为两种情形。第一种情形为违反商标法或者其他法律禁止性规定的商标使用行为。第二种情形为违反第一种情形以外的法律法规规定的商标使用行为。

根据《北京市高级人民法院商标授权确权行政案件审理指南》第19.5条，商标使用行为明确违反商标法或者其他法律禁止性规定的，可以认定不构成商标使用。根据上述法条可知，若商标使用行为违反商标法或者法律禁止性规定的，不构成商标使用，即是上述第一种情形。换言之，在第二种情形下的商标使用，可以认定为注册商标的使用。

例如，在李某之与原国家工商行政管理总局商标评审委员会撤销复审一案[①]中，法院认为，关于班提公司使用争议商标有关的其他经营活动中是否违反进口、销售等方面的法律规定，并非商标法所要规范和调整的问题。卡斯特公司关于班提公司违反了《进出口商品检验法》等法律规定，由此争议商标违反商标法的规定，应予以撤销的主张没有法律依据。

四、未实际使用商标的正当理由

根据《商标法实施条例》第六十七条，“下列情形属于商标法第四十九条规定的正当理由：（一）不可抗力；（二）政府政策性限制；（三）破产清算；（四）其他不可归责于商标注册人的正当事由”。

《最高人民法院关于审理商标授权确权行政案件若干问题的意见》第二十条，如果商标权人因不可抗力、政策性限制、破产清算等客观事由，未能实际使用注册商标或者停止使用，或者商标权人有真实使用商标的意图，并且有实际

① 最高人民法院行政裁定书，(2010)知行字第55号。

使用的必要准备，但因其他客观事由尚未实际使用注册商标的，均可认定有正当理由。

由上述法条可知，如果商标权人无法提交商标使用的证据，但是可以证明有正当理由的，可以维持其商标注册。该条文中的正当理由包括不可抗力、政府政策性限制、破产清算和其他不可归责于商标注册人的正当事由。

而商标权人有真实使用商标的意图，并且有实际使用的必要准备，但因其他客观事由尚未实际使用注册商标可以认定为其他不可归责于商标注册人的正当事由。本书详述如下。

（一）不可抗力

根据《民法典》第一百八十条第二款，不可抗力是不能预见、不能避免且不能克服的客观情况。因不可抗力而导致商标无法正常使用的情况，可以作为正当理由予以维持商标注册。

在李某与原国家工商行政管理总局商标评审委员会撤销复审一案[①]中，法院认为，诉争商标原注册人提交的证据可以证明其关联公司所在地于 2012 年 4 月 28 日发生火灾，烧毁了饰品店，诉争商标原注册人林某璋的妻子、妹妹及一名员工在该场火灾中不幸身亡。

该场火灾系诉争商标原注册人林某璋不能预见、不能避免、不能克服的原因所造成，在物质层面及精神层面均给其造成了巨大损失。在案证据能够证明诉争商标在指定期间内在核定使用商品上停止使用具有正当理由。

由此可知，在该案中，法院认为诉争商标原注册人由于该场火灾导致没有使用商标的行为属于不可抗力，能够作为未使用注册商标的正当理由。

（二）政府政策性限制

由于政府政策性原因导致商标权人无法正常使用商标，属于商标权人未使用商标的正当理由。政府政策性限制常见于建筑、教育、医疗等需要政府前置程序的领域。

---

① 北京市高级人民法院行政判决书，(2019)京行终 59 号。

以钟祥市金汉江纤维素有限公司与国家知识产权局撤销复审一案①为例，法院认为，商标权人之所以未能及时有效使用诉争商标的直接诱因在于其原厂房被征用拆迁，且政府要求其“退城进园”。

此外，商标权人提供的证据十二为他人为金汉江精制棉公司提供安装修缮门窗等服务的相关证据；虽然上述证据并不能直接证明诉争商标已经实际进入商品流通领域，但其充分说明商标权人具有使用诉争商标的真实意愿。另外，证据八为塑料门窗型材生产项目投资备案文件，其表明商标权人已经为实际使用诉争商标作了相应的准备工作。

综上，法院认定金汉江纤维素公司未在指定期限内使用诉争商标具有正当的理由。

在深圳海王集团股份有限公司（以下简称海王公司）与国家知识产权局撤销复审一案②中，法院认为，海王公司出资与南充市嘉陵区教育局合作开办希望学校，海王公司表示因城市规划拆迁原因直至2018年8月以“海王”冠名的学校才设立登记公告。但在案证据显示，南充市人民政府于2009年发布城市规划征地房屋拆迁安置暂行办法，海王公司于2010年即向南充市嘉陵区教育局发函就拆迁赔偿方案提出意见。虽然政府征地拆迁导致学校建设周期延长，但海王公司在明知该事项后七年多时间，均未对诉争商标进行商业使用，显然无法以政策性限制等客观原因作为不使用诉争商标的正当理由。

综上，上述两个案例均是商标权人主张其未使用商标是由于政府拆迁，应当属于未实际使用商标的正当理由，商标应当予以维持。在第一个案例中，法院支持了商标权人的主张，而在第二个案例中，法院未支持商标权人主张，认为不属于政府政策性限制。这两个案例的区别在于，在第一个案例中，商标权人已经为实际使用诉争商标作了相应的准备工作，法院认为商标权人具有使用诉争商标的真实意愿。而在第二个案例中，商标权人未提交证据证明其为诉争商标作了相应的准备工作，因此，法院结合在案证据后认定不构成未实际使用商标的正当理由。

---

① 北京市高级人民法院行政判决书，(2020)京行终945号。

② 北京市高级人民法院行政判决书，(2019)京行终10129号。

（三）破产清算

若企业因破产清算导致商标无法正常使用，可认定为商标法上的未实际使用商标的正当理由。例如，在张家口长城酿造（集团）有限责任公司（以下简称长江酿造公司）与国家知识产权局撤销复审一案①中，法院认为，在案证据可以证明长城酿造公司于指定期间内因国家宏观政策调整、消费结构变化等导致企业亏损，向河北省张家口市怀来县人民法院申请破产重整。后于 2019 年 9 月 19 日由河北省张家口市怀来县人民法院裁定重整计划执行完毕，长城酿造公司系因破产重整的客观事由导致未使用诉争商标，可认定其有正当理由。

（四）其他不可归责于商标注册人的事由

依据《最高人民法院关于审理商标授权确权行政案件若干问题的意见》第二十条，商标权人有真实使用商标的意图，并且有实际使用的必要准备，但因其他客观事由尚未实际使用注册商标的，可认定有正当理由。

例如，在贵阳新动力绿色食品有限公司（以下简称新动力公司）与国家知识产权局撤销复审一案②中，法院认为，因药品行业有其特殊性，需经国家有关部门的审核、批准及检验合格之后才能投入生产并进行销售。综合在案证据可以表明，该商标虽未进入实际流通领域，但新动力公司于指定期间就诉争商标的“活丽美”牌胶囊向相关行政部门提出注册申请，并多次进行检测的行为表明，其在为诉争商标的实际使用作必要准备。同时，结合食品药品监督管理部门出具的多份委托生产备案凭证，可以证明新动力公司在“活丽美”牌胶囊商品上具有真实使用诉争商标的意图，因此，诉争商标于指定期间未使用在“活丽美”牌胶囊商品上具有正当理由。

再如，在兰博基尼汽车股份有限公司（以下简称兰博基尼公司）与中华人民共和国国家知识产权局撤销复审一案③中，法院认为，兰博基尼公司在商标评审阶段提交的检索报告中可以看出，多篇报道的目的系为诉争商标项下车辆实际

---

① 北京市高级人民法院行政判决书，（2021）京行终 1453 号。
② 北京市高级人民法院行政判决书，（2021）京行终 4701 号。
③ 北京市高级人民法院行政判决书，（2020）京行终 1531 号。

进入中国市场销售而进行的宣传和推广。根据通常的商业习惯,上述持续的宣传报道应并非仅是第三方即媒体对诉争商标项下车辆的预期,而应源于兰博基尼公司的主观意图。因此,检索报告上的宣传报道一定程度上能够证明兰博基尼公司具备真实使用诉争商标的意图,并进行了必要的准备。

此外,兰博基尼公司主张的其未使用诉争商标系因产品本身开发周期长等客观原因,并提供了国家图书馆检索报告予以佐证。结合证据规则和行业规律,兰博基尼公司的主张具有一定的合理性和证明力。兰博基尼公司作为诉争商标权利人,在指定期间虽没有将使用诉争商标的商品投入市场,但确有证据能够证明其具备真实使用商标的意图,并进行了必要准备,特别是诉争商标指定使用的车辆现已在中国市场销售,指定期间之后的连续使用行为证据也可以用来佐证权利人的真实使用意图。因此,法院认定上述事由构成未实际使用商标的正当理由。

五、结语

综上所述,“撤三”制度在商标授权确权领域发挥极其重要的作用,只有全面了解法院在“撤三”案件中对使用证据进行审查的裁判标准,企业才可以未雨绸缪,在日常经营活动中根据该裁判标准正确使用商标并保留好相应证据,以免商标因连续三年不使用而被撤销。

第三节 《商标法》第三十二条中在先权利的裁判标准

在商标授权确权案件中,《商标法》第三十二条发挥举足轻重的作用。在商标异议案件、商标无效宣告案件中,异议人和无效宣告请求人可以诉争商标侵犯其在先权利为由提出异议申请或者无效宣告请求,若得到法院支持,诉争商标或将不予注册或将被无效。这对诉争商标权利人影响深远,轻者更换商标样式,重者多年经营成果毁于一旦。因此,无论是诉争商标权利人,还是异议者,抑或无效宣告请求人知悉法院对于在先权利的裁判标准就显得至关重要。

根据《商标法》第三十二条,申请商标注册不得损害他人现有的在先权利,也不得以不正当手段抢先注册他人已经使用并有一定影响的商标。上述第三十二条中的在先权利包括企业名称权、姓名权、肖像权、著作权、商品化权益等在先权利，该在先权利应为诉争商标申请日前已享有的民事权利或者其他应予保护的合法权益，若诉争商标核准注册时在先权利已不存在，不影响诉争商标的注册。[①] 司法实践中，企业名称权、著作权和商品化权益是最常用来主张的在先权利，本书将予以详述。

一、在先企业名称权

企业名称权依据登记注册产生，商标权则以核定注册的商标和核定使用的商品为限，二者在注册管理制度、权利或权益保护要件等方面各有不同。但因企业名称客观上具有指示来源和凝结商誉的作用，与商标的功能存在一定交叉，故企业名称权与商标权存在发生冲突的实际可能。[②]

本章阐述的是《商标法》第三十二条中的在先企业名称权与商标权的冲突，关于民事侵权领域中企业名称权与商标权的冲突，请参考本章第五节企业名称权与商标权冲突的裁判标准。对在先企业名称权保护的立法目的如下。

1. 遏制不正当攫取他人商誉行为

对在先企业名称权保护目的之一是规制通过商标注册不当利用和攫取他人在企业字号上经使用所产生和积累的商誉，若商标申请人能够举证证明其没有利用他人在先字号商誉恶意的，则不构成该条款“损害他人现有的在先权利”所指情形。[③]

2. 遏制不正当抢注行为和消除商业标志混淆性

对在先企业名称权保护目的之二是有效遏制不正当抢注行为，注重对他人具有较高知名度和较强显著性的在先企业名称等商业标志权益的保护，尽可能消除商业标志混淆的可能性。[④]

在司法实践中，法院在认定诉争商标是否侵犯在先企业名称权的裁判标准

① 参见《最高人民法院关于审理商标授权确权行政案件若干问题的规定》第十八条。

② 北京市高级人民法院行政判决书，(2019)京行终7520号。

③ 北京市高级人民法院行政判决书，(2022)京行终1884号。

④ 北京市高级人民法院行政判决书，(2013)高行终字第515号。

如下。

1. 企业名称在诉争商标申请日前在相关公众中具有一定知名度。

2. 诉争商标申请人知晓该企业名称。

3. 企业字号与诉争商标相同或近似,且企业所经营的商品或服务与诉争商标所指定的商品或服务相同或类似。

4. 企业名称与诉争商标共存会使相关公众发生混淆误认。

5. 主张诉争商标侵害其企业名称的主体为该企业名称权利人或者利害关系人。

以上五点裁判标准,本书详述如下。

(一)企业名称在诉争商标申请日前在相关公众中具有一定知名度

根据《北京市高级人民法院商标授权确权行政案件审理指南》第16.16条,企业名称的简称或者字号等经使用具有一定知名度,已与当事人建立稳定对应关系,且该使用行为不违背当事人意愿的,当事人可以据此主张在先企业名称权。法院在认定企业名称是否具有一定知名度时,会考虑以下因素。

1. 该知名度是否在中国地域内。

2. 知名度的形成时间是否在诉争商标申请日前。

3. 判定该企业名称是否有知名度,可考虑商业经营活动的实际情况,使用该字号的市场经营主体所属行业特点及其业务扩展范围、其他市场经营主体是否有条件知悉该字号的使用情况。①

4. 考虑该企业名称在相关公众中是否具有知名度,应从企业名称的登记时间、使用该企业名称从事经营活动的时间跨度、地域范围、经营业绩、广告宣传情况等方面来考察。②

以福建省盛辉物流集团有限公司(以下简称盛辉公司)诉原国家工商行政管理总局商标评审委员会商标争议一案③为例,法院认为,盛丰公司提交了在全国多个城市签订的场地租赁合同、购买运输车辆的发票及登记文件、广告宣传

---

① 北京市高级人民法院行政判决书,(2013)高行终字第515号。

② 北京市高级人民法院行政判决书,(2014)高行(知)终字第2071号。

③ 北京市高级人民法院行政判决书,(2013)高行终字第515号。

协议、与客户签订的运输协议及发票、客户满意度调查表、当地行政主管机关的证明文件等证据。上述证据能够证明，在争议商标申请注册前，盛丰公司在“汽车运输”服务上在先使用了“盛丰”字号并具有一定影响，认定其具有知名度。

（二）诉争商标申请人知晓该企业名称

对于诉争商标申请人是否知晓该企业名称，此处的知晓包括明知和应知，比如，无效宣告请求人既可以通过证明双方之间存有合同、业务往来、地缘等关系来论证诉争商标注册人明知，也可以通过证明其商号具有知名度和影响力来推定其应当知晓。[①]

在盛辉公司诉原国家工商行政管理总局商标评审委员会商标争议一案[②]中，法院认为，盛丰公司提供证据证明，盛辉公司与盛丰公司同处一地、经营场所相互临近。2001 年 12 月福州盛辉货运配载有限公司还曾委托朱某华办理汽车转让给盛丰公司的相关手续，上述证据能够证明在争议商标申请注册前，盛辉公司完全知晓盛丰公司相关字号的使用情况。最终法院认定盛辉公司侵犯了盛丰公司的在先企业名称权。

判断“知晓”是为了证明诉争商标申请人的恶意，若商标申请人能证明其是善意的或者证明与字号的相同或者近似属于巧合，则难以认定其侵犯了在先企业名称权。

例如，在深圳市永安堂医药有限公司（以下简称深圳永安堂公司）诉国家知识产权局商标无效宣告一案[③]中，法院认为，深圳永安堂公司提供的 1998 ~ 2018 年销售合同及发票、公司刊物、商标使用许可合同、销售门店情况、荣誉奖牌等证据同样能够证明深圳永安堂公司自成立后已将“永安堂”作为字号和未注册商标在深圳市区域内大量、持续地使用在药品零售服务上并达到了一定规模和知名度。

可见，深圳永安堂公司与北京永安堂公司的“永安堂”企业字号和未注册商标业已共存多年，深圳永安堂公司对诉争商标的注册申请并不具有不当利用和

---

① 北京知识产权法院行政判决书，（2016）京 73 行初 2175 号。

② 北京市高级人民法院行政判决书，（2013）高行终字第 516 号。

③ 北京市高级人民法院行政判决书，（2022）京行终 1884 号。

攫取北京永安堂公司商誉的恶意，因此诉争商标的注册并不构成损害北京永安堂公司在先企业名称权的情形。

（三）商标相同或近似，商品或服务相同或类似

在先企业名称权所保护的范围包括该企业字号与诉争商标是否相同或近似，以及该企业所经营的商品或者服务与商标所指定的商品或者服务是否相同或类似。商标相同或近似、商品类别相同或类似是导致相关公众混淆的重要因素。

企业字号与诉争商标是否相同或近似，可参照商标相同或者近似的裁判标准。而关于商品类别相同或者近似，“类似商品和服务区分表”只是供法院对相同或者类似商品予以参考，不是判断构成相同或者类似商品的绝对标准。在司法实践中，法院需结合市场情况，根据商标服务在功能用途、消费对象、销售渠道等方面是否相同或相近，以相关公众的一般认识作综合判断。

在鲁西肥牛（重庆）实业发展集团有限公司诉国家知识产权局商标无效宣告一案①中，法院认为，诉争商标为汉字“鲁西肥牛”，与鲁西肥牛公司的商号完全相同，且两者均为餐饮企业，鲁西肥牛公司经营的是火锅类餐厅，而火锅类餐饮企业在经营中向消费者提供火锅底料和调味品系一种较为常见的商业模式。因此，法院认定诉争商标指定使用的“调味品、谷物类制品”等商品与鲁西肥牛公司经营的火锅类餐厅的服务之间具有较大的关联性，诉争商标的申请注册损害了鲁西肥牛公司的在先商号权益。

（四）企业名称与诉争商标共存会使相关公众发生混淆误认

在先企业名称的所有人或者利害关系人对在先企业名称进行保护的前提在于诉争商标的使用容易使相关公众产生混淆，误认为该商标所标示的商品或服务源于在先企业名称的所有人或者利害关系人，或者与该企业名称的所有人或者利害关系人之间有特定联系，进而损害在先企业名称所有人或者利害关系人的合法利益。对于是否导致相关公众混淆的判断，应当从在先企业名称的市

① 北京市高级人民法院行政判决书，（2019）京行终7520号。

场知名度、诉争商标与该企业字号是否相同或者近似、所使用商品或服务的关联程度、诉争商标申请人是否具有主观恶意等方面综合予以考虑。[1]

在鲁西肥牛(重庆)实业发展集团有限公司诉国家知识产权局商标无效宣告一案[2]中,法院认为,鲁西肥牛公司的"鲁西肥牛"商号在诉争商标申请日前已经持续使用,并在火锅餐厅经营领域具有一定的知名度,且诉争商标为汉字"鲁西肥牛",与鲁西肥牛公司的商号完全相同,诉争商标指定使用的"调味品、谷物类制品"等商品与鲁西肥牛公司经营的火锅类餐厅的服务之间具有较大的关联性。相关公众看到诉争商标时,容易误认为使用诉争商标的商品与鲁西肥牛公司存在某种特定的联系,从而对商品的来源产生混淆误认,进而可能损害鲁西肥牛公司的利益。因此,诉争商标的申请注册损害了鲁西肥牛公司的在先商号权益。

(五)主张诉争商标侵害其企业名称权的主体是该企业名称权利人或者利害关系人

主张企业名称权受到损害的主体是该企业名称的权利人或者利害关系人,利害关系人在相关法律法规中没有具体规定,在实务中,利害关系人一般是指权利人的被许可人或者是合法继承人。然而,若有证据证明具有利害关系人,也可作为企业名称的利害关系人主张在先企业名称权。

例如,在采埃孚转向系统有限公司(以下简称采埃孚公司)诉原国家工商行政管理总局商标评审委员会争议一案[3]中,最高人民法院认为,根据再审程序中已经查明的事实,采埃孚公司为上海采埃孚公司的发起人,且依超过50%的投资比例对上海采埃孚公司形成控股。由此可见,上海采埃孚公司、柳州采埃孚公司等使用"采埃孚"商号的国内企业,均是由采埃孚公司参与投资而设立,上述企业对"采埃孚"商号的使用显然是基于采埃孚公司的投资而获得采埃孚公司的授权或许可。据此,采埃孚公司应有权根据上海采埃孚公司等企业对"采埃孚"商号的使用行为,提出将"采埃孚"作为在先商号权进行保护的法律上的

① 北京市高级人民法院行政判决书,(2019)京行终7520号。
② 北京市高级人民法院行政判决书,(2019)京行终7520号。
③ 最高人民法院行政判决书,(2014)行提字第2号。

利益。

二、在先著作权

根据《最高人民法院关于审理商标授权确权行政案件若干问题的规定》第十九条，当事人主张诉争商标损害其在先著作权的，人民法院应当依照著作权法等相关规定，对所主张的客体是否构成作品、当事人是否为著作权人或者其他有权主张著作权的利害关系人以及诉争商标是否构成对著作权的侵害等进行审查。

由上述条文可知，著作权作为法定权利，权利人可以作为在先权利进行主张，而法院在认定商标权侵害著作权的在先权利时应当依照著作权法相关规定进行审查。法院在判断诉争商标的申请注册是否损害当事人在先著作权时，应考虑如下要件[①]：

(1)涉案作品是否构成著作权法的保护客体；

(2)在诉争商标申请日前，诉争商标申请人是否有可能接触涉案作品；

(3)诉争商标标志与涉案作品是否构成实质性相似；

(4)当事人是否为涉案作品的著作权人或者利害关系人。

前款所列任一要件不成立时，无须对其他要件予以认定。

(一)涉案作品是否构成著作权法的保护客体

对于涉案作品是否构成著作权保护客体的判断取决于该作品是否具有独创性。“独”是作者独立完成该作品，“创”为作品的表达应当具有一定美感，且作品的线条、结构、颜色或者选词排句等经过作者的选择和安排，体现了作者的个性和智力判断。

除此之外，对作品中存在公有领域的部分，需将该公有领域部分剔除，而对公有领域部分剔除后的作品才是保护的范围，且该作品不能是有限表达等不受著作权保护的情况。

根据《北京市高级人民法院商标授权确权行政案件审理指南》第16.5条，

---

① 《北京市高级人民法院商标授权确权行政案件审理指南》第16.4条。

缺乏独创性的,不应认定为作品。简单的常见图形、字母等一般不认定为作品。

例如,在柴某诉原国家工商行政管理总局商标评审委员会异议复审一案[①]中,法院认为,神达公司主张著作权的“mio”仅为经过简单变形的字母“m”与字母“i”“o”组合而成,难以认定其体现了设计者独特的智力判断和选择、展示了设计者的个性,其并未达到一定的智力创造高度,因此,该图形并不构成著作权法意义上的作品。

(二)“接触 + 实质性相似”

1.“接触 + 实质性相似”概述

本章前文所述考虑要件中的第二点和第三点即为“接触 + 实质性相似”,“接触”考虑的是诉争商标申请人是否有接触著作权作品的可能性,该可能性可以为推定,在先著作权权利人只需要举证证明在诉争商标标识完成前,权利人作品已进入相关公共领域或者诉争商标申请人通过其他途径可接触权利人作品的,在没有相反证据的情况下,即可推定具有接触可能性。[②]

关于“实质性相似”,其是对作品的独创性部分和诉争商标进行比对,判断是否构成实质性相似。实质性相似的判断具有较大主观性,因对在先作品和诉争商标进行比对的实质性相似裁判标准与著作权侵权中实质性相似裁判标准相同,故对于构成实质性相似的尺度把握,本书列举著作权侵权中较为典型的案例说明。

例如,在深圳市腾讯计算机系统有限公司与徐州金鹰国际实业有限公司、深圳小喇叭电子有限公司侵害著作权纠纷一案[③]中,一审法院认为侵权作品(见附图一)与权利作品(见附图二)构成相似的部分属于公有领域部分,权利作品有独创性的部分与侵权部分对比差别较大,因此不构成实质性相似。

二审法院认为,被诉侵权与权利作品相同的部分是双圆相扣葫芦状的矮胖浑圆外形,双圆相扣葫芦状的矮胖浑圆外形与自然界中的企鹅(见附图三)和已有企鹅(见附图四)作品相比,总体风格和整体印象都有很大差别。所以,应当认定双圆相扣葫芦状的矮胖浑圆外形体现了“QQ 企鹅”美术作品的独特构思,

---

① 北京市高级人民法院行政判决书,(2016)京行终 5099 号。

② 重庆市第一中级人民法院民事判决书,(2021)渝 01 民终 3014 号。

③ 江苏省高级人民法院民事判决书,(2015)苏知民终字第 101 号。

是该作品最具独创性的部分,且该部分占整个作品的比重很大,而被控侵权产品恰恰在该部分与"QQ企鹅"美术作品基本相同。

至于两者在眼睛、嘴巴、脚、翅膀、颈部装饰物以及神情上存在的一些差异,只是经过简单处理的细微差异,且在作品中所占比例较小,不足以将两者进行实质性区别。故两者给人的视觉感觉基本相同,构成实质性相似。

附图一　侵权作品

附图二　权利作品

附图三　自然界的企鹅

附图四　企业家族中的企鹅

注:以上图片摘自江苏高院公众号文章《著作权侵权实质性相似的认定》。

综上,该案在实质性相似判断上,一审法院和二审法院持截然不同的观点,一审法院认为不构成实质性相似,而二审法院认为构成实质性相似。该案被诉侵权人不服二审法院的认定,申请最高人民法院再审,最高人民法院支持了二审法院的观点,认定构成实质性相似。

2. 著作权保护范围

根据《北京市高级人民法院商标授权确权行政案件审理指南》第16.11条,当事人以损害其在先著作权为由主张诉争商标应当不予核准注册或者应予宣告无效的,对诉争商标指定使用的商品或者服务类别不予考虑。

根据上述规定,以著作权主张在先权利的,对诉争商标指定使用的商品或者服务类别不予考虑,换言之,著作权作为在先权利的保护范围覆盖商标的所有类别。

（三）当事人是否为涉案作品的著作权人或者利害关系人

根据《最高人民法院关于审理商标授权确权行政案件若干问题的规定》第十九条，商标标志构成受著作权法保护的作品的，当事人提供的涉及商标标志的设计底稿、原件、取得权利的合同、诉争商标申请日之前的著作权登记证书等，均可以作为证明著作权归属的初步证据。商标公告、商标注册证等可以作为确定商标申请人为有权主张商标标志著作权的利害关系人的初步证据。

在温州市伊久亮光学有限公司（以下简称伊久亮公司）诉达马股份有限公司（以下简称达马公司）商标无效宣告一案[1]中，法院认为，诉争商标申请日为1998 年 5 月 4 日。达马公司为证明其系涉案“鲨鱼”图形的著作权人，提交了登记时间为 2015 年 1 月 4 日的“鲨鱼”图形著作权登记证书，以及申请日为 1984 年 12 月 19 日的意大利商标注册证和申请日为 1985 年 7 月 27 日的引证商标注册证，该意大利商标和引证商标中均含有涉案“鲨鱼”图形。

因我国实行作品自愿登记制度，著作权登记机关在制作、颁发著作权登记证书时不对所登记内容进行实质审查，故当著作权登记时间晚于诉争商标申请日时，仅凭著作权登记证书尚不足以认定登记的著作权人在诉争商标申请日之前即享有著作权。但除诉争商标申请日之后的著作权登记证书外，达马公司还提交了诉争商标申请日之前的意大利商标注册证和引证商标注册证，参照《最高人民法院关于审理商标授权确权行政案件若干问题的规定》第十九条第三款，商标注册证可以作为确定商标申请人为有权主张商标标志著作权的利害关系人的初步证据。

该案中，鉴于伊久亮公司、商标评审委员会均未提交相反证据，故应认定达马公司有权主张涉案“鲨鱼”图形的著作权。伊久亮公司关于达马公司无权主张该图形著作权的主张，缺乏依据，不能成立。

综上，达马公司提交的著作权登记证书的登记时间在诉争商标申请日之后，由于著作权登记证书是形式审查，因此，该著作权登记证书不足以证明达马公司享有作品的著作权。然而，达马公司提交了意大利商标注册证和引证商标

---

① 最高人民法院行政裁定书，(2017)最高法行申 7174 号。

注册证，根据相关法律法规规定，商标注册证可以作为确定商标申请人为有权主张商标标志著作权的利害关系人的初步证据。因此，达马公司可以作为该著作权的利害关系人主张权利。

三、在先商品化权益

根据《最高人民法院关于审理商标授权确权行政案件若干问题的规定》第二十二条，对于著作权保护期限内的作品，如果作品名称、作品中的角色名称等具有较高知名度，将其作为商标使用在相关商品上容易导致相关公众误认为其经过权利人的许可或者与权利人存在特定联系，当事人以此主张构成在先权益的，人民法院予以支持。上述是关于商品化权益内容的相关规定，但是"商品化权益"这个概念在我国法律中尚未规定，法院在裁判文书中一般不会使用该种称谓。① 对于构成商品化权益作为在先权利进行主张的条件，法院裁判标准如下。

（1）"保护对象"是否为作品名称、作品中的角色名称等；

（2）在诉争商标申请日前，"保护对象"应具有一定知名度；

（3）诉争商标的申请注册人主观上存在恶意；

（4）诉争商标标志与"保护对象"相同或者相近似；

（5）诉争商标指定使用的商品属于"保护对象"知名度所及的范围，容易导致相关公众误认为其经过"保护对象"利益所有人的许可或者与利益所有人存在特定联系。②

上述裁判标准的第五点实质上包含两方面内容：一为诉争商标核定使用的商品或者服务与"保护对象"及其衍生产品的类似程度；二为诉争商标的使用是否容易使相关公众产生混淆，误认为诉争商标经过了"保护对象"权利人的许可或者与其存在特定联系。

以哈尔滨瑞海交通工程有限公司（以下简称瑞海公司）诉上海美术电影制片厂有限公司（以下简称上海美影公司）商标无效宣告一案③为例，法院认为，判

---

① 《北京市高级人民法院商标授权确权行政案件审理指南》第16.18条。

② 《北京市高级人民法院商标授权确权行政案件审理指南》第16.20条。

③ 最高人民法院行政裁定书，（2021）最高法行申1744号。

断作品角色名称能否成为《商标法》第三十二条保护的合法权益,可以考虑如下因素:(1)作品角色名称是否具有较高知名度;(2)作品角色名称与诉争商标的近似程度;(3)诉争商标核定使用的商品或者服务与作品及其衍生产品的类似程度;(4)将其作为商标使用是否容易使得相关公众误认为获得了作品权利人的许可。

基于《葫芦兄弟》动画片较高的知名度,"葫芦娃"也成为在中国相关公众熟悉的角色名称,可以构成作为在先的商品化权益获得《商标法》第三十二条的保护。

瑞海公司使用的涉案商标为"葫芦娃一家人",该商标完整包含角色名称"葫芦娃"。同时,由于《葫芦兄弟》的故事情节体现了七个葫芦兄弟与爷爷之间相互救助的亲情故事,因此,将葫芦娃与一家人同时使用,更容易指向《葫芦兄弟》动画片,从而使相关公众认为瑞海公司经营的餐饮服务与上海美影公司存在特定联系。且瑞海公司也申请注册了"金刚葫芦娃"等商标,可见其有攀附"葫芦娃"角色名称商誉的恶意。

另外,经营以动画人物或故事为主题的餐厅是常见的经营方式,无论从相关公众的一般认知出发,还是从瑞海公司的实际经营情况来看,在葫芦娃系知名度极高的角色名称的情况下,瑞海公司将其使用在餐饮服务上,容易使相关公众认为其与上海美影公司具有特定关联关系,从而挤占上海美影公司的交易机会。因此,"葫芦娃"可作为角色名称的在先权利予以保护,瑞海公司损害了上海美影公司的在先权利。

四、结语

综上所述,在《商标法》第三十二条的在先权利中,企业名称权和商品化权益均需要证明在先权利具有一定知名度、商标与在先权利在商品或服务构成类似或相关联、商标和在先权利共存具有混淆可能性等情形,而著作权则无须对知名度、商品或服务构成类似和混淆可能性等情形进行证明,但著作权作为在先权利需要对其独创性以及"接触+实质性相似"进行认定。由此可见,法院在认定《商标法》第三十二条的在先权利时,根据所主张的在先权利内容不同,法院的裁判标准也大不相同。

第四节　商标民事侵权的裁判标准

《商标法》于2019年进行了修正，修改内容主要包括打击恶意商标注册的行为，以及加大商标的民事侵权赔偿力度。在新修正的《商标法》中，民事侵权的赔偿额不仅将法定赔偿从三百万元提升至了五百万元，还将惩罚性赔偿的一至三倍提升至一至五倍。司法实践中逐步出现了不少高赔偿的判决，比如“小米生活”标识侵犯“小米”商标被判赔五千万元，惠氏公司的“惠氏”等商标被侵权而获赔三千万元。

随着法律以及司法政策逐步加码对商标的保护，商标民事侵权纠纷案件日渐增多，因而对商标民事侵权裁判标准的熟知就愈加重要，本节就商标民事侵权的裁判标准作详细分析。

一、商标概述和商标性使用

注册商标由文字、图形、数字、颜色、三维标志等要素构成，需有显著性，商标的作用主要有以下三个方面。

1. 主要体现为识别性，使消费者能够依不同的商标而对应到相应的商品及服务的提供者，对商标权的保护的目的就是防止对商品及服务的来源产生混淆。①

2. 商标具有保护商品品质、承载商誉的功能。识别商品或服务来源是基础，而承载商誉是前者基础上的延伸。②

3. 商标具有广告宣传功能，商标的广告宣传功能是指消费者见到商标，就可以凭其所掌握的信息对使用该商标的商品质量、性能、产地等作出判断，进而作出选择。③

综上，侵权人使用商标若使相关公众对商品及服务的来源产生混淆，或者

---

① 山东省高级人民法院民事判决书，(2009)鲁民三终字第34号。

② 江苏省盐城市中级人民法院民事判决书，(2020)苏09民初711号。

③ 北京知识产权法院民事判决书，(2017)京73民终825号。

有破坏商标承载的商誉等功能时，符合侵权裁判标准的可被认定构成商标侵权。

（一）商标性使用是侵权判断的前提

判断商标侵权的前提是被控侵权标识是否进行了商标性使用。例如，北京市高级人民法院在南京雨润食品有限公司、阜阳雨润肉类加工有限公司与好丽友食品有限公司侵害商标权纠纷一案①中认为，在判断他人是否从事了侵犯注册商标专用权的行为时，应当以他人系对特定标志构成商标意义上的使用为前提，若他人对特定标志的使用并不能产生识别商品来源的作用时，则该使用特定标志的行为并非商标意义上的使用，故不应属于侵害他人注册商标专用权的行为。

（二）商标性使用裁判标准

根据《商标法》第四十八条，"本法所称商标的使用，是指将商标用于商品、商品包装或者容器以及商品交易文书上，或者将商标用于广告宣传、展览以及其他商业活动中，用于识别商品来源的行为"。

上述法条是对商标性使用的定义，在具体的侵权判断过程中，应当结合该特定标志所使用商品相关公众的通常认知水平、相关领域普遍的使用方式、特定标志具体的展现形式等进行综合判断。②

认定构成商标性使用应符合以下要件：一是将商标用于商业活动中。二是主观上侵权人有真实的使用该商标意图。三是客观上侵权标识指示了相关商品或者服务的来源。

例如，在江苏省广播电视总台（以下简称江苏电视台）、深圳市珍爱网信息技术有限公司与金某欢侵害商标权纠纷一案③中，法院认为，判断被诉"非诚勿扰"标识是否属于商标性使用，关键在于相关标识的使用是否从主观上为了指示相关商品或者服务的来源，客观上是否起到使相关公众区分不同商品或者服

---

① 北京市高级人民法院民事判决书，（2015）高民（知）终字第4005号。
② 北京市高级人民法院民事判决书，（2015）高民（知）终字第4005号。
③ 广东省高级人民法院民事判决书，（2016）粤民再447号。

务的提供者的作用。

本案中，被告江苏电视台反复多次、大量地在其电视、官网、招商广告、现场宣传等商业活动中单独使用或突出使用“非诚勿扰”标识，使用方式上具有持续性与连贯性，其中标识更在整体呈现方式上具有一定独特性。这显然超出对节目或者作品内容进行描述性使用所必须的范围和通常认知，具备了区分商品或者服务的功能。

另外，被告江苏电视台曾就该标识的使用谋求商标授权，以上直接反映江苏电视台主观上亦存在将被诉标识作为识别来源的商标使用、作为品牌而进行维护的意愿。因此，被告江苏电视台使用“非诚勿扰”标识属于商标性使用。

（三）商标侵权行为概述

根据《商标法》第五十七条，“有下列行为之一的，均属侵犯注册商标专用权：

（一）未经商标注册人的许可，在同一种商品上使用与其注册商标相同的商标的；

（二）未经商标注册人的许可，在同一种商品上使用与其注册商标近似的商标，或者在类似商品上使用与其注册商标相同或者近似的商标，容易导致混淆的；

（三）销售侵犯注册商标专用权的商品的；

（四）伪造、擅自制造他人注册商标标识或者销售伪造、擅自制造的注册商标标识的；

（五）未经商标注册人同意，更换其注册商标并将该更换商标的商品又投入市场的；

（六）故意为侵犯他人商标专用权行为提供便利条件，帮助他人实施侵犯商标专用权行为的；

（七）给他人的注册商标专用权造成其他损害的”。

上述法条规定了六种具体的商标侵权行为和兜底条款，其中，第一项和第二项是使用注册商标构成侵权的行为。第三项是销售侵犯注册商标专用权商品的行为。第四项是伪造、擅自制造商标标识或者销售伪造、擅自制造标识构成侵权的行为。第五项是反向假冒构成商标侵权的行为。第六项是帮助侵犯商标权的行为。第七项是兜底条款。

而商标侵权绝大多数案件集中于使用注册商标以及销售侵权商品构成侵权的情形,而销售侵权商品的侵权判定亦是基于是否构成使用注册商标的侵权判定。因此,本书就《商标法》第五十七条第一项以及第二项的使用注册商标的侵权裁判标准作详细分析。

二、《商标法》第五十七条第一项使用注册商标的侵权裁判标准

《商标法》第五十七条第一项是对于在同一种商品或者服务上使用与其注册商标相同标识的侵权行为,该种侵权行为的构成要件中并没有规定对于混淆可能性的要求。因而,《商标法》第五十七条第一项的商标侵权裁判标准如下。

1. 被控侵权标识是否与注册商标相同。

2. 被控侵权标识所使用的商品或者服务是否与注册商标所核定使用的商品或者服务属于同一种。

(一)关于商标相同的判定

根据《最高人民法院关于审理商标民事纠纷案件适用法律若干问题的解释》第九条、《商标法》第五十二条第一项规定的商标相同,是指被控侵权的商标与原告的注册商标相比较,二者在视觉上基本无差别。

以上是法律对于商标构成相同的规定,但并没明确视觉上基本无差别的具体情形。在司法实务中,一般以下情形可认定为商标构成相同:若被控侵权标识在字体、字母大小写或者文字横竖排列等方面,与注册商标对比后只有细微差别改变,则判定相同;若被控侵权标识改变文字、字母、数字等之间的间距,但不影响体现注册商标显著特征,则判定相同;若被控侵权标识与注册商标相比只改变颜色,则判定相同。

例如,在金佰利(中国)有限公司与北京洁韵雅纸业有限公司侵害商标权纠纷一案[①]中,法院认为,商标法意义上的商标相同,是指被控侵权的标识与原告

① 上海知识产权法院民事判决书,(2021)沪73民终90号。

的注册商标相比较，二者在视觉上基本无差别。

本案中，被控侵权标识与注册商标在字体上略有差异，差异在于，注册商标字样中的“心”字的点撇捺以心形图案替代，而被控侵权标识字样中的“心”字是正常的点撇捺，但两者文字、呼叫均相同，且字体差异不大。基于相关公众的一般注意力，被控侵权标识与注册商标相比较，二者在视觉上基本无差别，属于商标相同的情形。

（二）关于同一种商品或者服务的判定

根据国家知识产权局发布的《商标侵权判断标准》第九条的规定，同一种商品是指涉嫌侵权人实际生产销售的商品名称与他人注册商标核定使用的商品名称相同的商品，或者二者商品名称不同但在功能、用途、主要原材料、生产部门、消费对象、销售渠道等方面相同或基本相同，相关公众一般认为是同种商品。

同一种服务是指涉嫌侵权人实际提供的服务名称与他人注册商标核定使用的服务名称相同的服务，或者二者服务名称不同但在服务的目的、内容、方式、提供者、对象、场所等方面相同或者基本相同，相关公众一般认为是同种服务。

综上，对于判断是否是同一种商品或者服务，首先判断商品或者服务名称是否相同。若相同，则为同一种商品或者服务；若不同，则需依据商品或者服务的不同区别进行认定。具体为若是商品则判断在功能、用途、主要原材料、生产部门、消费对象、销售渠道等方面是否相同或基本相同，相关公众是否认为是同种商品。若是服务则判断在服务的目的、内容、方式、提供者、对象、场所等方面是否相同或者基本相同，相关公众是否认为是同种服务。

例如，在中山市瑞康电器有限公司与雅佳电子（中国）有限公司侵害商标权侵权纠纷一案①中，法院在对被控侵权产品“交流稳压器”与涉案注册商标核定使用商品“变压器”是否同一种商品的分析如表3－1所示。

---

① 广东省中山市中级人民法院民事判决书，（2021）粤20民终9909号。

表 3-1　两款产品的比较

考虑因素	被诉侵权产品“交流稳压器”与涉案注册商标核定使用商品“变压器”的比较	结论
功能	即使被诉侵权产品的名称为“交流稳压器”，但最主要和最核心的功能就是令交流电的电压从110V—260V的范围，变换至110V和220V这两个设定值，即其功能与变压器的功能完全相同	功能相同
用途	变压器和交流稳压器都用在使用交流电的电器设备上，令该电器设备使用的交流电电压处于设定值范围内，使该电器设备可以正常工作	用途相同
原料	变压器与交流稳压器均是改变、调整电压的电力设备，其组成、主要原料完全相同的，包括铁材（制作内部的铁芯、电机）、铜线（制作内部的线圈、电路等）、绝缘材料（制作外部绝缘壳）等	原料相同
生产部门	变压器与交流稳压器均是电器设备，二者生产部门相同，均是生产制作电器设备的厂家	生产部门相同
消费对象	变压器与交流稳压器的功能均是将电流电压调整至设定值，所以其消费对象均是需要改变输入电流的电压至设定值，从而能够使用相应电压的电器的消费者	消费对象相同
销售渠道	在当今物流、贸易、网络极度发展的大环境下，变压器与交流稳压器均经过贸易商、直接销售等方式向世界各地销售，具体销售方式可以是零售、批发、线上、线下销售等	销售渠道相同

综上，法院认为“变压器”与“交流稳压器”在相关公众一般认知中是同一种商品，在法律认定上亦是同一种商品。

三、《商标法》第五十七条第二项使用注册商标的侵权裁判标准

《商标法》第五十七条第二项的使用注册商标的侵权行为分为三种情形。

第一种为被控侵权标识与注册商标的商标相同，被控侵权标识所在的商品或者服务与注册商标所核定使用的商品或者服务构成类似的商标侵权情形。

第二种为被控侵权标识与注册商标的商标构成近似，被控侵权标识所在的商品或者服务与注册商标所核定使用的商品或者服务相同的商标侵权行为。

第三种为被控侵权标识与注册商标的商标构成近似，被控侵权标识所在的商品或者服务与注册商标所核定使用的商品或者服务构成类似的商标侵权

行为。

司法实践中，对于《商标法》第五十七条第二项商标侵权行为的认定有多种判定标准，本书主要介绍法院采纳较多的以下两种：第一种是“二要素”判定标准，第二种是“三要素”判定标准。司法实务中，这两种裁判标准被不同法院所采纳。

另外，关于商标相同以及商品或者服务相同的裁判标准已在上个章节中分析过，在此不再赘述。本章将对商标构成近似以及商品或者服务构成类似作重点分析。

（一）“二要素”判定标准

“二要素”判定标准源于《最高人民法院关于审理商标民事纠纷案件适用法律若干问题的解释》第九条和第十一条。

该解释第九条第二款规定：“商标法第五十七条第（二）项规定的商标近似，是指被控侵权的商标与原告的注册商标相比较，其文字的字形、读音、含义或者图形的构图及颜色，或者其各要素组合后的整体结构相似，或者其立体形状、颜色组合近似，易使相关公众对商品的来源产生误认或者认为其来源与原告注册商标的商品有特定的联系。”

该解释第十一条规定：“商标法第五十七条第（二）项规定的类似商品，是指在功能、用途、生产部门、销售渠道、消费对象等方面相同，或者相关公众一般认为其存在特定联系、容易造成混淆的商品。

类似服务，是指在服务的目的、内容、方式、对象等方面相同，或者相关公众一般认为存在特定联系、容易造成混淆的服务。

商品与服务类似，是指商品和服务之间存在特定联系，容易使相关公众混淆。”

由上述司法解释可知，在判定商标是否构成近似以及商品或者服务是否构成类似时，不能仅从物理层面对商标近似、商品或者服务类似进行判定，还需要考虑相关公众是否会产生混淆，即在判断商标是否构成近似、商品或者服务是否构成类似时，先考虑混淆可能性。因而，采用“二要素”标准的裁判标准如下：（1）被控侵权标识是否与涉案注册商标构成混淆性近似。（2）被控侵权标识所在的商品或者服务类别是否与涉案注册商标核定使用的商品或者服务类别构成混淆性类似。

1. 被控侵权标识是否与涉案注册商标构成混淆性近似

根据《最高人民法院关于审理商标民事纠纷案件适用法律若干问题的解释》第十条的规定，人民法院认定商标相同或者近似按照以下原则进行：（1）以相关公众的一般注意力为标准；（2）既要进行对商标的整体比对，又要进行对商标主要部分的比对，比对应当在比对对象隔离的状态下分别进行；（3）判断商标是否近似，应当考虑请求保护注册商标的显著性和知名度。

根据《最高人民法院关于审理商标民事纠纷案件适用法律若干问题的解释》第八条的规定，商标法所称相关公众，是指与商标所标识的某类商品或者服务有关的消费者和与前述商品或者服务的营销有密切关系的其他经营者。

根据上述法律法规的规定，法院在判定商标相同或者近似时，需要按照以上原则进行判定。因此，在判定商标混淆性近似时的考虑因素如下：

（1）以相关公众的一般注意力为标准。

（2）商标相同或者近似比对时要遵循整体比对、要部比对和隔离比对的原则。

（3）考虑涉案商标的显著性和知名度。

（4）相关公众是否发生混淆。在认定相关公众是否发生混淆时，需要考虑的因素有：①原告商标的知名度。②商标与被诉标识的近似程度。③商品或服务类别的类似程度。④被诉标识的使用方式。[①]

对于相关公众发生混淆的类型主要包括来源混淆和关联关系的混淆，即来源混淆是指商品或者服务来源的混淆，而关联关系的混淆是指误认为被告与原告有许可关系或者关联公司等特定联系。现就采纳“二要素”裁判标准的司法案例举例如下。

在湖南省华光机械实业有限责任公司（以下简称华光机械公司）、湖南省嘉禾县华光钢锄厂（以下简称华光钢锄厂）与湖南省嘉禾县锻造厂（以下简称嘉禾锻造厂）、郴州市伊斯达实业有限责任公司（以下简称伊斯达公司）侵害商标权纠纷一案[②]中，法院认为，在商标侵权纠纷案件中，认定被控侵权标识与主张权

① 参见茆荣华主编：《上海法院类案办案要件指南》，人民法院出版社2020年版，第157页。

② 最高人民法院民事判决书，（2010）民提字第27号。

利的注册商标是否近似，应当视所涉商标或其构成要素的显著程度、市场知名度等具体情况，在考虑和对比文字的字形、读音和含义，图形的构图和颜色，或者各构成要素的组合结构等基础上，对其整体或者主要部分是否具有市场混淆的可能性进行综合分析判断。

经比对，被控侵权标识与涉案商标在视觉及呼叫上有明显区别。被控侵权标识主色调为绿白两色，且有菱形边框，从整体上比较，与原告的注册商标有明显的区别。根据法院查明的事实，在生产锄头等产品的行业内，以“鸡”图形与文字的商标被较广泛注册、使用，原告嘉禾锻造厂也未提交其第1641855号“雉鸡及图”注册商标在1999年以前具有较高知名度的相关证据，且在原告嘉禾锻造厂的第1641855号“雉鸡及图”商标注册之前，被告华光钢锄厂已经在其生产、销售的钢锄上使用于“银鸡”中英文和鸡图案商标。根据本案现有证据难以认定被告华光钢锄厂有借用原告嘉禾锻造厂的注册商标声誉的主观故意。

此外，被告华光钢锄厂、华光机械公司和原告嘉禾县锻造厂、伊斯达公司虽然处于同一地区，双方的锄头等产品均多数销往国外市场，相关公众已经将两者的商标区别开来，形成了各自稳定的市场。综合考虑以上因素，法院认为被告华光钢锄厂、华光机械公司使用的“银鸡”中英文和鸡图案商标与原告嘉禾县锻造厂享有注册商标专用权的第1641855号“雉鸡及图”商标不构成近似商标。

再如，在美盛农资（北京）有限公司与山东大茂生态肥业有限公司侵害商标权纠纷、不正当竞争纠纷一案①中，法院认为，被控侵权标识“MeiKeSh及图”中的图形部分与原告第42286255号“Mosaic及图”商标的图形部分，构图样式、线条设计风格相近。虽然字母构成及其呼叫区别较大，但该标志常结合“美可盛”商标使用，结合大茂公司就该商标的使用意图，仍足以使相关公众产生混淆误认，因此，法院判定“MeiKeSh及图”商标与“Mosaic及图”商标构成近似商标标志。

综上，由上述两则案例可知，法院在判定被控侵权标识与注册商标是否构成近似时，会结合商标的物理外观以及两商标使用是否会使相关公众产生混淆等因素进行综合判断。

---

① 北京知识产权法院民事判决书，(2017)京73民初1199号。

2. 被控侵权标识所在的商品或者服务类别是否与涉案注册商标核定使用的商品或者服务类别构成混淆性类似

根据《最高人民法院关于审理商标民事纠纷案件适用法律若干问题的解释》第十一条规定，《商标法》第五十七条第二项规定的类似商品，是指在功能、用途、生产部门、销售渠道、消费对象等方面相同，或者相关公众一般认为其存在特定联系、容易造成混淆的商品。类似服务，是指在服务的目的、内容、方式、对象等方面相同，或者相关公众一般认为存在特定联系、容易造成混淆的服务。商品与服务类似，是指商品和服务之间存在特定联系，容易使相关公众混淆。

根据《最高人民法院关于审理商标民事纠纷案件适用法律若干问题的解释》第十二条，人民法院依据《商标法》第五十七条第二项的规定，认定商品或者服务是否类似，应当以相关公众对商品或者服务的一般认识综合判断；《商标注册用商品和服务国际分类表》《类似商品和服务区分表》可以作为判断类似商品或者服务的参考。

由上述法条可知，法院在判定商品或者服务是否构成类似时，《类似商品和服务区分表》只是作为参考，而在判断商品是否构成类似时，需要重点考虑功能、用途、生产部门、销售渠道、消费对象等方面是否相同，是否会造成相关公众的混淆。而在判断服务是否构成类似时，需要考虑服务的目的、内容、方式、对象等方面是否相同，是否会造成相关公众的混淆。

例如，在成都泰合华信投资有限公司（以下简称华信公司）与泰合时代地产（武汉）有限公司侵害商标权纠纷一案[①]中，法院认为，判断服务是否类似，应当考虑服务的目的、内容、方式、对象等是否相同或者具有较大的关联性，是否容易使相关公众认为服务是同一主体提供的，或者其提供者之间存在特定联系，从而产生混淆。

本案中，被控侵权标识所使用在商品房建造、商品房销售服务，其与注册商标核定使用的“建设项目开发”服务在《类似商品和服务区分表》中虽不属于同一类似群组，但服务目的、内容、方式、对象等基本相同或者具有较大的关联性，且被告华信公司在楼体、销售场所使用的标识与原告的注册商标“泰合”近似，容易导致公众混淆，因此认定构成类似服务。

---

① 北京市高级人民法院民事裁定书，(2021)京民申1065号。

（二）“三要素”判定标准

“三要素”判定标准与“二要素”判断标准不同之处在于，三要素判定标准在判定商标是否相同或者近似，以及商品或服务是否相同或者类似时并不考虑混淆可能性这个要件，对是否近似商标或者类似商品作出物理上的判断后，再判定是否构成混淆。

因而，对于“三要素”标准的裁判标准如下：（1）被控侵权标识是否与涉案注册商标构成近似。（2）被控侵权标识所在的商品或者服务类别是否与涉案注册商标核定使用的商品或者服务类别构成类似。（3）相关公众是否产出混淆。

在对商标是否相同或近似判断中，也需要根据以下原则进行认定，但认定时无须考虑混淆要件：（1）以相关公众的一般注意力为标准；（2）既要进行对商标的整体比对，又要进行对商标主要部分的比对，比对应当在比对对象隔离的状态下分别进行；（3）判断商标是否近似，应当考虑请求保护注册商标的显著性和知名度。现就采纳“三要素”裁判标准的司法案例举例如下。

在漯河市多利多食品有限公司（以下简称多利多公司）、漯河市高旗生物科技有限公司与河北养元智汇饮品股份有限公司（以下简称养元公司）侵害商标权纠纷一案①中，法院根据“三要素”裁判标准认定被告侵犯了原告的商标权。具体如表3－2所示。

表3－2 “三要素”裁判标准的应用

裁判标准	具体内容	结论
商标近似	1. 涉案“六个核桃”注册商标具有较高知名度。 2. 被控侵权商品上使用的“六个石磨核桃”文字商标，与涉案“六个核桃”文字注册商标构成要素均包含有“六个”“核桃”文字，区别主要在于前者增加了“石磨”文字。 3. 对于相关公众而言，鉴于对“六个核桃”文字商标的熟悉和了解，无论是整体比对还是要部比对，施以一般的注意力，更多注意到的是商标中共同包含的“六个”“核桃”文字	被控侵权商品使用的“六个石磨核桃”文字商标与涉案“六个核桃”文字注册商标构成近似

① 天津市高级人民法院民事判决书，（2017）津民终585号。

续表

裁判标准	具体内容	结论
商品类似	本案中被控侵权商品为核桃乳，与养元公司涉案商标核定使用的包括核桃乳在内的“无酒精饮料”“植物饮料”等属于相同商品	被控侵权商品与涉案注册商标核定使用的商品是相同商品
相关公众是否造成混淆	被告多利多公司利用原告养元公司“六个核桃”注册商标已有知名度获得不当利益的主观意图明显，客观上亦使相关公众误以为“六个石磨核桃”核桃乳商品与“六个核桃”核桃乳商品来源相同，或者在商品来源上具有其他特定联系，导致混淆误认	被控侵权商品上使用“六个石磨核桃”文字商标容易导致相关公众与涉案“六个核桃”文字注册商标产生混淆误认

综上，法院认定，被告多利多公司在被控侵权商品上使用“六个石磨核桃”文字商标的行为属于《商标法》第五十七条第二款规定的侵犯原告养元公司“六个核桃”文字商标注册商标专用权的行为。

四、商标侵权的阻却

商标侵权的阻却包括商标正当使用抗辩、合法来源抗辩、在先使用抗辩、权利滥用抗辩等情形。若商标侵权的阻却事由成立，法院可判决被告侵权不成立或者免除被告的赔偿责任。

（一）商标正当使用抗辩之描述性使用

商标正当使用抗辩包括描述性使用与指示性使用。描述性使用的相关法律条文规定在《商标法》第五十九条第一款，注册商标中含有的本商品的通用名称、图形、型号，或者直接表示商品的质量、主要原料、功能、用途、重量、数量及其他特点，或者含有的地名，注册商标专用权人无权禁止他人正当使用。

根据上述法条可知，若经营者对商品或者服务的特点进行描述，比如使用通用名称、图形、型号进行商品或者服务的描述，或者对商品的质量、主要原料、功能、用途、重量、数量或者地名进行描述，而并非商标性使用，即指示商品或者服务的来源，则可认定属于正当使用，不属于商标侵权的情形。

司法实务中，法院对于构成描述性使用的构成要件观点不一，主要有两种裁判标准：

第一种裁判标准:(1)被控侵权标识使用人需是善意。(2)描述性使用需在合理范围内。

第二种裁判标准:(1)被控侵权标识使用人需是善意。(2)描述性使用需在合理范围内。(3)相关公众未发生混淆。

1. 第一种裁判标准

法院在适用第一种裁判标准认定描述性使用作为正当使用时,并未考虑混淆可能性。例如,在陕西茂志娱乐有限公司与梦工场动画影片公司、中国电影集团公司、派拉蒙影业公司、北京华影天映影院管理有限公司侵害商标权纠纷一案①中,最高人民法院认为,由于《功夫熊猫2》使用"功夫熊猫"字样是对前述《功夫熊猫》电影的延续,且该"功夫熊猫"表示的是该电影的名称,用以概括说明电影内容的表达主题,属于描述性使用,而并非用以区分电影的来源。因此认定被诉标识构成正当使用。

综上,在上述案例中,最高人民法院判断被控侵权标识是否构成描述性使用时,并未考虑混淆可能性这个要件。

2. 第二种裁判标准

第二种裁判标准和第一种裁判标准的区别在于法院在认定被控侵权标识是否构成描述性使用时,会考虑混淆可能性这个要件。

例如,在漳州市宏宁家化有限公司与漳州片仔癀药业股份有限公司侵害商标权纠纷一案②中,法院认为,片仔癀是一种药品的名称,如果被控产品中含有片仔癀成分,生产者出于说明或客观描述商品特点的目的,以善意方式在必要的范围内予以标注,不会导致相关公众将其视为商标而导致来源混淆的,可以认定为正当使用。

又如,在邓某与TCL实业控股股份有限公司侵害商标权纠纷一案③中,法院认为,首先,被告使用的"TCL"系TCL公司核准注册于"电视机挂架"等商品的注册商标,其本身并不具有描述产品功能等的含义。其次,从使用方式看,被告将"TCL"使用在商品标题的首部位置并在商品图片中突出标注,该种使用方

---

① 最高人民法院民事裁定书,(2014)民申字第1033号。

② 最高人民法院民事裁定书,(2009)民申字第1310号。

③ 上海知识产权法院民事判决书,(2022)沪73民终51号。

式明显超出了合理使用的限度。最后，并无证据证明被诉商品专用于“TCL”液晶电视，被告使用“TCL 专用”具有攀附涉案商标商誉的主观意图，且容易导致相关公众混淆、误认。因此，不构成描述性正当使用。

(二)商标正当使用抗辩之指示性使用

指示性使用作为正当使用的抗辩之一，虽然没有如描述性使用那般有《商标法》的明确规定，但其在司法裁判案例、司法政策和相关法规中也已作为正当使用抗辩的一种方式。

例如，《最高人民法院关于充分发挥知识产权审判职能作用推动社会主义文化大发展大繁荣和促进经济自主协调发展若干问题的意见》第二十二条规定，妥善认定商标侵权抗辩，维护正当经营者的合法权益。商标侵权行为应以在商业标识意义上使用相同或者近似商标为条件，被诉侵权人为描述或者说明其产品或者服务的特点而善意合理地使用相同或者近似标识的，可以依法认定为正当使用。

《江苏省高级人民法院侵害商标权民事纠纷案件审理指南》中也指出，正当使用抗辩包括指示商品或服务特点、来源等的指示性使用。

与描述性使用不属于商标性使用不同的是，指示性使用属于商标性使用，指示性使用是指经营者为了客观说明某商品、服务与注册商标的商品、服务之间的某种联系而不可避免地正当使用注册商标。判断是否构成指示性使用的裁判标准如下：

(1)指示性使用所指示的商品应为“正品”。

(2)对相关标识的使用应当出于善意。

(3)指示的方式不能超过合理的限度。

(4)相关公众不会发生混淆。

指示性使用作为正当使用抗辩常被用于以下情形。

第一种情形：产品配件或者耗材的经营者，为指明自己产品配件或者耗材所适用的品牌，会在自己的商品上标明所适用的品牌商标。在该种情形下，产品配件或者耗材的经营者，需标明“适用于”“适配于”“可用于”等字样，并不能超过合理的限度。若是超出合理限度，则不构成指示性使用，属于商标侵权。

例如,在南通康诺净化科技有限公司(以下简称康诺公司)与博露雅迩(上海)商贸有限公司(以下简称博露雅迩公司)侵害商标权纠纷一案①中,法院认为,对于是否构成商标侵权的判断,从范围来说,相关公众并不仅限于购买产品的消费者;从时间上考虑,混淆也不仅限于消费者购买产品时对商品或服务来源产生的混淆。

虽然被告康诺公司确已在链接标题、宣传图片上注明"适配布鲁雅尔"字样并明确标注了自己的商标,细心的消费者不致忽略不见,且决定购买的消费者还可以通过商品价格等因素明知案涉侵权产品并非由博露雅迩公司制造、销售。

但是这些消费者一旦购买该产品之后,其他公众因未参与选购过程,看到塑料包装上仅标注"布鲁雅尔 200"标识,且未标注适配等字样,也未标注康诺公司的商标或生产厂家等其他信息,易误认为该滤芯是由博露雅迩公司生产或授权生产。因此被告康诺公司不构成指示性使用。

综上,在该案中,虽然被告在链接标题、宣传图片上注明"适配布鲁雅尔"字样并明确标注了自己的商标,但是其在商品包装上未标注适配等字样,也未标注康诺公司的商标或生产厂家等其他信息,容易造成其他未参与选购过程的相关公众发生混淆,即售后混淆。因此,法院认为被告的该种行为不构成指示性正当使用。

第二种情形:经营者在销售正品时,为指示商品的来源而使用品牌方的商标,且未超过合理限度的,属于指示性使用。但若超出合理限度,则不构成指示性使用,属于商标侵权。

例如,在顾某华与联想(北京)有限公司侵害商标权纠纷一案②中,法院认为,顾某华作为"联想"电脑的经销商,可以在经营活动中正当使用"联想"和"lenovo"商标以指示其销售商品的内容与来源,即顾某华可以在其所售商品上通过标签、在店铺上通过"本店销售联想电脑"等合理方式标注"联想"和"lenovo"商标以达到指示商品来源的作用。

但在本案中,顾某华在其经营场所全面使用涉案商标,并在店铺门头、店内

---

① 江苏省南通市中级人民法院民事判决书,(2021)苏06民终3178号。

② 江苏省高级人民法院民事判决书,(2014)苏知民终字第142号。

装饰、名片、销售清单等处突出使用“lenovo 联想”“lenovo”等标识,从上述行为可以推断顾某华具有试图使消费者误认为其与联想公司存在特许经营、加盟、专卖等特定商业关系的攀附故意,客观上也形成了上述效果,显然属于对合理指示商品来源的权利的不当扩张,已经超出了商标指示性使用的合理范畴,因此不构成指示性使用,属于商标侵权行为。

第三种情形:经销商为了指示其商品零件或者原料的来源,在商品上标识有零件或者原料品牌方的商标。若该使用未超过合理限度,可认定为指示性的正当使用;若超出合理限度,则不构成指示性使用,属于商标侵权。

例如,在杭州捷丰除湿制冷技术有限公司(以下简称杭州捷丰公司)与西部技研 DST 有限公司、迪思特空气处理设备(常熟)有限公司侵害商标权纠纷、不正当竞争纠纷一案①中,法院认为,在零配件销售或者是将他人生产的零配件组装为产品的商业活动中,经营者为了向消费者描述其制造、销售的商品内容或者零配件的来源,可以正当使用配件商的注册商标,但经营者在使用时应当基于诚信善意,其使用商标的具体形式、程度必须遵守指示性合理使用的规则,不能以其描述的需要为由随意扩大使用商标权人的商标。

本案中,被告杭州捷丰公司的使用方式,容易导致消费者对该商品制造者的身份产生混淆误认,误认为被告杭州捷丰公司与 DST 公司之间存在某种特定商业关系。该行为不当借助了涉案商标的商誉,在一定程度上可能会割裂涉案商标与 DST 公司本身的对应关系,妨碍了涉案商标功能的完整发挥,对 DST 公司及迪思特常熟公司的相关商标权益造成损害,超出商标指示性使用的合理范畴,构成商标侵权。

第四种情形:在售后维修中,经营者为了向消费者指示其可维修的商品品牌,在合理限度内标识其可维修的商品拍牌的,可认定构成指示性的正当使用。但若超出合理限度,则不构成指示性使用,属于商标侵权。

例如,在捷豹路虎有限公司与辽宁梦想座驾汽车销售服务有限公司(以下简称梦想座驾公司)侵害商标权纠纷、不正当竞争纠纷一案②中,法院认为,被告梦想座驾公司在进行销售乃至延伸维修售后服务中,为宣传推介其提供的他人

---

① 江苏省高级人民法院民事判决书,(2020)苏知终 5 号。

② 辽宁省沈阳市中级人民法院民事判决书,(2020)辽 01 民初 123 号。

商品及自己的服务内容时，应明确区别商品制造者和服务提供者的关系，即对商标的指示应以指示商品或说明商品来源为目的。若超过合理边界，进行大量、突出的非必要性或扩大到服务类别的使用，将导致相关公众产生混淆误认，进而损害商标权利人的合法权益。

本案中，被告在对标识的使用中超过了必要指示、说明的合理范围，起到了识别服务来源的作用，故应认定构成商标性使用。

（三）合法来源抗辩

1. 合法来源抗辩概述

根据《商标法》第六十四条第二款的规定，销售不知道是侵犯注册商标专用权的商品，能证明该商品是自己合法取得并说明提供者的，不承担赔偿责任。

上述法条是关于合法来源抗辩的法律规定。对于合法来源抗辩的构成要件如下：

（1）销售者能证明其在主观上已尽到合理注意义务。

（2）且销售者能提供侵权商品合法来源证明。

对于销售者如何证明其在主观上已尽到合理注意义务。

主观上的合理注意义务能从客观上进行推测，比如涉案商标的知名度、销售价格是否明显低于正品、销售商是否对商品所涉领域非常熟悉、是否同时销售正品和侵权产品等情况。比如，若是价值很高的商品，销售商以很低的价格进行售卖，可合理推测销售商明知该商品是侵权商品，未尽到合理注意义务。

关于合法来源的证明，销售商可以提供有供货单位合法签章的供货清单、货款收据且经查证属实或者供货单位认可的；可提供供销双方签订的进货合同且经查证已真实履行的；可提供有合法进货发票且发票记载事项与涉案商品对应的等证明材料。①

2. 服务商标不适用合法来源抗辩

若销售商侵权的商标是服务商标，而不是商品商标，则不适用合法来源抗辩。因为销售商使用服务商标是直接使用商标行为，其所获利的是商标给其带

---

① 参见《商标法实施条例》第七十九条。

来的直接价值，与商品销售者以售卖商品来赚取差价的获利完全不同，因此使用服务商标的经营者不是“合法来源”抗辩的适用主体。

例如，在上海弘奇永和餐饮管理有限公司与安徽昊宇餐饮管理有限公司、银川市兴庆区来来永和豆浆店（以下简称兴庆豆浆）商标权权属纠纷一案①中，法院认为，合法来源抗辩针对的是销售者在销售侵犯注册商标专用权商品时，因其主观上无侵权故意、能够提供商品的来源且商品系合法取得而免责的情形。本案中，兴庆豆浆提供的是餐饮服务，服务内容包括堂食和外带，其在店招、装饰、餐具、点餐单及外带包装袋上使用商标是为了表明提供服务的来源，使消费者在消费时通过标识知晓为其提供服务的服务者，属于服务商标的使用方式，兴庆豆浆并非销售他人商品的销售者。因此兴庆豆浆不符合“合法来源”抗辩的适用主体。

（四）恶意商标注册人的权利滥用抗辩

根据《商标法》第四条的规定，不以使用为目的的恶意商标注册申请，应当予以驳回。根据《商标法》第三十二条的规定，申请商标注册不得损害他人现有的在先权利，也不得以不正当手段抢先注册他人已经使用并有一定影响的商标。

上述法条是在行政程序中对恶意商标注册行为的打击，即若商标申请人恶意注册商标，该注册商标可对其进行驳回；若已经注册成功，恶意注册的商标亦可被异议或者无效。

然而，若恶意注册商标人以其恶意注册的商标提起民事侵权诉讼，那么在民事审判过程中，法院即使认为原告是恶意注册，亦不能在民事审判程序中对该商标进行行政处理。但是法院可依据《商标法》和《民事诉讼法》中的诚实信用原则认定原告提起诉讼的行为系恶意商标注册人的权利滥用行为，对其诉求不予支持。

例如，在王某永、深圳歌力思服饰股份有限公司侵害商标权纠纷一案②中，最高人民法院认为，诚实信用原则是一切市场活动参与者所应遵循的基本准

① 宁夏回族自治区高级人民法院民事判决书，（2017）宁民终 232 号。

② 最高人民法院民事判决书，（2014）民提字第 24 号。

则。一方面,它鼓励和支持人们通过诚实劳动积累社会财富和创造社会价值,并保护在此基础上形成的财产性权益,以及基于合法、正当的目的支配该财产性权益的自由和权利。另一方面,它要求人们在市场活动中讲究信用、诚实不欺,在不损害他人合法利益、社会公共利益和市场秩序的前提下追求自己的利益。

民事诉讼活动同样应当遵循诚实信用原则。一方面,它保障当事人有权在法律规定的范围内行使和处分自己的民事权利和诉讼权利;另一方面,它要求当事人在不损害他人和社会公共利益的前提下,善意、审慎地行使自己的权利。任何违背法律目的和精神,以损害他人正当权益为目的,恶意取得并行使权利、扰乱市场正当竞争秩序的行为均属于权利滥用,其相关权利主张不应得到法律的保护和支持。

(五)在先使用抗辩

根据《商标法》第五十九条第三款,商标注册人申请商标注册前,他人已经在同一种商品或者类似商品上先于商标注册人使用与注册商标相同或者近似并有一定影响的商标的,注册商标专用权人无权禁止该使用人在原使用范围内继续使用该商标,但可以要求其附加适当区别标识。

该条款是对在先使用抗辩的规定,若在先使用人能证明其使用商标的行为符合该条关于在先使用抗辩的规定,即可认定不构成侵犯商标权。

设立在先使用的抗辩的目的如下:第一,实现利益平衡:平衡商标在先使用人和注册商标专用权人之间的利益,保护那些已经在市场上具有一定影响但未注册的商标所有人的权益。第二,维护商标注册制度稳定,对未注册商标的保护仍应以确保商标注册制度不被动摇为基本原则。我国是以商标注册制度为主,虽然法律上有必要给予在先使用的未注册商标一定的保护,但保护水准不宜过高,以免冲击注册制这一商标管理中的基本制度。[①] 第三,保护诚实信用的在先使用行为。从在先使用抗辩制度设置的立法目的角度分析,该制度是基于保护和尊重在先商标使用人通过使用未注册标识的诚信经营行为而形成的商

① 上海知识产权法院民事判决书,(2019)沪73民终20号。

誉和市场地位，平衡在先商标使用人与在后注册商标权利人之间的利益，从而对他人在后注册商标专用权予以合理限制。[①]

司法实务中，对于在先使用权利抗辩的构成要件如下：

（1）在先使用人在注册商标申请之前存在使用行为。

（2）在先使用人对商标的使用原则上要早于商标注册人对商标的使用。

（3）在先使用人使用商标所在的商品或者服务与注册商标核定使用的商品或者服务相同或者类似。

（4）在先使用人使用商标具有一定影响。

（5）在先使用人应在原有范围内使用。

对于上述规则第一点和第三点，司法实践中并无较大争议，对于第二点的认定，司法实践中需要对在先使用人是否善意进行分别认定。若在先使用人善意使用商标，即其对商标权利人使用商标不知情，那么其在商标权利人使用商标之后使用商标的在先权利抗辩可成立。若商标使用人恶意，则其在商标权利人使用商标之后使用商标的在先权利抗辩不成立。

另外，对于如何认定第四点以及第五点，司法实践中存在争议且各法院的判决观点不一。

1.关于在先使用条款中“一定影响”的认定

对于在先使用抗辩中“一定影响”的认定，目前没有具体的规定，大多数观点认为在先使用抗辩中“一定影响”的认定标准不宜要求过高，亦不需要达到《商标法》第三十二条中“一定影响”的认定标准。

在北京中创东方教育科技有限公司与北京市海淀区启航考试培训学校、北京市启航世纪科技发展有限公司侵害商标权一案[②]中，法院认为，《商标法》为未注册商标提供保护的前提在于在先使用人基于其对未注册商标的使用已产生了需要商标法保护的利益，而此种利益的产生原则上不需要该商标具有较高知名度，亦不要求其知名度已延及较大的地域范围。

因此，通常情况下，如果使用人对其商标的使用确系真实使用，且经过使用已使商标在使用地域内起到识别作用，则该商标就具有了保护的必要性。相应

① 辽宁省大连市中级人民法院民事判决书，(2019)辽02民终321号。
② 北京知识产权法院民事判决书，(2015)京知民终字第588号。

地，该商标便已达到该规定中“一定影响”的要求。

2. 在先使用条款中“原有范围”的认定

对于“原有范围”的认定，应结合立法目的和个案情况，从使用主体范围、在后使用的“商标”及“商品或服务”与在先使用的商标及商品或服务是否“相同”或“基本相同”、使用行为、商誉所及的地域范围等因素综合考虑，具体分析如下。

（1）主体范围

主体范围是指有权援引在先使用抗辩的主体包括哪些。对于有权可援引在先使用抗辩的主体，司法裁判中存在不同观点。

①主体范围只能限定于在先权利人

司法裁判中有的观点认为主体范围只能限定于在先权利人，而在先权利人以外的其他人均不能援引在先使用抗辩。例如，在林某恺与成都武侯区富运家具经营部、成都红星美凯龙世博家居生活广场有限责任公司侵害商标权纠纷一案①中，最高人民法院认为，在先使用作为一项抗辩事由，该不侵权抗辩仅应由在先使用人自行提出。在先使用人之外的其他人，无论是否取得在先使用人的同意，均无权依据《商标法》第五十九条第三款提出不侵权抗辩。

②主体范围为在先权利人以及商标申请日之前的被许可使用人

司法裁判中有的观点认为除了在先权利人之外，商标申请日之前已获许可的被许可使用人，亦可援引在先抗辩。例如，在北京中创东方教育科技有限公司与北京市海淀区启航考试培训学校、北京市启航世纪科技发展有限公司侵害商标权纠纷一案②中，法院认为，在先使用抗辩的主体仅限于“在先使用人”本人及在先已获授权许可的“被许可使用人”。在先使用人本人对商标的后续使用不属于超出原有范围的情形，自不待言。在先已获授权许可的“被许可使用人”的使用亦不超出原有范围。

③继受人亦可援引在先使用抗辩

司法裁判中有的观点认为商标在先使用人的继受人有权主张商标在先使用抗辩。其理由在于：一方面，商标在先使用制度既是对善意的商标在先使用人利益的一种适度维护，也是对既存的商标市场秩序的一种维护。当商标在先

---

① 最高人民法院民事判决书，（2018）最高法民再43号。

② 北京知识产权法院民事判决书，（2015）京知民终字第588号。

使用人因各种原因不愿或无法继续经营时，如果不允许商标在先使用人的继受人主张在先使用抗辩，则可能导致市场上没有主体愿意继受在先商标使用人的业务，基于在先商标所积累的经营成果和商誉只能任由其自行消逝，这对商标在先使用人是极不公平的。

另一方面，商标在先使用人的继受者本质上并不是对商标在先使用权的受让，而是对商标在先使用人实体业务的承继，在此情况下允许继受者主张商标在先使用通常并不损害注册商标权人的利益。在综合考虑注册商标权人利益和商标在先使用人利益的情况下，应当允许商标在先使用人的继受者主张商标在先使用抗辩。①

例如，在通远程船务有限公司与上海第一八佰伴有限公司（以下简称第一八佰伴公司）、上海博格西尼企业发展有限公司（以下简称博格西尼公司）、广州市锦琳皮具有限公司侵害商标权纠纷一案②中，法院认为，在法律关系上，博格西尼服饰公司与博格西尼公司之间具有紧密的关联关系。在 2014 年博格西尼服饰公司注销后，2015 年 3 月，由博格西尼公司与第一八佰伴公司签订《联销续签合同》，继续在原专柜从事经营活动，该合同所约定的经营地点及所经营的品牌产品与前述合同一致。

显然，在博格西尼服饰公司注销后，博格西尼公司与第一八佰伴公司续签合同继续在原专柜从事经营活动，其与博格西尼服饰公司在经营业务上具有实际的继受关系。因在先商标使用人的继受者可主张商标在先使用抗辩，本案中博格西尼公司与博格西尼服饰公司有实际业务的继受关系，故其有权主张商标先用使用抗辩。

综上，在对主体范围进行限定时，法院有各自不同的观点。然而，现大多数的法院观点是采纳上述的第二和第三个观点，即主体范围限定于在先使用人、商标申请日之前的被许可使用人以及继受人。

（2）在后使用的“商标”及“商品或服务”应与在先使用的商标及商品或服务“相同”或“基本相同”

对于在先使用的“商标”及“商品或服务”是否能延伸保护至近似商标或者

---

① 上海知识产权法院民事判决书，（2019）沪 73 民终 20 号。

② 上海知识产权法院民事判决书，（2017）沪 73 民终 65 号。

类似商品或者服务上存在争议。大部分观点认为在后使用的“商标”及“商品或服务”应与在先使用的商标及商品或服务“相同”或“基本相同”。

例如，在北京中创东方教育科技有限公司与北京市海淀区启航考试培训学校、北京市启航世纪科技发展有限公司侵害商标权纠纷一案[①]中，法院认为，在先使用人后续使用行为的合法性源于其在先的商标使用行为，因此，后续使用行为只能限于在先使用的商标及商品或服务，而不能延及未使用过的类似商品或服务上的近似商标。

因在先使用人自用行为的合法性源于其在先商标使用行为，故在其并未在类似商品或服务上使用过近似商标的情况下，后续使用行为显然无法延续到上述范围。但商标注册人禁用权的主要作用在于如何避免混淆误认的产生，而混淆误认既可能源于他人在相同商品或服务上使用相同商标，亦可能源于他人在类似商品或服务上使用近似商标。因此，禁用权的范围可以延及类似商品或服务上的近似商标，而在先使用无法延及类似商品或者服务。

(3)在后使用行为的规模不受在先使用规模的限制

大多数法院在判断在先使用抗辩中的原有范围内使用时，并不限定原有规模。因为如果该商标只能在一定规模范围内使用，超出范围将可能构成侵权，对于经营者来说，该商标不仅不可能为其带来更多的市场价值，反而增加成本以确保其经营规模控制在一定范围内以避免侵权风险，这一结果很可能使相当部分的经营者难有继续使用其商标的动机。相应地，其已获得商誉亦将难以延续，其基于商誉已获得或可能获得的利益将难以得到维护。[②]

(4)商誉所及的地域范围以及使用方式

商标法强调的是使用范围而非使用规模，因此，在确定原有范围时，应当主要考虑商标使用的地域范围和使用方式。

例如，在北京中创东方教育科技有限公司与北京市海淀区启航考试培训学校、北京市启航世纪科技发展有限公司侵害商标权一案[③]中，法院认为，一般而言，在先仅通过实体店铺销售商品或者提供服务的，在商标注册人申请商标注

---

① 北京知识产权法院民事判决书，(2015)京知民终字第588号。

② 北京知识产权法院民事判决书，(2015)京知民终字第588号。

③ 北京知识产权法院民事判决书，(2015)京知民终字第588号。

册或使用该商标后，又在原实体店铺影响范围之外的地域新设店铺或者拓展到互联网环境中销售商品、提供服务，则应当认定为超出了原有范围。此外，使用该商标的商品产能、经营规模等可以在个案中作为考虑因素。

综上，在该案中，法院认为，若在先使用人在商标注册上申请商标前其是在线下实体店经营的，若在商标注册人申请商标后扩展到互联网领域或者原实体店铺影响范围之外的地域新设店铺的，认定为超出了原有范围。

然而，本书认为，在现今的互联网时代，销售商标或者提供服务可覆盖全国的地域范围，且随着电商平台的普及，仅在特定区域内销售带来的利润会逐步减少。若限制在先使用人的地域范围和使用方式为线下方式，认为从线下拓展到线上属于超出原有范围的情况，则在先使用人势必无法立足于全球互联网为主流购物的时代，那么在先权利的抗辩条款将形同虚设。因而，上述案例中的观点有待商榷。

五、结语

综上所述，在商标侵权判断的理论和司法实践中，对商标近似和商品类似进行判定时，如何考虑混淆可能性存在争议。而在商标侵权的阻却中，对在先使用、描述性使用等抗辩在司法实践中所采纳的判定标准也有争议，这些均需要日后法律法规或者司法裁判予以明确。

第五节 企业名称权与商标权冲突的裁判标准

企业名称权与商标权受不同法律规制，即商标权由《商标法》规制，而企业名称权由《企业名称登记管理规定》规制。由于处于不同的管理体系，即使商标权人注册了某名称为商标，不同的企业经营者也可以将相同名称作为企业字号注册成企业名称。因此，在司法实践中，企业名称与商标之间会产生冲突，比如企业名称权人起诉商标权人使用与其字号相同的商标标识，企图攀附其商誉，从而获得竞争机会，切割了企业名称权人的市场，构成不正当竞争。而商标权人也会起诉企业名称权利人突出使用商标，构成商标侵权，或者即使没有突出使用,也构成不正当竞争。

可见,企业名称权与商标权之间的关系错综复杂,纵横交错。下文将分析法院是如何进行处理该种冲突的。

一、权利基础为商标权

作为拥有权利基础为商标权的商标权人,他人在使用企业名称中与其商标权形成的冲突分为两种情形。第一种情形为企业字号的突出使用,构成商标侵权。第二种情形为企业虽然未突出使用企业字号,但对企业名称的使用构成不正当竞争。

(一)企业字号突出使用,构成商标侵权

无论企业成立于商标注册前,还是成立于商标注册后,若企业突出使用其企业字号,构成商标性使用的,根据《商标法》第五十七条,商标权人可以主张该行为构成侵犯其商标权,向法院提出停止该商标性使用行为并主张损害赔偿。

在实务中,法院在审理该类案件中,首先判断被诉侵权人使用企业字号是否构成商标性使用,若法院认定是商标性使用行为,则审理该行为是否符合商标侵权的构成要件。商标侵权的构成要件为:(1)该突出使用的企业字号是否与商标相同或近似。(2)该字号所使用的商品或者服务与商标的商品或者服务是否类似。(3)该企业字号突出使用的行为是否容易产生混淆。

在上海张小泉刀剪总店与杭州张小泉集团有限公司商标侵权纠纷一案①中,法院认为,被告的企业名称为“上海张小泉刀剪总店”,虽然包装盒背面底部标明“上海张小泉刀剪总店”及其地址、电话等信息,但在其包装盒侧面标注有“中华老字号上海张小泉”字样,刀身一面显著标有“上海张小泉”字样。无论是字体大小,还是字体颜色,“中华老字号上海张小泉”以及“上海张小泉”字样都要比“上海张小泉刀剪总店”字样更加明显。因此,法院认定,被控侵权产品以及包装上均存在突出使用“上海张小泉”等字样的行为,侵犯了原告的“张小泉”商标权。

---

① 浙江省高级人民法院民事判决书,(2006)浙民三终字第78号。

(二)企业字号非突出使用,构成不正当竞争

公司登记主管机关登记企业名称时,该企业名称中的字号是否使用了他人的注册商标并不在审查范围内,因此,经依法登记的企业名称并不当然地不构成不正当竞争。①

根据《商标法》第五十八条,将他人注册商标、未注册的驰名商标作为企业名称中的字号使用,误导公众,构成不正当竞争行为的,依照《反不正当竞争法》处理。

从该条可知,企业字号虽非突出使用,但如果满足《商标法》第五十八条的构成要件,也可构成不正当竞争行为。但是,该条并没有指出适用《反不正当竞争法》的第几条处理,之前在司法实践中往往用《反不正当竞争法》的第二条作为《商标法》第五十八条的适用条款。

然而,在2022年出台的《最高人民法院关于适用〈中华人民共和国反不正当竞争法〉若干问题的解释》(以下简称《反不正当竞争法司法解释》)第十三条规定,将他人注册商标、未注册的驰名商标作为企业名称中的字号使用,误导公众,可以依照《反不正当竞争法》第六条第四项予以认定。该条沿袭了《商标法》第五十八条的表述,由此可知,如果一行为是《商标法》第五十八条所规制的,则应适用《反不正当竞争法》第六条第四项的兜底条款:"……经营者不得实施下列混淆行为,引人误认为是他人商品或者与他人存在特定联系:……(四)其他足以引人误认为是他人商品或者与他人存在特定联系的混淆行为。"

若企业虽以全称使用名称,但注册该企业时主观上为恶意攀附商标的商誉,且客观上引人误认为是他人商品或者与他人存在特定联系,产生混淆的,法院可认定该企业名称的使用构成对该商标的不正当竞争行为。若法院判定被告构成不正当竞争行为,对于原告诉请被告变更企业名称的主张一般均予以支持,除非该变更涉及了公共利益等情形。

在拉扎斯网络科技(上海)有限公司与饿了吗餐饮管理(北京)有限公司一案②中,法院认为,原告申请注册了"饿了么"商标,虽然涉案商标核定使用的商

---

① 安徽省高级人民法院民事判决书,(2018)皖民终409号。

② 北京市朝阳区人民法院民事判决书,(2019)京0105民初27107号。

品或服务并不与餐饮直接相关，但是饿了么外卖订餐平台与餐饮行业密切相关，原告及其关联公司与全国范围内众多的餐饮公司均有合作，涉案商标通过原告及其关联公司持续多年的广泛使用和宣传，至被告成立之时，已经在餐饮相关行业具有较高的市场知名度。

原告系列商标注册在先，而被告的字号“饿了吗”与原告注册商标相比，字形、读音和含义均极为相近，应当认定为近似标识。被告将与原告注册商标极为近似的“饿了吗”作为其字号登记注册企业名称，具有明显的主观恶意，客观上容易产生市场混淆，构成不正当竞争。无论被告是否规范使用其企业字号均难以避免相关公众造成混淆误认，故原告要求被告变更企业名称的诉讼请求，法院予以支持。

在安徽微信保健品有限公司（以下简称微信公司）、腾讯科技（深圳）有限公司（以下简称腾讯公司）侵害商标权纠纷一案[①]中，法院认为，原告腾讯公司的“微信”即时通信服务已经通过海量用户的长期使用与腾讯公司建立起稳定的联系，其“微信及图”商标标识也家喻户晓、广为人知。从字面意思看，“微信”二字与通讯、信息联系密切，而与保健品、食品饮料等商品毫无关联。

被告微信公司作为后成立的食品饮料类企业，在选择其企业名称中的字号时应对腾讯公司的即时通信服务名称“微信”“微信及图”商标中的文字部分进行合理避让，避免相关公众误认为微信公司与腾讯公司存在许可使用、关联企业等特定联系。微信公司主观上具有攀附腾讯公司“微信”即时通信服务和“微信及图”商标知名度的故意，违反了诚实信用和公平竞争原则，构成不正当竞争。

从上述两则案例可知，在企业名称对商标权构成不正当竞争时，法院会考虑该商标权的知名度情况、企业名称注册时是否有主观恶意、企业名称使用时是否产生混淆等因素。对于企业经营范围与商标核准注册的商品或者服务类别不一致的，如果商标知名度很高，法院认为企业注册时应合理避让，以免让相关公众误以为存在许可使用、关联企业等特定联系，上述“微信”案就诠释了这点。

---

① 安徽省高级人民法院民事判决书，(2018)皖民终409号。

二、权利基础为企业名称权

若权利人以企业名称权为权利基础进行维权，存在以下两种侵权救济方式。第一种：他人以该企业字号注册商标后使用，该行为可能构成不正当竞争。第二种：他人注册的企业名称中有相同的企业字号，该行为可能构成不正当竞争。

（一）使用商标行为侵犯企业名称权

企业名称注册时间在商标申请注册之前，若符合相关侵权构成要件，企业名称权利人可从行政程序以及民事程序两方面针对商标侵权行为进行维权。

1. 行政程序——异议和无效

《商标法》第三十二条规定，申请商标注册不得损害他人现有的在先权利，也不得以不正当手段抢先注册他人已经使用并有一定影响的商标。在商标行政授权确权程序中，企业名称权属于第三十二条中所述的在先权利。根据《商标法》第三十三条、第四十五条，损害在先权利的企业名称权，企业名称权利人可对注册商标提起异议或者申请无效宣告。

在企业名称权作为在先权利对商标主张异议或者无效宣告的，法院在审理时考虑的因素如下：(1)企业字号的知名度。(2)企业字号与商标的近似程度。(3)该企业字号所使用的商品或服务与商标指定商品或服务的类似程度。(4)商标申请人或者注册人的主观恶意。(5)相关公众在客观上是否发生混淆。

在周某与志邦厨柜股份有限公司（以下简称志邦公司）等商标异议复审行政纠纷一案[①]中，法院认为，首先，原告志邦公司的商号具有一定的知名度，应视为企业名称予以保护。其次，原告志邦公司主营的厨房家具、厨柜等产品与被告商标所指向商品的厨房电器类产品具有紧密的关联性。厨房家具与厨房电器面向共同的消费群体，无论是购买“整体橱柜”的消费者，还是分别购买厨柜等厨房家具和厨房电器的消费者，其面对基本相同的“志邦”标识，必然会产生二者来自同一主体或者有特定联系的主体的混淆。

---

① 最高人民法院行政裁定书，(2013)知行字第37号。

另外，法院认为被告申请被异议商标具有恶意。原告“志邦”字号具有较强的显著性，而被告从事的相关经营活动场所与原告同处一地，且被告以“志邦集成厨具”的名义销售产品，具有攀附志邦公司商誉的意图。综上，法院认为被告申请的商标侵犯了原告的在先企业名称权，不予核准注册。

2. 民事程序——不正当竞争

根据《反不正当竞争法》第六条，经营者不得实施下列混淆行为，引人误认为是他人商品或者与他人存在特定联系：擅自使用他人有一定影响的企业名称（包括简称、字号等）、社会组织名称（包括简称等）、姓名（包括笔名、艺名、译名等）。

受反不正当竞争法保护的企业名称，特别是字号，不同于一般意义上的人身权，是区别不同市场主体的商业标识，本质上属于一种财产权益。[①] 企业名称权利人若根据上述条文主张商标权人不正当竞争，需企业名称注册时间早于商标申请时间，且商标注册人为恶意等。关于侵犯企业名称权的具体侵权构成要件，本节第三部分会详述。

在广东伟雄集团有限公司、佛山市高明区正野电器实业有限公司（以下简称高明正野公司）、广东正野电器有限公司诉佛山市顺德区正野电器有限公司（以下简称顺德正野公司）、佛山市顺德区光大企业集团有限公司（以下简称顺德光大集团）不正当竞争纠纷一案[②]中，通过原告的广告宣传和相关商品的销售，“正野”字号及相关产品已具有一定的市场知名度，为相关公众所知悉，而被告顺德光大集团公司将“正野 ZHENGYE”注册商标许可顺德正野公司使用，生产经营家用电风扇、插头插座、空调器等。被告在其开关插座的宣传资料、宣传报刊、经销场所、价目表、包装盒、包装袋等的显著位置上使用“正野 ZHENGYE”字样商标，被告使用“正野 ZHENGYE”商标的该种行为，足以使相关公众对商品的来源产生误认，侵犯高明正野公司在先“正野”字号权益，构成不正当竞争。

---

① 最高人民法院民事判决书，(2008)民提字第36号。

② 最高人民法院民事判决书，(2008)民提字第36号。

(二)使用相同企业字号侵犯企业名称权

经过工商行政机关核准登记的企业名称虽然在形式上具有合法性,但如果在实质上构成对他人在先权利的侵害,就不应受到法律保护。[①] 因此,对于使用与企业名称权利人相同的字号,且有攀附企业名称权利人字号商誉的主观恶意等情形,可以根据《反不正当竞争法》第六条第二款,主张他人构成不正当竞争。

在杭州老板电器股份有限公司(以下简称老板电器公司)与杭州老板实业集团有限公司(以下简称老板实业公司)等侵害商标权、不正当竞争一案[②]中,法院认为,原告企业字号"老板"二字经过原告持续使用和广泛宣传,在家电产品领域已具有较高知名度,该"老板"字号属于具有较高的市场知名度、为相关公众所知悉的字号。

被告作为同业竞争者,在成立时理应知晓"老板"字号的知名度,却仍将"老板"作为其企业字号在我国香港特区申请注册并授权内地企业使用,其攀附他人"老板"字号知名度的主观恶意明显,客观上容易使相关公众误认为其与原告老板电器公司、老板实业公司存在关联关系。香港老板电器的行为表面上是使用其自身企业名称中的字号,但实质上侵害了老板电器公司、老板实业公司的企业名称权,构成不正当竞争行为,应予禁止。

三、侵犯企业名称权的侵权构成要件

《反不正当竞争法》第六条规定,经营者不得实施下列混淆行为,引人误认为是他人商品或者与他人存在特定联系:擅自使用他人有一定影响的企业名称(包括简称、字号等)、社会组织名称(包括简称等)、姓名(包括笔名、艺名、译名等)。

该条是企业名称权利人在主张企业名称、字号或者简称被侵犯时所依据的侵权法条,根据该法条以及相关的司法实践,在认定侵犯企业名称权构成不正当竞争时,应当考虑下列因素:(1)原告与被告之间是否存在竞争关系。(2)原告企业名称的知名度。(3)被告主观上是否有恶意。(4)客观上相关公众是否

---

① 浙江省高级人民法院民事判决书,(2018)浙民终20号。

② 浙江省高级人民法院民事判决书,(2018)浙民终20号。

发生混淆。

(一)原告与被告之间是否存在竞争关系

《反不正当竞争法》第六条中虽然未提及应有竞争关系,但是竞争关系贯穿反不正当竞争法始终,且在司法实践中,绝大多数法院认为审理反不正当竞争行为首先需要认定原被告之间是否存在构成竞争关系。

在司法实践中,反不正当竞争法中的竞争关系包括直接竞争关系和间接竞争关系。直接竞争关系是指对于同一产品的经营者之间的竞争关系。间接竞争关系是指原被告虽非同一产品的经营者,但若存在竞争行为,也可认定为竞争关系。而2022年出台的《反不正当竞争法司法解释》并不局限于上述竞争关系,该司法解释第二条规定,若在生产经营活动中存在可能的争夺交易机会、损害竞争优势等关系,则可认定具有竞争关系。在司法实践中,法院对竞争关系从宽解释。

以北京极科极客科技有限公司(以下简称极科极客公司)与北京爱奇艺科技有限公司(以下简称爱奇艺公司)不正当竞争纠纷一案①为例,法院认为,虽然被告和原告不是同一行业,但是被告利用"屏蔽视频广告"插件和"极路由"路由器屏蔽爱奇艺网站视频的片前广告,此行为必将吸引爱奇艺网站的用户采用上述方法屏蔽该网站视频片前广告,从而增加极科极客公司的商业利益,减少爱奇艺公司的视频广告收入,导致爱奇艺公司和极科极客公司在商业利益上此消彼长,使本不存在竞争关系的爱奇艺公司与极科极客公司因此形成了竞争关系。

(二)原告企业名称的知名度

《反不正当竞争法司法解释》第四条规定,具有一定的市场知名度并具有区别商品来源的显著特征的标识,人民法院可以认定为《反不正当竞争法》第六条规定的"有一定影响的"标识。

该条是对《反不正当竞争法》第六条中"有一定影响"的解释,即"有一定影

---

① 北京知识产权法院民事判决书,(2014)京知民终字第79号。

响”需要“具有一定的市场知名度”和“具有区别商品来源的显著特征的标识”。《反不正当竞争法司法解释》第四条第二款列出了人民法院认定具有一定的市场知名度时，应当综合考虑中国境内相关公众的知悉程度，商品销售的时间、区域、数额和对象，宣传的持续时间、程度和地域范围，标识受保护的情况等因素。另外，具有一定的市场知名度则意味着该企业名称应以在中国境内使用为前提。

（三）被告主观上是否有恶意

主观恶意是一种内在心理活动，司法实践中通常通过客观情况分析推定被告是否有主观恶意。若被告在申请商标或者注册企业名称时，申请的商标或者注册的字号与原告相同或者高度近似，且原告的企业名称已获得较高知名度，而被告亦明知应知原告的企业名称的存在，则可以推定被告意图不付出任何商务成本，有意攀附原告商誉，企图切割原告市场，获得交易机会的主观恶意。

在广东艾慕内衣有限公司（以下简称广东艾慕公司）与爱慕股份有限公司（以下简称爱慕公司）侵犯企业名称权纠纷一案[①]中，法院认为，“爱慕”作为爱慕公司的字号经过二十余年的持续使用，在内衣行业已为相关公众所熟知，具有较高知名度，属于具有一定影响的企业名称。广东艾慕公司作为内衣行业的同业经营者，在“爱慕”字号在业内具有较高知名度和影响力的情况下，仍将与“爱慕”呼叫完全相同、文字构成相近的“艾慕”作为企业字号登记注册并使用，具有借助他人知名字号市场声誉的主观意图，且足以误导公众，具有恶意，因此认定被告构成不正当竞争。

（四）相关公众在客观上是否发生混淆

《反不正当竞争法司法解释》第十二条第二款规定，《反不正当竞争法》第六条规定的“引人误认为是他人商品或者与他人存在特定联系”，包括误认为与他人具有商业联合、许可使用、商业冠名、广告代言等特定联系。该条对《反不正当竞争法》第六条的“引人误认为是他人商品或者与他人存在特定联系”的混淆

---

① 北京市高级人民法院民事判决书，（2020）京民终 194 号。

范围进行了扩大，即该混淆还包括认为与他人具有商业联合、许可使用、商业冠名、广告代言等特定联系的混淆。

对于相关公众是否在客观上发生混淆，法院在审理时主要考虑以下因素：(1)被告注册商标或者企业字号与原告企业字号的近似程度。(2)相关公众的一般注意力高低。(3)被告与原告经营范围是否近似，行业领域是否有重合。(4)被告与原告的所处地域是否重合或者接近。(5)原告的知名度、影响力。根据这些因素，法院可从法律上推定相关公众发生混淆的可能。①

四、结语

综上，很多文章在分析企业名称权与商标权冲突时，会从企业名称成立在商标注册的前后分别进行分析。本书另辟蹊径，从权利人的权利基础着手进行分析，抽丝剥茧，深入浅出，层次分别，更易于理解。

第六节　驰名商标的民事侵权裁判标准

驰名商标是指在中国境内为相关公众广为知晓的商标。② 驰名商标系商标中一类较为特殊的标识，由于其显著性和知名度极高，法律赋予驰名商标更强有力的保护。因而，在驰名商标的侵权案件中，其侵权裁判标准也不同于一般的普通注册商标。一般而言，驰名商标的侵权裁判标准如下：

(1)权利商标是否可依据按需认定原则认定驰名商标。

(2)权利商标是否能构成驰名商标。

(3)被诉侵权行为是否侵犯了驰名商标专用权。

一、权利商标是否可依据按需认定原则认定驰名商标

驰名商标的按需认定是指，法院根据审理案件中认定事实和适用法律的必

① 参见刘军、龙华中：《新〈不正当竞争法〉下，对企业名称保护做了哪些调整?》，载微信公众号“金杜研究院”2017 年 11 月 30 日，https://mp. weixin. qq. com/s/ih8UDjm3wZ80Ejil2YEneg。

② 参见《最高人民法院关于审理涉及驰名商标保护的民事纠纷案件应用法律若干问题的解释》第一条。

要性而对驰名商标进行的认定。[①] 换言之,并非当事人申请认定驰名商标,法院就会根据当事人的请求对驰名商标进行审查和认定。通常,法院将依据事实与法律的必要性来决定是否认定驰名商标。在司法实践中,涉及驰名商标按需认定的一般有以下几种情形。

(一)驰名商标若需跨类保护的可予以认定

通常,普通注册商标只能在相同或者类似的商品或者服务上进行保护,而驰名商标可以跨类保护。因此,权利人若需要在跨类商品或者服务上进行商标保护,则需要对其商标进行驰名商标的申请认定。若驰名商标认定成功,则可予以跨类保护。所以,跨类保护系驰名商标按需认定的情形之一。

例如,在广东百润茶业有限公司与景田侵害商标权纠纷、不正当竞争纠纷一案[②]中,原告景田公司请求对第 3407468 号"百岁山"商标进行驰名商标保护的认定,由于被诉侵权标识使用的商品类别是茶叶商品,与原告第 3407468 号"百岁山"商标赖以知名的"矿泉水"商品不属同一种或类似商品,因此,法院对第 3407468 号"百岁山"商标进行驰名商标的认定。

1. 构成相同或者类似商品或者服务的,不予认定驰名商标。若原告主张的商标与被诉标识构成相同或者类似商品或者服务,则权利商标可依据普通注册商标的侵权裁判标准进行维权,无须再对权利商标认定驰名商标。

例如,在乔治·阿玛尼有限公司、乔治·阿玛尼有限公司(米兰)瑞士门德里西奥分公司与北京斓峰轩商贸有限责任公司、北京丽衣天下商贸有限公司、北京芙蓉坊服装服饰有限公司侵害商标权纠纷、不正当竞争纠纷一案[③]中,法院认为,原告作为权利基础的涉案权利商标系核定使用在第二十五类的"服装"等商品上,被诉商标侵权行为系在第四十类"服装定制"服务上。虽然根据《类似商品和服务区分表》两者不属于类似商品或者服务,但是根据在案证据,结合日常生活经验可知,服装系服装定制服务的目的和成果,二者存在紧密的关联,且其消费群体、销售渠道存在一定的重合,故二者构成类似的商品或者服务。据

---

① 江西省南昌市中级人民法院民事判决书,(2020)赣 01 民初 588 号。

② 北京市高级人民法院民事判决书,(2022)京民终 277 号。

③ 北京知识产权法院民事判决书,(2017)京 73 民初 440 号。

此，本案不存在对涉案权利商标是否属于驰名商标进行认定的必要性，故法院对原告要求认定驰名商标的相应主张不予支持。

2. 若权利人除了权利商标外，存在与被诉标识属于相同或者类似商品或者服务的其他普通注册商标，则无须对权利商标认定驰名商标，但权利人依据普通注册商标进行维权无法获得充分救济的除外。

（1）裁判案例

在福耀玻璃工业集团股份有限公司与十堰飞友电气股份有限公司侵害商标权纠纷、不正当竞争纠纷一案①中，法院认为，我国驰名商标保护制度并非旨在授予荣誉称号。原告主张其在中国境内申请注册了四十五个商品全类别的商标，并自认为在被告服务范围的“配电柜、工程电器、家用电器”以及“电子商务”相关联的类别及商品或服务上均有注册商标，但本案不主张，仅试图通过涉案第 504675 号注册商标认定驰名商标进行跨类别保护，有违该制度之初衷。综合考虑以上因素，法院对涉案商标是否构成驰名商标的问题不予评述。

（2）权利人依据普通注册商标进行维权无法获得充分救济的可申请认定驰名商标

通常情况下，如果商标注册人在同一种或类似商品上注册的商标足以使其获得与驰名商标同等水平的保护，则无须再对商标权人提供驰名商标的保护。对于何为同等水平的保护，至少需要从停止侵权及赔偿损失两方面进行考量。如果商标注册人在同一种或类似商品上注册的商标仅能够制止侵权行为的发生，但无法获得经济损失赔偿，则此时应认定依据同一种或类似商品上注册的商标无法获得与驰名商标同等水平的保护，依据按需认定的原则，便有必要对商标注册人提供驰名商标的保护。②

例如，在索菲亚家居股份有限公司与吕某林、南阳市索菲亚集成吊顶有限公司、尹某荣侵害商标权纠纷、不正当竞争纠纷一案③中，法院认为，虽然法院已认定被诉行为构成对原告在第一类及第五类商品上注册的三个注册商标专用

---

① 湖北省武汉市中级人民法院民事判决书，(2017)鄂01民初101号。

② 北京知识产权法院民事判决书，(2014)京知民初字第143号。

③ 北京知识产权法院民事判决书，(2014)京知民初字第143号。

权的侵犯，但因原告并无证据证明上述商标已投入实际使用。因此，原告依据上述商标仅可以获得停止侵权的法律救济，但无法获得经济赔偿。

如果原告第174431号"M0BIL"商标、第174458号"美孚"商标构成驰名商标，且被诉行为确实损害原告上述驰名商标的权益，则原告不仅可以据此禁止各被告实施被诉行为，亦可以获得经济赔偿。鉴于此，法院认为，在该案中有必要对上述商标是否构成驰名商标进行认定。

（二）注册商标之间的冲突

1. 注册商标之间的冲突

根据《最高人民法院关于审理注册商标、企业名称与在先权利冲突的民事纠纷案件若干问题的规定》第一条第二款，原告以他人使用在核定商品上的注册商标与其在先的注册商标相同或者近似为由提起诉讼的，人民法院应当根据《民事诉讼法》第一百一十一条第三项的规定，告知原告向有关行政主管机关申请解决。

根据上述条文可知，注册商标之间的侵权诉讼，法院不予受理，权利人应当先去国家知识产权局对侵权的注册商标进行无效宣告等。

《最高人民法院关于审理涉及驰名商标保护的民事纠纷案件应用法律若干问题的解释》第十一条规定，"被告使用的注册商标违反商标法第十三条的规定，复制、摹仿或者翻译原告驰名商标，构成侵犯商标权的，人民法院应当根据原告的请求，依法判决禁止被告使用该商标，但被告的注册商标有下列情形之一的，人民法院对原告的请求不予支持：

（一）已经超过商标法第四十五条第一款规定的请求宣告无效期限的；

（二）被告提出注册申请时，原告的商标并不驰名的"。

根据上述法条可知，对于注册商标侵犯驰名商标的侵权案件，法院可以受理。因此，若是两个注册商标间的冲突问题，权利人主张被诉侵权人的注册商标侵犯其驰名商标的，法院应当受理并对该商标进行驰名的认定。

2. 被告恶意注册商标超过五年仍能禁止使用

《最高人民法院关于审理涉及驰名商标保护的民事纠纷案件应用法律若干问题的解释》第十一条规定，"被告使用的注册商标违反商标法第十三条的规定，复制、摹仿或者翻译原告驰名商标，构成侵犯商标权的，人民法院应当根据原告的请求，依法判决禁止被告使用该商标，但被告的注册商标有下列情形之一的，人民法院对原告的请求不予支持：

（一）已经超过商标法第四十五条第一款规定的请求宣告无效期限的……”

根据《商标法》第四十五条第一款规定："已经注册的商标，违反本法第十三条第二款和第三款、第十五条、第十六条第一款、第三十条、第三十一条、第三十二条规定的，自商标注册之日起五年内，在先权利人或者利害关系人可以请求商标评审委员会宣告该注册商标无效。对恶意注册的，驰名商标所有人不受五年的时间限制。"

根据上述条文可知，虽然《最高人民法院关于审理涉及驰名商标保护的民事纠纷案件应用法律若干问题的解释》规定被告注册商标超过五年的，人民法院不予支持原告禁止被告使用该注册商标的诉求。但是根据《商标法》第四十五条，若对于恶意注册的被诉商标，驰名商标权利人可以不受五年的时间限制。

因而，根据体系解释，若驰名商标权利人能够证明被诉商标是恶意注册，法院可对原告的商标进行驰名商标的认定并可判令被告禁止使用被诉商标。

（三）驰名商标与企业名称的冲突

根据《最高人民法院关于审理涉及驰名商标保护的民事纠纷案件应用法律若干问题的解释》第二条第二项的规定，在当事人以企业名称与其驰名商标相同或者近似为由，提起的侵犯商标权或者不正当竞争诉讼中，当事人以驰名商标作为事实根据，人民法院根据案件具体情况，认为确有必要的，对所涉商标是否驰名作出认定。

根据上述条文可知，若侵权人的企业名称与其驰名商标相同或者近似，权利人提起的商标侵权诉讼或者不正当竞争诉讼，需以驰名商标作为事实根据的，权利人可申请驰名商标的认定，法院根据案件具体情况可对所涉商标是否驰名作出认定。

例如，在江苏中信建设集团有限公司（以下简称江苏中信建设公司）与中国中信集团有限公司(以下简称中信公司)侵害商标权纠纷、不正当竞争纠纷一案[①]中,法院认为,通过原告中信公司提供的证据,可认定"中信"商标为驰名商标而加以特别保护。被告企业名称中的"中信"字号与原告中信公司在第三十六类注册的"中信"文字商标相同,且该商标在2002年7月被告"南通中信建设工程有限公司"注册成立时已具有较高知名度,广为相关公众所知晓。

被告公司经营的类别虽然与该商标不属于同一类别,但因原告中信公司的经营、投资业务遍及包括建筑工程、房地产在内的多个不同领域,而在金融服务类"中信"商标已达驰名程度的情况下,江苏中信建设公司和江苏中信建设南京分公司在企业名称中使用"中信"字号足以使相关公众对其提供服务的来源产生混淆。

综上,被告不正当地将原告中信公司在第三十六类在先注册的驰名商标作为字号注册登记为企业名称,无论是否突出使用均难以避免产生市场混淆或误认,其行为违反了公平竞争和诚实信用原则,构成不正当竞争。

另外,根据《北京市高级人民法院关于商标与使用企业名称冲突纠纷案件审理中若干问题的解答》第六条,商标与使用企业名称发生冲突,商标权人自企业名称登记之日起五年内未提出请求的,不予保护。对恶意将他人驰名商标注册为企业名称的,则不受五年的限制。由此可见,对于恶意注册为企业名称的,驰名商标所有人可以不受五年限制。

(四)对未注册驰名商标的认定

《商标法》第十三条第二款规定,就相同或者类似商品申请注册的商标是复制、摹仿或者翻译他人未在中国注册的驰名商标,容易导致混淆的,不予注册并禁止使用。

《最高人民法院关于审理涉及驰名商标保护的民事纠纷案件应用法律若干问题的解释》第十二条规定,"当事人请求保护的未注册驰名商标,属于商标法第十条、第十一条、第十二条规定不得作为商标使用或者注册情形的,人民法院不予支持"。

---

① 江苏省高级人民法院民事判决书,(2014)苏知民终字第229号。

根据上述条文可知，对于未注册的驰名商标，可在其相同或者类似的商品或者服务上予以保护，但该未注册驰名商标不能属于《商标法》第十条、第十一条、第十二条关于商标注册的绝对禁止条件的情形。满足以上条件的，法院可对未注册的商标是否驰名作出认定。

例如，在拉菲罗斯柴尔德酒庄与上海保醇实业发展有限公司、保正侵害商标权纠纷一案[①]中，法院认为，原告主张作为未注册驰名商标保护的"拉菲"商标使用的商品为第三十三类的葡萄酒，而本案被诉侵权商品亦为葡萄酒，故两者属于相同商品。因此，法院可对未注册驰名商标保护的"拉菲"商标进行驰名商标的认定。

（五）若被诉侵权行为不成立的，法院可不予审查权利商标是否驰名

根据《最高人民法院关于审理涉及驰名商标保护的民事纠纷案件应用法律若干问题的解释》第三条，"在下列民事纠纷案件中，人民法院对于所涉商标是否驰名不予审查：……（二）被诉侵犯商标权或者不正当竞争行为因不具备法律规定的其他要件而不成立的"。

由上述条文可知，若被诉侵权行为不成立，法院对商标是否驰名不予审查。

在北京阳光老年健康基金会（以下简称阳光基金会）、北京公明财富传承管理咨询有限公司（以下简称公明财富公司）与河北盈华律师事务所、王某琼侵害商标权纠纷一案[②]中，法院认为，虽然原告公明财富公司、阳光基金会认为其所主张的第12321937号和第12321975号"幸福留言"商标已构成驰名商标，但鉴于驰名商标的认定应遵循按需认定等原则，在本案已认定被告盈华律师事务所、王某琼的涉案行为本质上不属于商标法意义上的使用行为的情况下，已没有必要再就第12321937号和第12321975号"幸福留言"商标是否构成驰名商标作出认定。

综上所述，驰名商标按需认定是法院审理驰名商标案件中的第一步，按需认定原则亦系法院驰名商标认定中需遵循的原则之一。除了按需认定原则之外，法院在驰名商标认定中还需遵循被动认定原则和个案认定原则。被动认定

---

① 上海知识产权法院民事判决书，(2015)沪知民初字第518号。

② 北京知识产权法院民事判决书，(2017)京73民初1252号。

原则是指法院不能依职权进行驰名商标的认定，只能依据当事人的申请对驰名商标进行认定。个案认定原则是指法院对于驰名商标的认定只对该案有效，对其他案件没有效力，但可作为参考。

二、权利商标是否构成驰名商标

《商标法》第十四条第一款规定："驰名商标应当根据当事人的请求，作为处理涉及商标案件需要认定的事实进行认定。认定驰名商标应当考虑下列因素：(一)相关公众对该商标的知晓程度；(二)该商标使用的持续时间；(三)该商标的任何宣传工作的持续时间、程度和地理范围；(四)该商标作为驰名商标受保护的记录；(五)该商标驰名的其他因素。"

由此可见，对于权利商标是否构成驰名商标，需要考量该商标的知名度是否达到了驰名的程度。对于驰名商标的认定，法院会综合各种因素予以认定。

例如，在爱马仕国际(Hermes International)与山东沪港建业房地产开发有限公司(以下简称沪港建业公司)侵害商标权及不正当竞争纠纷一案[①]中，法院认为，关于原告涉案"爱马仕"商标是否已属驰名商标，从以下因素综合考量。

第一，相关公众对涉案两商标的知晓程度。爱马仕品牌连续多年入选"世界品牌500强""世界最佳品牌"榜单的前一百位，知名度极高，受到消费者的追捧，皮具类商品销售额巨大且连年增长。

第二，涉案商标实际使用及持续宣传的时间、程度和地理范围。原告的官方网站以及在中国境内开设的二十余家专卖店招牌，其宣传形式和范围涵盖了中国境内公开出版发行的四十余种时尚类期刊、书籍、主流报纸和互联网媒体等。

第三，涉案商标作为驰名商标受保护的记录。原告提交的多份判决书证明爱马仕商标构成驰名商标。

综上，法院认为原告爱马仕国际的"爱马仕"商标，已经持续使用近二十年，且经过原告及其关联公司的长期、广泛和大量地实际使用、宣传及推广，在中国境内具有极高的知名度和影响力，为相关公众广为知晓，构成注册驰名商标。

---

① 山东省高级人民法院民事判决书，(2022)鲁民终2582号。

另外,根据《最高人民法院关于审理涉及驰名商标保护的民事纠纷案件应用法律若干问题的解释》第五条:"当事人主张商标驰名的,应当根据案件具体情况,提供下列证据,证明被诉侵犯商标权发生时,其商标已属驰名:

(一)使用该商标的商品的市场份额、销售区域、利税等;

(二)该商标的持续使用时间;

(三)该商标的宣传或者促销活动的方式、持续时间、程度、资金投入和地域范围;

(四)该商标曾被作为驰名商标受保护的记录;

(五)该商标享有的市场声誉;

(六)证明该商标已属驰名的其他事实。"

因此,对于商标使用时间长短、行业排名、市场调查报告、市场价值评估报告、是否曾被认定为著名商标等证据,人民法院应当结合认定商标驰名的其他证据,客观、全面地进行审查。

《最高人民法院关于审理涉及驰名商标保护的民事纠纷案件应用法律若干问题的解释》对《商标法》第十四条第一款中认定驰名商标考量的因素进行了细化。在对驰名商标申请认定中,权利人可依据上述规则收集并提交知名度证据。

三、被诉侵权行为是否侵犯了驰名商标专用权

根据《商标法》第十三条,为相关公众所熟知的商标,持有人认为其权利受到侵害时,可以依照商标法请求驰名商标保护。

就相同或者类似商品申请注册的商标是复制、摹仿或者翻译他人未在中国注册的驰名商标,容易导致混淆的,不予注册并禁止使用。

就不相同或者不相类似商品申请注册的商标是复制、摹仿或者翻译他人已经在中国注册的驰名商标,误导公众,致使该驰名商标注册人的利益可能受到损害的,不予注册并禁止使用。

因而,若认定被诉侵权行为侵犯了权利人驰名商标专用权,需满足以下要件:

(1)被诉标识构成复制、摹仿或者翻译权利人的驰名商标。

(2)被诉标识使用的商品或服务在驰名商标所保护的范围内。

(3)被诉侵权行为造成混淆或者反淡化的损害后果。

另外,《商标法》第十三条可适用于商标行政确权程序和商标民事侵权程序,在对该条的适用中,商标行政确权程序与商标民事侵权程序的裁判标准基本相同。

(一)被诉标识构成复制、摹仿或者翻译权利人的驰名商标

对于普通注册商标,其裁判标准系被诉标识与注册商标是否相同或者近似。然而,对于驰名商标,其裁判标准是被诉标识是否构成复制、摹仿或者翻译权利人的驰名商标。

判断是否构成对驰名商标的摹仿、复制或翻译,与判断商标近似的标准并不相同。驰名商标由于其知名度高,显著性强,对其提供的保护强于普通商标。[①] 换言之,驰名商标的判定尺度比近似标准更宽泛。

例如,在美的集团股份有限公司诉原国家工商行政管理总局商标评审委员会无效宣告(商标)一案[②]中,法院认为,诉争商标由英文字母"Madem"及图构成,与引证商标三"美的 Midea"及图的英文部分在构成要素、图形结构、呼叫等方面基本相同;诉争商标的首字母"M"作为其主要识别特征,与引证商标三的"M"外观设计高度近似。因此,诉争商标构成对引证商标三的摹仿。

(诉争商标) (引证商标三)

(二)被诉标识使用的商品或服务在驰名商标保护的范围内

1. 跨类保护并非跨全类保护

虽然驰名商标可跨类保护,但并非跨全类进行保护。比如,在山东梦金园珠宝首饰有限公司(以下简称山东梦金园公司)诉国家知识产权局商标无效宣

① 北京知识产权法院行政判决书,(2017)京 73 行初 5881 号。

② 北京知识产权法院行政判决书,(2017)京 73 行初 5881 号。

告一案①中，法院认为，诉争商标核定使用的商品为第一类的“植物用微量元素制剂、土壤调节制剂、混合肥料、种植土、植物肥料等”等商品，引证商标二核定使用的商品为第十四类“银饰品、手镯（珠宝）”等，二者在功能用途、生产部门、销售渠道和服务特点、消费群体等方面均存在显著差别。即便认定引证商标二为驰名商标，相关公众对诉争商标与引证商标二所标识的商品来源产生误认的可能性甚小，诉争商标的注册和使用应不致误导公众进而损害山东梦金园公司的利益。因此，该驰名商标核定使用的商品为第十四类，不能跨类保护到诉争商标核定使用的第一类商品。

关于被诉商品或者服务的类别是否属于驰名商标保护的范围内，法院一般考虑以下因素：该驰名商标的显著程度；该驰名商标在使用被诉商标或者企业名称的商品的相关公众中的知晓程度；使用驰名商标的商品与使用被诉商标或者企业名称的商品之间的关联程度；相关公众是否会发生混淆等其他相关因素。

本书就被诉商品或者服务的类别属于驰名商标保护范围的情形，以及不属于驰名商标保护范围的情形举例说明如下。

(1)被诉商品或者服务的类别属于驰名商标保护范围的情形

在奋力食品有限公司（以下简称奋力公司）与捷豹路虎有限公司（以下简称路虎公司）侵害商标权纠纷一案②中，驰名商标为第十二类运载工具商品，被诉标识用于第三十二类饮料商品上。法院认为，被告奋力公司被诉标识所使用的商品虽然与原告路虎公司涉案注册商标核定使用的商品类别不同，但基于路虎公司涉案注册商标的显知性和长期大量使用，相关公众已将涉案注册商标与路虎公司建立起紧密联系。

相关公众看到被诉产品及被诉标识，容易误以为被诉行为获得了路虎公司的许可，或者误以为奋力公司与路虎公司之间具有控股、投资、合作等相当程度的联系，削弱了路虎公司涉案注册商标作为驰名商标所具有的显著性和良好商誉，损害路虎公司的利益。因此，法院认定奋力公司被诉行为误导公众，致使路虎公司的利益可能受到损害，从而构成商标侵权。

---

① 北京市高级人民法院行政判决书，(2021)京行终1033号。

② 广东省高级人民法院民事判决书，(2017)粤民终633号。

(2)被诉商品或者服务的类别不属于驰名商标保护范围的情形

在埃·雷米马丹公司诉国家知识产权局商标无效宣告一案[①]中,法院认为,诉争商标核定使用的折射望远镜、眼镜框等商品与雷米马丹公司"LOUISXIII""路易十三""人頭馬路易十三 LOUISXIIIDEREMYMARTIN"系列商标具有知名度的酒类商品在生产部门、功能用途、销售渠道、消费群体等方面均存在显著区别,上述商品所属行业跨类较大、关联度较弱、鲜有交叉,诉争商标使用在折射望远镜、眼镜框等商品上,不易产生误导公众并致埃·雷米马丹公司利益受损的后果。在此情况下,即使埃·雷米马丹公司的上述商标达到驰名程度,诉争商标的注册和使用亦不构成《商标法》第十三条第三款规定的情形。

2. 驰名商标的同类保护

根据《商标法》第十三条第三款,就不相同或者不相类似商品申请注册的商标是复制、摹仿或者翻译他人已经在中国注册的驰名商标,误导公众,致使该驰名商标注册人的利益可能受到损害的,不予注册并禁止使用。

对于被诉标识是注册商标,其与驰名商标的商品或者服务构成相同或者类似,那么驰名商标是否可适用上述规定,在相同或者类似商品或者服务上进行保护?

在路易威登马利蒂、王某、广州锐王皮具有限公司侵害商标权纠纷一案[②]中,法院认为,驰名商标保护的本质在于对驰名商标给予更强保护,既然《商标法》第十三条第三款对在非相同、非类似商品上的侵害商标权行为都可以通过认定驰名商标予以保护,举重以明轻,在相同和类似商品上当然可以给予驰名商标更强的保护。

司法实践中,对于《商标法》第十三条第三款可适用于相同或类似商品或者服务的观点已无争议。

(三)被诉侵权行为造成混淆或者反淡化的损害后果

《商标法》第十三条"误导公众,致使该驰名商标注册人的利益可能受到损害"主要从两个层面对驰名商标进行保护。第一个层面是足以使相关公众对使

---

① 最高人民法院行政裁定书,(2020)最高法行申 14160 号。

② 广东省高级人民法院民事判决书,(2019)粤民终 1857 号。

用驰名商标和被诉商标的商品来源产生误认,或者足以使相关公众认为使用驰名商标和诉争商标的经营者之间具有许可使用、关联企业关系等特定联系,即是否存在跨类混淆的问题。第二个层面是足以使相关公众认为诉争商标与驰名商标具有相当程度的联系,而减弱驰名商标的显著性,贬损驰名商标的市场声誉,或者不正当利用驰名商标的市场声誉。这主要是从制止减弱驰名商标显著性的行为(弱化行为)及贬损驰名商标的市场声誉的行为(丑化行为)亦可统称为制止淡化行为入手对驰名商标进行保护。[①]

以上所述的第一个层面为混淆理论,第二个层面为反淡化理论。对于在驰名商标侵权认定中,是适用混淆理论还是反淡化理论较有争议。

1. 适用混淆理论

"混淆"理论可体现在《商标法》第十三条,即为相关公众所熟知的商标,持有人认为其权利受到侵害时,可以依照本法规定请求驰名商标保护。

就相同或者类似商品申请注册的商标是复制、摹仿或者翻译他人未在中国注册的驰名商标,容易导致混淆的,不予注册并禁止使用。

就不相同或者不相类似商品申请注册的商标是复制、摹仿或者翻译他人已经在中国注册的驰名商标,误导公众,致使该驰名商标注册人的利益可能受到损害的,不予注册并禁止使用。

在兰州嘉伟商贸有限公司(以下简称嘉伟公司)、兰州文利文化传播有限公司与玉树藏族自治州三江源冬虫夏草科技股份有限公司(以下简称三江源股份公司)侵害商标权纠纷一案[②]中,法院认为,只有被控侵权商标误导公众,致使该驰名商标注册人的利益可能受到损害的,才能引起禁止使用的法律后果。因此,被告嘉伟公司注册的"三江源"文字商标能否引起相关公众的混淆、误导是本案必须审查的最为重要的环节。

本案中,嘉伟公司"三江源"文字商标的使用,足以使相关公众产生商品是同一主体提供,或者使用驰名商标的三江源股份公司和使用"三江源"文字商标的嘉伟公司之间具有许可使用、关联企业关系等特定联系,容易导致混淆,误导公众,致使三江源股份公司使用商标的经济利益或者商标的市场声誉可能受到

---

① 北京知识产权法院行政判决书,(2015)京知行初字第3422号。

② 甘肃省高级人民法院民事判决书,(2015)甘民三终字第18号。

损害，构成商标侵权。

2. 适用反淡化理论

“反淡化”理论可体现在《最高人民法院关于审理涉及驰名商标保护的民事纠纷案件应用法律若干问题的解释》中，该解释第九条规定：足以使相关公众认为被诉商标与驰名商标具有相当程度的联系，而减弱驰名商标的显著性、贬损驰名商标的市场声誉，或者不正当利用驰名商标的市场声誉的，属于《商标法》第十三条第三款规定的“误导公众，致使该驰名商标注册人的利益可能受到损害”。

由上述条款可知，损害已注册驰名商标专用权的三种情形是减弱驰名商标显著性、贬损驰名商标的市场声誉、不当利用驰名商标的市场声誉。

（1）减弱驰名商标的显著性

所谓减弱驰名商标的显著性是指，减弱驰名商标与其所有人在特定商品上形成唯一对应关系。驰名商标的价值源于上述显著性，因此，驰名商标制度旨在保护此种唯一对应关系免遭破坏。减弱驰名商标与特定商品的对应关系以及减弱驰名商标与其所有人的对应关系均属于上述减弱驰名商标显著性的类型。

如果诉争商标使用的商品并非其赖以驰名的商品，相关公众错误地认为源于驰名商标所有人，则驰名商标与其赖以驰名商品的唯一对应关系遭到破坏，驰名商标的显著性被减弱。如果诉争商标使用的商品并非其赖以驰名的商品，相关公众虽然认为驰名商标所有人不会提供该商品，亦不会对商品的来源产生混淆误认，但看到诉争商标会在相当程度上联想到驰名商标的所有人，则驰名商标和所有人之间唯一对应关系产生破坏，驰名商标的显著性被减弱。[①]

法院在认定诉争商标与驰名商标具有相当程度的联系并导致驰名商标的显著性减弱情形时会考虑以下因素：

①驰名商标的显著性和知名度。显著性越强、知名度越高，则该驰名商标的保护范围越宽，相关公众更容易将诉争商标与之建立联系，减弱唯一对应关系的可能性越大。

②相关公众的重合程度。判断诉争商标与驰名商标是否具有相当程度的

---

① 北京市高级人民法院民事判决书，（2016）京民终 544 号。

联系，且是否会减弱显著性，应当以诉争商标的相关公众的认知水平为基础。诉争商标的相关公众与驰名商标的相关公众重合程度将影响诉争商标相关公众的认知水平。如果重合程度高，则驰名商标的知名度更容易及于诉争商标的相关公众，相关公众看到诉争商标更容易联想到驰名商标。

③标志的近似程度，驰名商标权利人的经营情况以及诉争商标的使用方式，这些均会影响相关公众的认知水平。①

例如，在张某敏、北京北农国信科技发展有限公司、潍坊中科农业技术开发有限公司、张某丹与埃克森美孚公司侵害商标权纠纷一案②中，对于驰名商标的显著性和知名度这一要件，法院认为，“Mobil”“美孚”均为臆造词，具有较强的显著性。原告埃克森美孚公司的润滑油自 1973 年起就已经进入中国市场，一度在高端润滑油市场的份额居于榜首，并且埃克森美孚公司通过电视广告、赞助体育赛事等方式对其“Mobil”“美孚”润滑油产品进行长期广泛地宣传。因此，其第 174431 号“Mobil”商标以及第 174458 号“美孚”商标经过长期使用，已经具有极高知名度，为相关公众熟知。

关于相关公众的重合程度这一要件，法院认为，原告商标所核定使用润滑油商品的相关公众为车辆、机械的制造、销售者或维修、使用者。被诉商品农药化肥的相关公众为与农业生产相关的公众。由于车辆、机械是生产和生活中的常用工具，因此，两者的相关公众存在较高程度的重合。

关于标志的近似程度、驰名商标权利人的经营情况以及诉争商标的使用方式，法院认为，被控侵权行为涉及的商标为“美孚”“Mobil”，与原告埃克森美孚公司的驰名商标相同或者具有相同的显著识别部分，而且，由于埃克森美孚公司的“美孚”和“Mobil”商标经过大量使用形成稳定的对应关系，被控侵权产品同时使用了“美孚”和“Mobil”，更容易使相关公众将之与埃克森美孚公司的驰名商标建立联系。

综上，法院认定被控侵权行为破坏了“美孚”和“Mobil”与埃克森美孚公司在润滑油商品上的唯一对应关系，足以减弱驰名商标的显著性，构成侵害原告的驰名商标。

---

① 北京市高级人民法院民事判决书，（2016）京民终 544 号。

② 北京市高级人民法院民事判决书，（2016）京民终 544 号。

(2)贬损驰名商标的市场声誉

贬损驰名商标的市场声誉是指丑化驰名商标。例如,在路易威登马利蒂与潮州市潮安区凤塘镇威登路易陶瓷经营部侵害商标权纠纷、不正当竞争纠纷一案[①]中,法院认为,被告使用被诉标识的商品是坐便器,虽然与原告公司涉案注册商标"路易威登"商标的权利人核定使用的"箱包"等商品类别不同。但如前所述,基于原告涉案注册商标的显著性和长期大量使用,相关公众已将涉案注册商标与原告建立起紧密联系。相关公众看到被诉产品及被诉标识,容易误以为被诉行为已获得原告的许可,或者误以为原告与被诉产品的生产者之间具有相当程度的联系。

坐便器虽然系日常生活用品,但受我国传统文化的影响,在部分消费者的观念中,坐便器因其与排泄物相关的特性,往往难登大雅之堂。将与原告涉案商标构成高度近似的"路易威登"商标使用在坐便器商品上,可能会降低原告"路易威登"驰名商标在部分消费者心目中的形象,减少部分消费者对"路易威登"驰名商标的认同感,进而损害原告的合法利益。因此,被诉侵权行为已构成贬损原告"路易威登"驰名商标市场声誉的情形,应认定被诉行为误导公众,致使原告的利益受到损害,构成商标侵权。

由上述案例可知,虽然被诉标识的商品类别与驰名商标威登路易的商品类别相去甚远,但由于被诉标识的使用会丑化驰名商标,贬损驰名商标的市场声誉,因此构成商标侵权。

(3)不当利用驰名商标的市场声誉

若被告复制、摹仿、翻译原告驰名商标的目的是不正当利用驰名商标的市场声誉,以提高相关公众对其商品的认可度,增加交易机会,可认定构成侵犯商标权。

例如,在湖南省永和食品有限公司(以下简称永和公司)与北京字节跳动科技有限公司(以下简称字节跳动公司)侵害商标权纠纷一案[②]中,法院认为,被告永和公司的被控侵权行为,一方面,其不正当地利用了驰名商标"今日头条"的商业信誉来推销其商品;另一方面,被告永和公司此种在原有商标文字"今日头条"的基础上增添其他词汇从而产生带有戏谑性质新含义的使用方式,不但削

---

① 广州知识产权法院民事判决书,(2016)粤73民初918号。

② 北京市高级人民法院民事判决书,(2021)京民终89号。

弱了涉案商标的显著性,更贬损了涉案商标的市场声誉。被告永和公司的前述使用行为极易使相关公众认为被控侵权产品与涉案商标或其权利人具有相当程度的联系,从而减弱了涉案驰名商标的显著性,且不正当利用涉案驰名商标的市场声誉。因此,被告永和公司的前述行为侵犯了字节跳动公司涉案驰名商标的专用权。

再如,在小米科技有限责任公司、小米通讯技术有限公司与上海寻梦信息技术有限公司、周某均侵害商标权纠纷、不正当竞争纠纷一案①中,法院认为,被告周某均在其开设的涉案店铺中销售涉案浴霸、暖风机、平板灯、凉霸四种被诉侵权商品时,在商品名称、商品图片、商品详情页面多处突出使用"小米""小米家浴霸""小米家风暖""小米家用平板灯""小米家用凉霸"等标识。该些标识完全使用了原告的涉案"小米"商标,属于在不相同或者不相类似商品复制、摹仿原告已经注册的涉案"小米"驰名商标,不正当地利用"小米"驰名商标的市场声誉,误导公众,损害了驰名商标权利人的利益,应当认定构成商标侵权。

3. 适用"混淆 + 反淡化"

有些法院在认定侵犯驰名商标专用权时,会同时考量混淆理论和反淡化理论。例如,在胡某忠诉原国家工商行政管理总局商标评审委员会商标无效宣告一案②中,法院认为,在诉争商标申请注册之前,雷士公司在先注册的引证商标二在照明器等商品上具有极高知名度,已达到驰名程度,诉争商标指定使用在浴用加热器、饮水机、龙头等上述六项商品上,容易导致相关公众对商品来源产生混淆或误认,致使雷士公司的引证商标二被淡化,从而损害雷士公司的合法利益。

四、结语

综上所述,权利人在商标民事侵权案件中除了申请驰名商标的认定以获得保护外,在商标行政授权确权案件以及行政违法案件中亦可申请认定驰名商标以获得保护。权利人在获得驰名商标认定后,根据《商标法》相关规定,不得将"驰名商标"字样用于商品、商品包装或者容器上,或者用于广告宣传、展览以及其他商业活动中。

---

① 上海知识产权法院民事判决书,(2021)沪73民初450号。

② 北京知识产权法院行政判决书,(2015)京知行初字第803号。

本章附录　中华人民共和国商标法(2019修正)

中华人民共和国商标法

(1982年8月23日第五届全国人民代表大会常务委员会第二十四次会议通过　根据1993年2月22日第七届全国人民代表大会常务委员会第三十次会议《关于修改〈中华人民共和国商标法〉的决定》第一次修正　根据2001年10月27日第九届全国人民代表大会常务委员会第二十四次会议《关于修改〈中华人民共和国商标法〉的决定》第二次修正　根据2013年8月30日第十二届全国人民代表大会常务委员会第四次会议《关于修改〈中华人民共和国商标法〉的决定》第三次修正　根据2019年4月23日第十三届全国人民代表大会常务委员会第十次会议《关于修改〈中华人民共和国建筑法〉等八部法律的决定》第四次修正)

目　　录

第一章　总　　则

第一条　为了加强商标管理,保护商标专用权,促使生产、经营者保证商品和服务质量，维护商标信誉，以保障消费者和生产、经营者的利益，促进社会主义市场经济的发展，特制定本法。

第二条 国务院工商行政管理部门商标局主管全国商标注册和管理的工作。

国务院工商行政管理部门设立商标评审委员会，负责处理商标争议事宜。

第三条 经商标局核准注册的商标为注册商标，包括商品商标、服务商标和集体商标、证明商标；商标注册人享有商标专用权，受法律保护。

本法所称集体商标，是指以团体、协会或者其他组织名义注册，供该组织成员在商事活动中使用，以表明使用者在该组织中的成员资格的标志。

本法所称证明商标，是指由对某种商品或者服务具有监督能力的组织所控制，而由该组织以外的单位或者个人使用于其商品或者服务，用以证明该商品或者服务的原产地、原料、制造方法、质量或者其他特定品质的标志。

集体商标、证明商标注册和管理的特殊事项，由国务院工商行政管理部门规定。

第四条 自然人、法人或者其他组织在生产经营活动中，对其商品或者服务需要取得商标专用权的，应当向商标局申请商标注册。不以使用为目的的恶意商标注册申请，应当予以驳回。

本法有关商品商标的规定，适用于服务商标。

第五条 两个以上的自然人、法人或者其他组织可以共同向商标局申请注册同一商标，共同享有和行使该商标专用权。

第六条 法律、行政法规规定必须使用注册商标的商品，必须申请商标注册，未经核准注册的，不得在市场销售。

第七条 申请注册和使用商标，应当遵循诚实信用原则。

商标使用人应当对其使用商标的商品质量负责。各级工商行政管理部门应当通过商标管理，制止欺骗消费者的行为。

第八条 任何能够将自然人、法人或者其他组织的商品与他人的商品区别开的标志，包括文字、图形、字母、数字、三维标志、颜色组合和声音等，以及上述要素的组合，均可以作为商标申请注册。

第九条 申请注册的商标，应当有显著特征，便于识别，并不得与他人在先取得的合法权利相冲突。

商标注册人有权标明“注册商标”或者注册标记。

第十条 下列标志不得作为商标使用：

（一）同中华人民共和国的国家名称、国旗、国徽、国歌、军旗、军徽、军歌、勋章等相同或者近似的，以及同中央国家机关的名称、标志、所在地特定地点的名称或者标志性建筑物的名称、图形相同的；

（二）同外国的国家名称、国旗、国徽、军旗等相同或者近似的，但经该国政府同意的除外；

（三）同政府间国际组织的名称、旗帜、徽记等相同或者近似的，但经该组织同意或者不易误导公众的除外；

（四）与表明实施控制、予以保证的官方标志、检验印记相同或者近似的，但经授权的除外；

（五）同“红十字”、“红新月”的名称、标志相同或者近似的；

（六）带有民族歧视性的；

（七）带有欺骗性，容易使公众对商品的质量等特点或者产地产生误认的；

（八）有害于社会主义道德风尚或者有其他不良影响的。

县级以上行政区划的地名或者公众知晓的外国地名，不得作为商标。但是，地名具有其他含义或者作为集体商标、证明商标组成部分的除外；已经注册的使用地名的商标继续有效。

第十一条 下列标志不得作为商标注册：

（一）仅有本商品的通用名称、图形、型号的；

（二）仅直接表示商品的质量、主要原料、功能、用途、重量、数量及其他特点的；

（三）其他缺乏显著特征的。

前款所列标志经过使用取得显著特征，并便于识别的，可以作为商标注册。

第十二条 以三维标志申请注册商标的，仅由商品自身的性质产生的形状、为获得技术效果而需有的商品形状或者使商品具有实质性价值的形状，不得注册。

第十三条 为相关公众所熟知的商标，持有人认为其权利受到侵害时，可以依照本法规定请求驰名商标保护。

就相同或者类似商品申请注册的商标是复制、摹仿或者翻译他人未在中国注册的驰名商标,容易导致混淆的,不予注册并禁止使用。

就不相同或者不相类似商品申请注册的商标是复制、摹仿或者翻译他人已经在中国注册的驰名商标,误导公众,致使该驰名商标注册人的利益可能受到损害的,不予注册并禁止使用。

第十四条 驰名商标应当根据当事人的请求,作为处理涉及商标案件需要认定的事实进行认定。认定驰名商标应当考虑下列因素:

(一)相关公众对该商标的知晓程度;

(二)该商标使用的持续时间;

(三)该商标的任何宣传工作的持续时间、程度和地理范围;

(四)该商标作为驰名商标受保护的记录;

(五)该商标驰名的其他因素。

在商标注册审查、工商行政管理部门查处商标违法案件过程中,当事人依照本法第十三条规定主张权利的,商标局根据审查、处理案件的需要,可以对商标驰名情况作出认定。

在商标争议处理过程中,当事人依照本法第十三条规定主张权利的,商标评审委员会根据处理案件的需要,可以对商标驰名情况作出认定。

在商标民事、行政案件审理过程中,当事人依照本法第十三条规定主张权利的,最高人民法院指定的人民法院根据审理案件的需要,可以对商标驰名情况作出认定。

生产、经营者不得将“驰名商标”字样用于商品、商品包装或者容器上,或者用于广告宣传、展览以及其他商业活动中。

第十五条 未经授权,代理人或者代表人以自己的名义将被代理人或者被代表人的商标进行注册,被代理人或者被代表人提出异议的,不予注册并禁止使用。

就同一种商品或者类似商品申请注册的商标与他人在先使用的未注册商标相同或者近似,申请人与该他人具有前款规定以外的合同、业务往来关系或者其他关系而明知该他人商标存在,该他人提出异议的,不予注册。

第十六条　商标中有商品的地理标志，而该商品并非来源于该标志所标示的地区，误导公众的，不予注册并禁止使用；但是，已经善意取得注册的继续有效。

前款所称地理标志，是指标示某商品来源于某地区，该商品的特定质量、信誉或者其他特征，主要由该地区的自然因素或者人文因素所决定的标志。

第十七条　外国人或者外国企业在中国申请商标注册的，应当按其所属国和中华人民共和国签订的协议或者共同参加的国际条约办理，或者按对等原则办理。

第十八条　申请商标注册或者办理其他商标事宜，可以自行办理，也可以委托依法设立的商标代理机构办理。

外国人或者外国企业在中国申请商标注册和办理其他商标事宜的，应当委托依法设立的商标代理机构办理。

第十九条　商标代理机构应当遵循诚实信用原则，遵守法律、行政法规，按照被代理人的委托办理商标注册申请或者其他商标事宜；对在代理过程中知悉的被代理人的商业秘密，负有保密义务。

委托人申请注册的商标可能存在本法规定不得注册情形的，商标代理机构应当明确告知委托人。

商标代理机构知道或者应当知道委托人申请注册的商标属于本法第四条、第十五条和第三十二条规定情形的，不得接受其委托。

商标代理机构除对其代理服务申请商标注册外，不得申请注册其他商标。

第二十条　商标代理行业组织应当按照章程规定，严格执行吸纳会员的条件，对违反行业自律规范的会员实行惩戒。商标代理行业组织对其吸纳的会员和对会员的惩戒情况，应当及时向社会公布。

第二十一条　商标国际注册遵循中华人民共和国缔结或者参加的有关国际条约确立的制度，具体办法由国务院规定。

第二章　商标注册的申请

第二十二条　商标注册申请人应当按规定的商品分类表填报使用商标的商品类别和商品名称，提出注册申请。

商标注册申请人可以通过一份申请就多个类别的商品申请注册同一商标。

商标注册申请等有关文件,可以以书面方式或者数据电文方式提出。

第二十三条 注册商标需要在核定使用范围之外的商品上取得商标专用权的,应当另行提出注册申请。

第二十四条 注册商标需要改变其标志的,应当重新提出注册申请。

第二十五条 商标注册申请人自其商标在外国第一次提出商标注册申请之日起六个月内,又在中国就相同商品以同一商标提出商标注册申请的,依照该外国同中国签订的协议或者共同参加的国际条约,或者按照相互承认优先权的原则,可以享有优先权。

依照前款要求优先权的,应当在提出商标注册申请的时候提出书面声明,并且在三个月内提交第一次提出的商标注册申请文件的副本;未提出书面声明或者逾期未提交商标注册申请文件副本的,视为未要求优先权。

第二十六条 商标在中国政府主办的或者承认的国际展览会展出的商品上首次使用的,自该商品展出之日起六个月内,该商标的注册申请人可以享有优先权。

依照前款要求优先权的,应当在提出商标注册申请的时候提出书面声明,并且在三个月内提交展出其商品的展览会名称、在展出商品上使用该商标的证据、展出日期等证明文件;未提出书面声明或者逾期未提交证明文件的,视为未要求优先权。

第二十七条 为申请商标注册所申报的事项和所提供的材料应当真实、准确、完整。

第三章 商标注册的审查和核准

第二十八条 对申请注册的商标,商标局应当自收到商标注册申请文件之日起九个月内审查完毕,符合本法有关规定的,予以初步审定公告。

第二十九条 在审查过程中,商标局认为商标注册申请内容需要说明或者修正的,可以要求申请人做出说明或者修正。申请人未做出说明或者修正的,不影响商标局做出审查决定。

第三十条 申请注册的商标,凡不符合本法有关规定或者同他人在同一种商品或者类似商品上已经注册的或者初步审定的商标相同或者近似的，由商标局驳回申请，不予公告。

第三十一条　两个或者两个以上的商标注册申请人，在同一种商品或者类似商品上，以相同或者近似的商标申请注册的，初步审定并公告申请在先的商标；同一天申请的，初步审定并公告使用在先的商标，驳回其他人的申请，不予公告。

第三十二条　申请商标注册不得损害他人现有的在先权利，也不得以不正当手段抢先注册他人已经使用并有一定影响的商标。

第三十三条　对初步审定公告的商标，自公告之日起三个月内，在先权利人、利害关系人认为违反本法第十三条第二款和第三款、第十五条、第十六条第一款、第三十条、第三十一条、第三十二条规定的，或者任何人认为违反本法第四条、第十条、第十一条、第十二条、第十九条第四款规定的，可以向商标局提出异议。公告期满无异议的，予以核准注册，发给商标注册证，并予公告。

第三十四条　对驳回申请、不予公告的商标，商标局应当书面通知商标注册申请人。商标注册申请人不服的，可以自收到通知之日起十五日内向商标评审委员会申请复审。商标评审委员会应当自收到申请之日起九个月内做出决定，并书面通知申请人。有特殊情况需要延长的，经国务院工商行政管理部门批准，可以延长三个月。当事人对商标评审委员会的决定不服的，可以自收到通知之日起三十日内向人民法院起诉。

第三十五条　对初步审定公告的商标提出异议的，商标局应当听取异议人和被异议人陈述事实和理由，经调查核实后，自公告期满之日起十二个月内做出是否准予注册的决定，并书面通知异议人和被异议人。有特殊情况需要延长的，经国务院工商行政管理部门批准，可以延长六个月。

商标局做出准予注册决定的，发给商标注册证，并予公告。异议人不服的，可以依照本法第四十四条、第四十五条的规定向商标评审委员会请求宣告该注册商标无效。

商标局做出不予注册决定，被异议人不服的，可以自收到通知之日起十五日内向商标评审委员会申请复审。商标评审委员会应当自收到申请之日起十二个月内做出复审决定，并书面通知异议人和被异议人。有特殊情况需要延长的，经国务院工商行政管理部门批准，可以延长六个月。被异议人对商标评审委员会的决定不服的，可以自收到通知之日起三十日内向人民法院起诉。人民法院应当通知异议人作为第三人参加诉讼。

商标评审委员会在依照前款规定进行复审的过程中，所涉及的在先权利的确定必须以人民法院正在审理或者行政机关正在处理的另一案件的结果为依据的，可以中止审查。中止原因消除后，应当恢复审查程序。

第三十六条 法定期限届满，当事人对商标局做出的驳回申请决定、不予注册决定不申请复审或者对商标评审委员会做出的复审决定不向人民法院起诉的，驳回申请决定、不予注册决定或者复审决定生效。

经审查异议不成立而准予注册的商标，商标注册申请人取得商标专用权的时间自初步审定公告三个月期满之日起计算。自该商标公告期满之日起至准予注册决定做出前，对他人在同一种或者类似商品上使用与该商标相同或者近似的标志的行为不具有追溯力；但是，因该使用人的恶意给商标注册人造成的损失，应当给予赔偿。

第三十七条 对商标注册申请和商标复审申请应当及时进行审查。

第三十八条 商标注册申请人或者注册人发现商标申请文件或者注册文件有明显错误的，可以申请更正。商标局依法在其职权范围内作出更正，并通知当事人。

前款所称更正错误不涉及商标申请文件或者注册文件的实质性内容。

第四章 注册商标的续展、变更、转让和使用许可

第三十九条 注册商标的有效期为十年，自核准注册之日起计算。

第四十条 注册商标有效期满，需要继续使用的，商标注册人应当在期满前十二个月内按照规定办理续展手续；在此期间未能办理的，可以给予六个月的宽展期。每次续展注册的有效期为十年，自该商标上一届有效期满次日起计算。期满未办理续展手续的，注销其注册商标。

商标局应当对续展注册的商标予以公告。

第四十一条 注册商标需要变更注册人的名义、地址或者其他注册事项的，应当提出变更申请。

第四十二条　转让注册商标的,转让人和受让人应当签订转让协议,并共同向商标局提出申请。受让人应当保证使用该注册商标的商品质量。

转让注册商标的,商标注册人对其在同一种商品上注册的近似的商标,或者在类似商品上注册的相同或者近似的商标,应当一并转让。

对容易导致混淆或者有其他不良影响的转让,商标局不予核准,书面通知申请人并说明理由。

转让注册商标经核准后,予以公告。受让人自公告之日起享有商标专用权。

第四十三条　商标注册人可以通过签订商标使用许可合同,许可他人使用其注册商标。许可人应当监督被许可人使用其注册商标的商品质量。被许可人应当保证使用该注册商标的商品质量。

经许可使用他人注册商标的,必须在使用该注册商标的商品上标明被许可人的名称和商品产地。

许可他人使用其注册商标的,许可人应当将其商标使用许可报商标局备案,由商标局公告。商标使用许可未经备案不得对抗善意第三人。

第五章　注册商标的无效宣告

第四十四条　已经注册的商标,违反本法第四条、第十条、第十一条、第十二条、第十九条第四款规定的,或者是以欺骗手段或者其他不正当手段取得注册的,由商标局宣告该注册商标无效;其他单位或者个人可以请求商标评审委员会宣告该注册商标无效。

商标局做出宣告注册商标无效的决定,应当书面通知当事人。当事人对商标局的决定不服的,可以自收到通知之日起十五日内向商标评审委员会申请复审。商标评审委员会应当自收到申请之日起九个月内做出决定,并书面通知当事人。有特殊情况需要延长的,经国务院工商行政管理部门批准,可以延长三个月。当事人对商标评审委员会的决定不服的,可以自收到通知之日起三十日内向人民法院起诉。

其他单位或者个人请求商标评审委员会宣告注册商标无效的,商标评审委员会收到申请后,应当书面通知有关当事人,并限期提出答辩。商标评审委员会应当自收到申请之日起九个月内做出维持注册商标或者宣告注册商标无效的裁定,并书面通知当事人。有特殊情况需要延长的,经国务院工商行政管理部门批准,可以延长三个月。当事人对商标评审委员会的裁定不服的,可以自收到通知之日起三十日内向人民法院起诉。人民法院应当通知商标裁定程序的对方当事人作为第三人参加诉讼。

第四十五条 已经注册的商标,违反本法第十三条第二款和第三款、第十五条、第十六条第一款、第三十条、第三十一条、第三十二条规定的,自商标注册之日起五年内,在先权利人或者利害关系人可以请求商标评审委员会宣告该注册商标无效。对恶意注册的,驰名商标所有人不受五年的时间限制。

商标评审委员会收到宣告注册商标无效的申请后,应当书面通知有关当事人,并限期提出答辩。商标评审委员会应当自收到申请之日起十二个月内做出维持注册商标或者宣告注册商标无效的裁定,并书面通知当事人。有特殊情况需要延长的,经国务院工商行政管理部门批准,可以延长六个月。当事人对商标评审委员会的裁定不服的,可以自收到通知之日起三十日内向人民法院起诉。人民法院应当通知商标裁定程序的对方当事人作为第三人参加诉讼。

商标评审委员会在依照前款规定对无效宣告请求进行审查的过程中,所涉及的在先权利的确定必须以人民法院正在审理或者行政机关正在处理的另一案件的结果为依据的,可以中止审查。中止原因消除后,应当恢复审查程序。

第四十六条 法定期限届满,当事人对商标局宣告注册商标无效的决定不申请复审或者对商标评审委员会的复审决定、维持注册商标或者宣告注册商标无效的裁定不向人民法院起诉的,商标局的决定或者商标评审委员会的复审决定、裁定生效。

第四十七条 依照本法第四十四条、第四十五条的规定宣告无效的注册商标,由商标局予以公告,该注册商标专用权视为自始即不存在。

宣告注册商标无效的决定或者裁定,对宣告无效前人民法院做出并已执行的商标侵权案件的判决、裁定、调解书和工商行政管理部门做出并已执行的商标侵权案件的处理决定以及已经履行的商标转让或者使用许可合同不具有追溯力。但是,因商标注册人的恶意给他人造成的损失,应当给予赔偿。

依照前款规定不返还商标侵权赔偿金、商标转让费、商标使用费，明显违反公平原则的，应当全部或者部分返还。

第六章　商标使用的管理

第四十八条　本法所称商标的使用，是指将商标用于商品、商品包装或者容器以及商品交易文书上，或者将商标用于广告宣传、展览以及其他商业活动中，用于识别商品来源的行为。

第四十九条　商标注册人在使用注册商标的过程中，自行改变注册商标、注册人名义、地址或者其他注册事项的，由地方工商行政管理部门责令限期改正；期满不改正的，由商标局撤销其注册商标。

注册商标成为其核定使用的商品的通用名称或者没有正当理由连续三年不使用的，任何单位或者个人可以向商标局申请撤销该注册商标。商标局应当自收到申请之日起九个月内做出决定。有特殊情况需要延长的，经国务院工商行政管理部门批准，可以延长三个月。

第五十条　注册商标被撤销、被宣告无效或者期满不再续展的，自撤销、宣告无效或者注销之日起一年内，商标局对与该商标相同或者近似的商标注册申请，不予核准。

第五十一条　违反本法第六条规定的，由地方工商行政管理部门责令限期申请注册，违法经营额五万元以上的，可以处违法经营额百分之二十以下的罚款，没有违法经营额或者违法经营额不足五万元的，可以处一万元以下的罚款。

第五十二条　将未注册商标冒充注册商标使用的，或者使用未注册商标违反本法第十条规定的，由地方工商行政管理部门予以制止，限期改正，并可以予以通报，违法经营额五万元以上的，可以处违法经营额百分之二十以下的罚款，没有违法经营额或者违法经营额不足五万元的，可以处一万元以下的罚款。

第五十三条　违反本法第十四条第五款规定的，由地方工商行政管理部门责令改正，处十万元罚款。

第五十四条　对商标局撤销或者不予撤销注册商标的决定，当事人不服的，可以自收到通知之日起十五日内向商标评审委员会申请复审。商标评审委员会应当自收到申请之日起九个月内做出决定，并书面通知当事人。有特殊情况需要延长的,经国务院工商行政管理部门批准,可以延长三个月。当事人对商标评审委员会的决定不服的,可以自收到通知之日起三十日内向人民法院起诉。

第五十五条 法定期限届满,当事人对商标局做出的撤销注册商标的决定不申请复审或者对商标评审委员会做出的复审决定不向人民法院起诉的,撤销注册商标的决定、复审决定生效。

被撤销的注册商标,由商标局予以公告,该注册商标专用权自公告之日起终止。

第七章 注册商标专用权的保护

第五十六条 注册商标的专用权,以核准注册的商标和核定使用的商品为限。

第五十七条 有下列行为之一的,均属侵犯注册商标专用权:

(一)未经商标注册人的许可,在同一种商品上使用与其注册商标相同的商标的;

(二)未经商标注册人的许可,在同一种商品上使用与其注册商标近似的商标,或者在类似商品上使用与其注册商标相同或者近似的商标,容易导致混淆的;

(三)销售侵犯注册商标专用权的商品的;

(四)伪造、擅自制造他人注册商标标识或者销售伪造、擅自制造的注册商标标识的;

(五)未经商标注册人同意,更换其注册商标并将该更换商标的商品又投入市场的;

(六)故意为侵犯他人商标专用权行为提供便利条件,帮助他人实施侵犯商标专用权行为的;

(七)给他人的注册商标专用权造成其他损害的。

第五十八条 将他人注册商标、未注册的驰名商标作为企业名称中的字号使用,误导公众,构成不正当竞争行为的,依照《中华人民共和国反不正当竞争法》处理。

第五十九条 注册商标中含有的本商品的通用名称、图形、型号，或者直接表示商品的质量、主要原料、功能、用途、重量、数量及其他特点，或者含有的地名，注册商标专用权人无权禁止他人正当使用。

三维标志注册商标中含有的商品自身的性质产生的形状、为获得技术效果而需有的商品形状或者使商品具有实质性价值的形状，注册商标专用权人无权禁止他人正当使用。

商标注册人申请商标注册前，他人已经在同一种商品或者类似商品上先于商标注册人使用与注册商标相同或者近似并有一定影响的商标的，注册商标专用权人无权禁止该使用人在原使用范围内继续使用该商标，但可以要求其附加适当区别标识。

第六十条 有本法第五十七条所列侵犯注册商标专用权行为之一，引起纠纷的，由当事人协商解决；不愿协商或者协商不成的，商标注册人或者利害关系人可以向人民法院起诉，也可以请求工商行政管理部门处理。

工商行政管理部门处理时，认定侵权行为成立的，责令立即停止侵权行为，没收、销毁侵权商品和主要用于制造侵权商品、伪造注册商标标识的工具，违法经营额五万元以上的，可以处违法经营额五倍以下的罚款，没有违法经营额或者违法经营额不足五万元的，可以处二十五万元以下的罚款。对五年内实施两次以上商标侵权行为或者有其他严重情节的，应当从重处罚。销售不知道是侵犯注册商标专用权的商品，能证明该商品是自己合法取得并说明提供者的，由工商行政管理部门责令停止销售。

对侵犯商标专用权的赔偿数额的争议，当事人可以请求进行处理的工商行政管理部门调解，也可以依照《中华人民共和国民事诉讼法》向人民法院起诉。经工商行政管理部门调解，当事人未达成协议或者调解书生效后不履行的，当事人可以依照《中华人民共和国民事诉讼法》向人民法院起诉。

第六十一条 对侵犯注册商标专用权的行为，工商行政管理部门有权依法查处；涉嫌犯罪的，应当及时移送司法机关依法处理。

第六十二条 县级以上工商行政管理部门根据已经取得的违法嫌疑证据或者举报，对涉嫌侵犯他人注册商标专用权的行为进行查处时，可以行使下列职权：

（一）询问有关当事人，调查与侵犯他人注册商标专用权有关的情况；

（二）查阅、复制当事人与侵权活动有关的合同、发票、账簿以及其他有关资料；

（三）对当事人涉嫌从事侵犯他人注册商标专用权活动的场所实施现场检查；

（四）检查与侵权活动有关的物品；对有证据证明是侵犯他人注册商标专用权的物品，可以查封或者扣押。

工商行政管理部门依法行使前款规定的职权时，当事人应当予以协助、配合，不得拒绝、阻挠。

在查处商标侵权案件过程中，对商标权属存在争议或者权利人同时向人民法院提起商标侵权诉讼的，工商行政管理部门可以中止案件的查处。中止原因消除后，应当恢复或者终结案件查处程序。

第六十三条 侵犯商标专用权的赔偿数额，按照权利人因被侵权所受到的实际损失确定；实际损失难以确定的，可以按照侵权人因侵权所获得的利益确定；权利人的损失或者侵权人获得的利益难以确定的，参照该商标许可使用费的倍数合理确定。对恶意侵犯商标专用权，情节严重的，可以在按照上述方法确定数额的一倍以上五倍以下确定赔偿数额。赔偿数额应当包括权利人为制止侵权行为所支付的合理开支。

人民法院为确定赔偿数额，在权利人已经尽力举证，而与侵权行为相关的账簿、资料主要由侵权人掌握的情况下，可以责令侵权人提供与侵权行为相关的账簿、资料；侵权人不提供或者提供虚假的账簿、资料的，人民法院可以参考权利人的主张和提供的证据判定赔偿数额。

权利人因被侵权所受到的实际损失、侵权人因侵权所获得的利益、注册商标许可使用费难以确定的，由人民法院根据侵权行为的情节判决给予五百万元以下的赔偿。

人民法院审理商标纠纷案件，应权利人请求，对属于假冒注册商标的商品，除特殊情况外，责令销毁；对主要用于制造假冒注册商标的商品的材料、工具，责令销毁，且不予补偿；或者在特殊情况下，责令禁止前述材料、工具进入商业渠道，且不予补偿。

假冒注册商标的商品不得在仅去除假冒注册商标后进入商业渠道。

第六十四条　注册商标专用权人请求赔偿，被控侵权人以注册商标专用权人未使用注册商标提出抗辩的，人民法院可以要求注册商标专用权人提供此前三年内实际使用该注册商标的证据。注册商标专用权人不能证明此前三年内实际使用过该注册商标，也不能证明因侵权行为受到其他损失的，被控侵权人不承担赔偿责任。

销售不知道是侵犯注册商标专用权的商品，能证明该商品是自己合法取得并说明提供者的，不承担赔偿责任。

第六十五条　商标注册人或者利害关系人有证据证明他人正在实施或者即将实施侵犯其注册商标专用权的行为，如不及时制止将会使其合法权益受到难以弥补的损害的，可以依法在起诉前向人民法院申请采取责令停止有关行为和财产保全的措施。

第六十六条　为制止侵权行为，在证据可能灭失或者以后难以取得的情况下，商标注册人或者利害关系人可以依法在起诉前向人民法院申请保全证据。

第六十七条　未经商标注册人许可，在同一种商品上使用与其注册商标相同的商标，构成犯罪的，除赔偿被侵权人的损失外，依法追究刑事责任。

伪造、擅自制造他人注册商标标识或者销售伪造、擅自制造的注册商标标识，构成犯罪的，除赔偿被侵权人的损失外，依法追究刑事责任。

销售明知是假冒注册商标的商品，构成犯罪的，除赔偿被侵权人的损失外，依法追究刑事责任。

第六十八条　商标代理机构有下列行为之一的，由工商行政管理部门责令限期改正，给予警告，处一万元以上十万元以下的罚款；对直接负责的主管人员和其他直接责任人员给予警告，处五千元以上五万元以下的罚款；构成犯罪的，依法追究刑事责任：

（一）办理商标事宜过程中，伪造、变造或者使用伪造、变造的法律文件、印章、签名的；

（二）以诋毁其他商标代理机构等手段招徕商标代理业务或者以其他不正当手段扰乱商标代理市场秩序的；

（三）违反本法第四条、第十九条第三款和第四款规定的。

商标代理机构有前款规定行为的，由工商行政管理部门记入信用档案；情节严重的，商标局、商标评审委员会并可以决定停止受理其办理商标代理业务，予以公告。

商标代理机构违反诚实信用原则，侵害委托人合法利益的，应当依法承担民事责任，并由商标代理行业组织按照章程规定予以惩戒。

对恶意申请商标注册的，根据情节给予警告、罚款等行政处罚；对恶意提起商标诉讼的，由人民法院依法给予处罚。

第六十九条 从事商标注册、管理和复审工作的国家机关工作人员必须秉公执法，廉洁自律，忠于职守，文明服务。

商标局、商标评审委员会以及从事商标注册、管理和复审工作的国家机关工作人员不得从事商标代理业务和商品生产经营活动。

第七十条 工商行政管理部门应当建立健全内部监督制度，对负责商标注册、管理和复审工作的国家机关工作人员执行法律、行政法规和遵守纪律的情况，进行监督检查。

第七十一条 从事商标注册、管理和复审工作的国家机关工作人员玩忽职守、滥用职权、徇私舞弊，违法办理商标注册、管理和复审事项，收受当事人财物，牟取不正当利益，构成犯罪的，依法追究刑事责任；尚不构成犯罪的，依法给予处分。

第八章 附 则

第七十二条 申请商标注册和办理其他商标事宜的，应当缴纳费用，具体收费标准另定。

第七十三条 本法自1983年3月1日起施行。1963年4月10日国务院公布的《商标管理条例》同时废止；其他有关商标管理的规定，凡与本法抵触的，同时失效。

本法施行前已经注册的商标继续有效。

第四章　专利权裁判标准

本章导读

本章对专利权常见纠纷案件的裁判标准进行深入分析和阐述。第一节分析发明专利、实用新型专利的侵权裁判标准，第二节分析专利诉讼中权利要求解释规则的裁判标准，第三节分析外观设计专利侵权裁判标准，第四节分析标准必要专利侵权裁判标准。本章附录为我国现行有效的专利法条文，以便读者在阅读本章内容时随时查看。

第一节　发明专利、实用新型专利的侵权裁判标准

我国专利法将专利分为三种：发明专利、实用新型专利和外观设计专利。其中，发明专利和实用新型专利的侵权裁判标准与外观设计专利的侵权裁判标准不同，因而，需要根据不同专利类型分别适用不同的侵权裁判标准。

对于发明专利、实用新型专利侵权案件，法院在判定是否构成侵权时一般会适用以下裁判标准：(1)审查涉案专利的有效性。(2)确定专利权的保护范围。(3)确定侵权产品或方法是否落入专利权的保护范围。(4)确定被告的抗辩理由是否成立。

一、审查涉案专利的有效性

法院在审查涉案专利的有效性问题中，会涉及以下几个问题，本书分别论述如下。

（一）原告需提交实用新型专利的专利权评价报告

在发明专利的申请过程中，国务院专利行政部门会对发明专利进行初步审查和实质审查。然而，对于实用新型专利和外观设计专利的申请过程中，国务院专利行政部门只对实用新型专利和外观设计专利进行形式审查，并未进行实质性审查，因而，未经过实质性审查的专利其稳定性不足。

根据《专利法》第六十六条的规定，专利侵权纠纷涉及实用新型专利或者外观设计专利的，人民法院或者管理专利工作的部门可以要求专利权人或者利害关系人出具由国务院专利行政部门对相关实用新型或者外观设计进行检索、分析和评价后作出的专利权评价报告，作为审理、处理专利侵权纠纷的证据；专利权人、利害关系人或者被控侵权人也可以主动出具专利权评价报告。

《最高人民法院关于审理专利纠纷案件适用法律问题的若干规定》第四条规定，根据案件审理需要，人民法院可以要求原告提交检索报告或者专利权评价报告。原告无正当理由不提交的，人民法院可以裁定中止诉讼或者判令原告承担可能的不利后果。

因而，在实用新型专利、外观设计专利的侵权案件中，原告一般需要提交一份专利权评价报告给法院，以证明其实用新型专利已经过国家知识产权局的实质性审查，具有稳定性的特点。若原告不提交专利权评价报告，会面临不利后果，比如不予立案、驳回起诉等。

比如，在宁波供享农业科技有限公司诉宁波市鄞州潘火恬恬小吃店等侵害外观设计专利权纠纷一案①中，法院认为，由于涉案的专利系外观设计专利，未经实质审查，具有相对不稳定的特点，在该案审理过程中，法院向原告释明，要求其提交检索报告或专利权评价报告，原告一直未能提交。另外，被告提交了现有设计抗辩和先用权抗辩的初步证据，在此情形下，法院再次向原告释明其应当提交涉案专利的检索报告或专利权评价报告，并告知了法律的有关规定，原告表示其未向国家知识产权局提交专利检索的申请。据此，法院认为，原告未能举证证明其享有的涉案专利权合法、稳定，原告尚不符合起诉条件，其主体

① 浙江省宁波市中级人民法院民事裁定书，（2016）浙02民初694号。

不适格，因此，法院驳回原告的起诉。

（二）关于被告申请中止审理的处理规则

在专利权侵权案件中，原告起诉后，被告往往会采取一些反制措施，其中较为常见的是对原告的专利申请提出无效宣告。被告在提出无效宣告后，可向受理专利权侵权案件的法院提出中止诉讼，等待原告专利无效宣告审理的结果。

《最高人民法院关于审理专利纠纷案件适用法律问题的若干规定》第五条规定，“人民法院受理的侵犯实用新型、外观设计专利权纠纷案件，被告在答辩期间内请求宣告该项专利权无效的，人民法院应当中止诉讼，但具备下列情形之一的，可以不中止诉讼：

（一）原告出具的检索报告或者专利权评价报告未发现导致实用新型或者外观设计专利权无效的事由的；

（二）被告提供的证据足以证明其使用的技术已经公知的；

（三）被告请求宣告该项专利权无效所提供的证据或者依据的理由明显不充分的；

（四）人民法院认为不应当中止诉讼的其他情形”。

根据上述条文可知，若存在以上三种具体情况，法院在被告提出中止诉讼申请后可以裁定不中止诉讼。其中，该条文第一项为若原告已提交了专利权评价报告，法院可以不中止诉讼，因而，从该项中也可知专利权评价报告对原告提交给法院的重要性。该条文第二项为被告提供的证据足以证明其使用的技术已经公知的，该种情况下可以推断被告不构成侵权，因而也可以不中止审理。该条文第三项为被告请求宣告该项专利权无效所提供的证据或者依据的理由明显不充分的，该种情况下可以推断涉案专利被无效没有可能性，因而也可不中止审理。该条文第四项为兜底条款。

（三）原告专利被国务院专利行政部门无效宣告，审理侵犯专利权纠纷案件的一审法院处理规则

被告对原告的专利提起无效宣告请求，且国务院专利行政部门经审查后作出宣告原告专利权无效的决定，即使原告将该决定向法院提起行政诉讼，对于

审理民事侵权诉讼的法院而言,该如何处理以该专利权为权利基础起诉的民事案件呢?

《最高人民法院关于审理侵犯专利权纠纷案件应用法律若干问题的解释(二)》第二条规定,“权利人在专利侵权诉讼中主张的权利要求被国务院专利行政部门宣告无效的,审理侵犯专利权纠纷案件的人民法院可以裁定驳回权利人基于该无效权利要求的起诉。

有证据证明宣告上述权利要求无效的决定被生效的行政判决撤销的,权利人可以另行起诉。

专利权人另行起诉的,诉讼时效期间从本条第二款所称行政判决书送达之日起计算”。

根据上述条文可知,若国务院专利行政部门经审查后作出宣告原告专利权无效的决定,审理侵犯专利权纠纷案件的法院可以驳回起诉。这是因为国务院专利行政部门作出的无效决定被法院判决撤销的概率较低,因而司法解释作出规定,法院可依据国务院专利行政部门的无效宣告决定驳回起诉。若之后该决定被行政判决撤销,法律也赋予权利人可以重新起诉的权利。

(四)原告专利被国务院专利行政部门宣告无效,审理侵犯专利权纠纷案件的二审法院处理规则

若国务院专利行政部门宣告原告专利无效的决定是在审理侵犯专利权纠纷案件的二审阶段作出的,那么二审法院如何处理?

北京市高级人民法院发布的《专利侵权判定指南》(2017)第十条规定:当事人不服一审判决向二审法院提起上诉,在终审判决作出前,一审判决所依据的权利要求被专利复审委员会宣告无效的,一般应当撤销一审判决,裁定驳回权利人基于该被宣告无效的权利要求的起诉。但是,有证据证明专利权人在法定期限内针对无效决定提起行政诉讼,在综合考虑在案证据、涉案专利技术难度、被告抗辩理由等因素的情况下,根据当事人的申请,可以裁定中止二审案件的审理。

有证据证明专利复审委员会宣告上述权利要求无效的决定被生效的行政判决撤销,权利人另行起诉的,在没有新的事实的情况下,应当参照原一审判决

认定的事实和证据作出判决。

根据上述规定，若国务院专利行政部门宣告原告专利无效决定是在审理侵犯专利权纠纷案件的二审阶段作出的，二审法院原则上应当撤销一审判决，驳回原告起诉。但是，如果专利权人对无效决定提起行政诉讼，二审法院考虑综合因素，根据当事人的申请，可以裁定中止二审案件的审理，等待行政诉讼的结果。

另外，若二审法院选择撤销一审判决，驳回原告起诉后，专利复审委员会宣告权利要求无效的决定被生效的行政判决撤销的，权利人又另行起诉，则另行起诉的一审法院在没有新的事实的情况下应当参照原一审判决认定的事实和证据作出判决。

二、确定专利权的保护范围

在侵权判定中，法院第二步是确定专利权的保护范围，而专利权的保护范围以权利要求为依据。然而，由于权利要求的撰写非常抽象，在绝大部分专利侵权案件中，法院均需要对权利要求进行解释，从而确定专利权的保护范围。而专利权的保护范围决定被告的被诉侵权专利是否落入原告的保护范围。对于法院如何确定专利权的保护范围，请参见本章第二节专利诉讼中权利要求解释规则的裁判规则。

三、确定侵权产品或方法是否落入专利权的保护范围

法院在确定原告专利权的保护范围后，会分析侵权产品或方法是否落入专利权的保护范围。若落入专利权的保护范围则构成侵权，反之则不构成侵权。法院在认定侵权产品或方法是否落入专利权的保护范围时，一般根据以下裁判标准进行判定：(1)全面覆盖原则。(2)等同原则。(3)禁止反悔原则。(4)捐献原则。以上为司法实务中法院使用较多的裁判标准，目前多余指定原则已不被法院采纳。

(一)全面覆盖原则

根据《最高人民法院关于审理侵犯专利权纠纷案件应用法律若干问题的解

释(二)》第七条,被诉侵权技术方案包含与权利要求记载的全部技术特征相同或者等同的技术特征的,人民法院应当认定其落入专利权的保护范围。

专利权利要求书中的每一项权利要求均包含一个独立的技术方案。《最高人民法院关于审理侵犯专利权纠纷案件应用法律若干问题的解释(二)》第七条规定之中的“权利要求记载的全部技术特征”,是指当事人所主张的任何一项权利要求所对应的一个技术方案的全部技术特征,并非当事人所主张的全部权利要求所记载的全部技术特征,也不是权利要求书中记载的全部权利要求所记载的全部技术特征。

因此,全面覆盖原则是指应当审查被诉侵权技术方案是否包含了当事人所主张的涉案专利任何一项权利要求的全部技术特征。只要被诉侵权技术方案包含了权利人所主张的任何一项专利权利要求的全部技术特征,就应当认定其落入涉案专利权的保护范围,使用了被诉侵权技术方案的产品即为侵犯涉案专利权的侵权产品。①

换言之,若原告主张被告侵犯了专利权中的多个权利要求,只要被诉侵权技术方案的技术特征全面覆盖其中一个权利要求,则认定落入专利权的保护范围。

例如,在吉林市昌邑区吉康绿谷种植专业合作社与吉林市东北生态农业发展有限责任公司(以下简称东北生态公司)侵害发明专利权纠纷一案②中,上诉人认为涉案专利权利要求共计十项,一审法院仅对比七项,专利权利要求第六、八、十项未对比,违反了全面覆盖原则。二审法院经审查后认为,该案中,原告东北生态公司作为专利权人,明确在本案中要求以涉案专利权利要求第一、二、三、四、五、七、九项作为专利权保护范围,原审法院将被诉侵权产品及方法中相应的技术特征与权利要求第一、二、三、四、五、七、九项记载的技术特征进行比对,并无不当。由此可见,被告完全误解了全面覆盖原则。

(二)等同原则

在专利侵权判断中,应将被诉侵权技术方案中的技术特征与原告所主张侵

---

① 最高人民法院民事判决书,(2019)最高法知民终 724 号。

② 最高人民法院民事判决书,(2019)最高法知民终 724 号。

权的权利要求记载的技术特征进行一一对比,在全面覆盖原则基础中,运用相同或者等同原则进行判定。在司法实践中,等同原则使用较多,本书进行详述。

根据《最高人民法院关于审理专利纠纷案件适用法律问题的若干规定》第十三条第二款的规定,等同特征,是指与所记载的技术特征以基本相同的手段,实现基本相同的功能,达到基本相同的效果,并且本领域普通技术人员在被诉侵权行为发生时无须经过创造性劳动就能够联想到的特征。

换言之,等同原则即是指法院在对原被告的技术方案进行比对中,若有一个或者一个以上技术特征与专利独立权利要求保护的技术特征相比,从字面上看不相同,但经过分析可以认定二者是等同的技术特征。[①] 而该分析即为以基本相同的手段,实现基本相同的功能,达到基本相同的效果,并且本领域普通技术人员在被诉侵权行为发生时无须经过创造性劳动就能够联想到的特征,可简称为"三基本相同+无须创造性劳动"。

例如,在中山市东凤镇铭发电器厂与中山市纳宝电器科技有限公司侵害实用新型专利权纠纷一案[②]中,法院认为,圆柱形孔柱与导向槽的区别仅在于容纳导向杆空间的具体设置方式不同,二者均为本领域常见的惯用手段,技术人员根据实际需要可以作出选择,属于技术手段的等同替换。

综上,被诉侵权产品底座的"上盖板凹槽孔+圆柱形孔柱"技术特征与涉案专利权的导向槽相比,系以基本相同的手段,实现相同的功能和效果,并且本领域普通技术人员在被诉侵权行为发生时无须经过创造性劳动就能够联想到的特征。因此属于等同特征,结合其他综合情况,被告构成侵害了原告的专利权。

1. 功能性特征的等同裁判标准

功能性特征有些特殊,其与前述分析的等同原则的裁判标准稍有不同。《最高人民法院关于审理侵犯专利权纠纷案件应用法律若干问题的解释(二)》第八条第二款规定,与说明书及附图记载的实现前款所称功能或者效果不可缺少的技术特征相比,被诉侵权技术方案的相应技术特征是以基本相同的手段,实现相同的功能,达到相同的效果,且本领域普通技术人员在被诉侵权行为发生时无须经过创造性劳动就能够联想到的,人民法院应当认定该相应技术特征

---

① 陕西省高级人民法院民事判决书,(2013)陕民三终字第72号。

② 最高人民法院民事判决书,(2019)最高法知民终921号。

与功能性特征相同或者等同。

根据该条规定可知,对于功能性特征的等同判定中,遵循的是“以基本相同的手段,实现相同的功能,达到相同的效果”,与上述“三基本相同”略有区别,需要值得关注,但在“无须创造性劳动”方面与上述一致。

2. 等同特征的举证

北京市高级人民法院发布的《专利侵权判定指南》(2017)第四十四条规定,被诉侵权技术方案构成等同侵权应当有充分的证据支持,权利人应当举证或进行充分说明。

根据上述规定可知,对于等同侵权的举证责任由权利人承担,那么权利人如何证明构成等同侵权呢?通过以上分析可知,要证明等同侵权,需要证明“三基本相同+无须创造性劳动”。

对于“三基本相同”要件,基本相同的手段,是指被诉侵权技术方案中的技术特征与权利要求对应技术特征在技术内容上并无实质性差异。基本相同的功能,是指被诉侵权技术方案中的技术特征与权利要求对应技术特征在各自技术方案中所起的作用基本相同。被诉侵权技术方案中的技术特征与权利要求对应技术特征相比还有其他作用的,不予考虑。基本相同的效果,是指被诉侵权技术方案中的技术特征与权利要求对应技术特征在各自技术方案中所达到的技术效果基本相当。被诉侵权技术方案中的技术特征与权利要求对应技术特征相比还有其他技术效果的,不予考虑。①

对于“无须创造性劳动”要件,是指对于本领域普通技术人员而言,被诉侵权技术方案中的技术特征与权利要求对应技术特征相互替换是容易想到的。具体判断时可考虑以下因素:两技术特征是否属于同一或相近的技术类别;两技术特征所利用的工作原理是否相同;两技术特征之间是否存在简单的直接替换关系,即两技术特征之间的替换是否需要对其他部分作出重新设计,但简单的尺寸和接口位置的调整不属于重新设计。②

原告举证时应根据以上要件积极举证,这样才能完成等同侵权的举证责任。

---

① 《专利侵权判定指南》(2017)第四十六至四十八条。

② 《专利侵权判定指南》(2017)第四十九条。

（三）禁止反悔原则

被诉侵权技术方案中的技术特征与权利要求中的技术特征是否等同进行判断时，被诉侵权人可以专利权人对该等同特征已经放弃、应当禁止其反悔为由进行抗辩。禁止反悔，是指在专利授权或者无效程序中，专利申请人或专利权人通过对权利要求、说明书的限缩性修改或者意见陈述的方式放弃的保护范围，在侵犯专利权诉讼中确定是否构成等同侵权时，禁止权利人将已放弃的内容重新纳入专利权的保护范围。[①]“禁止反悔”的举证规则如下。

第一步：禁止反悔的适用以被诉侵权人提出请求为前提，并由被诉侵权人提供专利申请人或专利权人反悔的相应证据。[②]

第二步：权利人对被诉侵权人提供的相应证据举出反证，证明被告提交的通过对权利要求、说明书的限缩性修改或者意见陈述的方式放弃的保护范围证据的否定。

若权利人能举证证明在专利授权确权程序中对权利要求书、说明书及附图的限缩性修改或者陈述被明确否定，人民法院应当认定该修改或者陈述未导致技术方案的放弃。[③]

（四）捐献原则

《最高人民法院关于审理侵犯专利权纠纷案件应用法律若干问题的解释》第五条规定，对于仅在说明书或者附图中描述而在权利要求中未记载的技术方案，权利人在侵犯专利权纠纷案件中将其纳入专利权保护范围的，人民法院不予支持。

该条是对捐献原则的具体阐述，即若技术方案在说明书或者附图中描述而未写入权利要求，那么该技术方案即视为捐献给公众，不得适用等同原则，被纳入专利权的保护范围。

① 《专利侵权判定指南》（2017）第六十一条。

② 《专利侵权判定指南》（2017）第六十四条。

③ 参见《最高人民法院关于审理侵犯专利权纠纷案件应用法律若干问题的解释（二）》第十三条。

在中国船舶重工集团公司第七一一研究所、上海齐耀热能工程有限公司与阿尔法拉瓦尔股份有限公司侵害发明专利权纠纷一案①中，法院认为，在适用捐献规则时，应当注意以下两个方面。

首先，认定权利要求中是否记载特定技术方案，应当考虑权利要求书的整体情况。如果权利人仅依据权利要求书中的部分权利要求主张侵权，即使该部分权利要求中未记载，但在其他相关权利要求中已明确记载的技术方案，即表明权利人在撰写权利要求书时有意将该技术方案纳入专利保护范围，不属于仅在说明书中记载，但在权利要求书中弃之不顾予以“捐献”的情形。

其次，本条规定的在权利要求中“未记载的技术方案”，是指未能将该技术方案纳入权利要求所限定的保护范围，并不要求权利要求中的相关表述与该技术方案对应一致。权利人通过上位概括等方式纳入权利要求保护范围的特定技术方案，不属于“未记载的技术方案”。

由该案可知，适用捐献规则时，若在专利侵权案件中，权利人所主张的权利要求中未有记载说明书的技术方案，但是未主张的权利要求进行了记载，则不属于捐献的情形。另外，权利要求中若以上位概括等方式纳入权利要求保护范围的特定技术方案，不属于捐献的情形。

四、确定被告的抗辩理由是否成立

对于原告的侵权主张，被告的抗辩包括但不限于以下几种：现有技术抗辩、抵触申请抗辩、先用权抗辩、合法来源抗辩等。

（一）现有技术抗辩

《专利法》第六十七条规定：在专利侵权纠纷中，被控侵权人有证据证明其实施的技术或者设计属于现有技术或者现有设计的，不构成侵犯专利权。

《最高人民法院关于审理侵犯专利权纠纷案件应用法律若干问题的解释》第十四条第一款规定，被诉落入专利权保护范围的全部技术特征，与一项现有技术方案中的相应技术特征相同或者无实质性差异的，人民法院应当认定被诉

---

① 最高人民法院民事裁定书，（2020）最高法民申969号。

侵权人实施的技术属于《专利法》第六十二条规定的现有技术。

上述为现有技术抗辩的相关法条规定，在认定现有技术是否成立时，关键在于判断被诉落入专利权保护范围的全部技术特征与一项现有技术方案中的相应技术特征是否相同或者无实质性差异，而判断“无实质性差异”是众多案件的争议焦点。司法实务中，“无实质性差异”可以认为“等同”“与公知常识的简单组合”“本领域可直接置换的惯有技术手段”“容易联想到的技术方案”等，具体分析如下。

1.“无实质性差异”可认为是“等同”

根据《专利侵权判定指南》(2017)第一百三十七条的规定，现有技术抗辩，是指被诉落入专利权保护范围的全部技术特征，与一项现有技术方案中的相应技术特征相同或者等同的，应当认定被诉侵权人实施的技术属于现有技术，被诉侵权人的行为不构成侵犯专利权。这里的“等同”概念和第三部分中的“等同”概念一致。

例如，在汕头市澄海区乐吉儿动漫文化有限公司与王某囊侵害实用新型专利权纠纷一案①中，法院认为，判定现有技术抗辩能否成立，需以涉案专利权的保护范围作为参照，确定被诉侵权技术方案中被指控落入涉案专利权保护范围的技术特征，并判断现有技术是否公开了与之相同或者等同的技术特征，也就是说，现有技术抗辩是将被诉侵权技术方案与现有技术进行比对，而不是将现有技术与专利技术进行比对。

2.“无实质性差异”可认为是“与公知常识的简单组合”

根据《专利侵权判定指南》(2017)第一百三十七条的规定，现有技术抗辩，是指所属技术领域的普通技术人员认为被诉侵权技术方案是一项现有技术与所属领域公知常识的简单组合的，应当认定被诉侵权人实施的技术属于现有技术，被诉侵权人的行为不构成侵犯专利权。

例如，在广州市恒欣电子有限公司与广东眼镜蛇实业有限公司侵害实用新型专利权纠纷一案②中，法院认为，所谓现有技术抗辩，是指被诉侵权产品落入专利权保护范围的全部技术特征，与一项现有技术方案中的相应技术特征相同

---

①　最高人民法院民事判决书，(2020)最高法知民终1442号。

②　最高人民法院民事判决书，(2021)最高法知民终424号。

或者无实质性差异的,或者所属技术领域的普通技术人员认为被诉侵权技术方案是一项现有技术与所属领域公知常识的简单组合,应当认定被诉侵权人实施的技术属于现有技术。

3."无实质性差异"可认为是"本领域可直接置换的惯有技术手段"

在佛山市顺德区华申电器制造有限公司、佛山市易豆科技有限公司与浙江小智电器科技有限公司侵害实用新型专利权纠纷一案①中,法院认为,在进行现有技术抗辩的判断时,被诉侵权技术方案中与专利权保护范围无关的技术特征无须考虑。被诉落入专利权保护范围的某一技术特征,与一项现有技术方案中相应的技术特征对比,若二者存在区别,但该区别仅是本领域中可直接置换的惯用手段,则属于二者无实质性差异的情形。

本案中,被诉侵权技术方案的弹簧、弹珠式卡夹结构与现有技术的弹片、突起式卡夹结构并无实质性差异,属于能够直接替换的惯用手段,所属领域技术人员能够根据需要选用不同的弹性元件及其对应的结构,因而属于无实质性差异的情形。

4."无实质性差异"可认为是"容易联想到的替换手段"

有的法院判决认为"无实质性差异"可认为是容易联想到的替换手段。例如,在佛山欧亚特机械设备有限公司与叶某华、广东增峰智能装备有限公司侵害实用新型专利权纠纷一案②中,法院认为,将被诉侵权产品用夹刀介子固定锯片的技术特征与现有技术方案的相应技术特征进行对比:被诉产品通过夹刀介子夹紧锯片,现有设计中通过联轴器尾端宽面与垫片夹紧锯片,二者均为一种利用转轴前端的夹紧件固定锯片的方式,手段基本相同,均能实现转子旋转带动夹紧件及锯片一并旋转的功能,且属于该领域普通技术人员容易联想到的替换手段,二者在技术特征上无实质性差异。因此,应认定被诉侵权技术属于现有技术。

(二)抵触申请抗辩

所谓抵触申请,是指就专利同样的发明创造,在申请日以前向国务院专利行政部门提出,且记载在申请日后公布的专利申请文件或者公告的专利文件中

---

① 最高人民法院民事判决书,(2019)最高法知民终804号。

② 最高人民法院民事判决书,(2020)最高法知民终95号。

的专利申请。

虽然现行法未将抵触申请抗辩确立为不侵权抗辩之法定类型,但是由于抵触申请设计与现有设计均可以用于评价案涉授权设计的新颖性。故,如果被诉设计已被抵触申请设计所公开,则相应地被诉设计也不应被纳入权利人主张保护的专利权的范围。因此,被诉侵权人以其实施的设计属于抵触申请设计为由,主张未侵犯涉案专利权的,人民法院可以参照适用法律、司法解释有关现有技术抗辩的规定,对抵触申请抗辩进行审查。①

根据上述法条可知,对抵触申请抗辩进行审查时,可参照现有技术抗辩的相关规定,而现有技术抗辩主要是判定是否存在"无实质性差异",因而,在抵触申请抗辩审查时,是否构成"无实质性差异"则是审查重点。

例如,广东商旅宝健康科技有限公司与深圳市晶豪塑胶制品有限公司(以下简称晶豪公司)侵害外观设计专利纠纷一案②中,被诉产品设计与名为"护颈枕(航空)"的 CN303262563S 外观设计的上述区别设计特征,已经使两者从整体视觉效果上存在实质性的差异,参照《最高人民法院关于审理侵犯专利权纠纷案件应用法律若干问题的解释》第十四条第二款的规定,应当认定晶豪公司的抵触申请设计抗辩不能成立。

再如,在余某豪与江门市新会区双水富迎香行侵害外观设计专利权纠纷一案③中,法院认为,被告提供的文献号为 CN302859311S 的对比专利设计申请日为2014 年1 月3 日,授权公告日为2014 年6 月25 日,其申请日早于原告专利申请日(2014 年3 月27 日),授权公告日晚于原告专利申请日,故该外观计相对于本专利而言属于抵触申请中的设计方案。因抵触申请能够破坏对比设计的新颖性,导致在后申请不能获得专利授权,与现有设计具有相同的性质,因此可以参照适用我国专利法关于现有设计的相关规定进行处理。

本案中,将被诉侵权产品设计与对比专利设计相比,两者的主要区别在于,被诉侵权产品的香体部位均由多个纵向排列的、凸起的外圆内方铜钱状图案连接而成。而根据对比专利的专利证书所附的立体图观察,对比专利是由完整的

① 广东省深圳市中级人民法院民事判决书,(2017)粤03 民初641 号。
② 广东省深圳市中级人民法院民事判决书,(2017)粤03 民初641 号。
③ 广州知识产权法院民事判决书,(2019)粤73 民初414 号。

圆形通过圆弧两端外切连接,在圆形中部有正方形图案,正方形四边每边各有一个文字。上述差别在整体视觉效果上区别明显,以一般消费者的知识水平和认知能力判断,两者不相同亦不近似。因此,被告关于抵触申请的抗辩不成立,法院不予采纳。

(三)先用权抗辩

先用权抗辩若成立必须满足以下两方面条件:一是已经制造相同产品、使用相同方法或者已经作好制造、使用的必要准备;二是仅在原有范围内继续制造、使用。这两方面相辅相成,缺一不可。①

被告要证明其满足以上两个条件,需提供证据予以证明。被告在证明"已经制造相同产品、使用相同方法或者已经作好制造、使用的必要准备"时所提交的单方制作的证据,不宜被简单否定其效力。被告在证明"仅在原有范围内继续制造、使用"时,其证明标准不宜过高,以合理性为判断标准。

例如,在东莞市乐放实业有限公司与深圳市赛源电子有限公司侵害实用新型专利权纠纷一案②中,法院认为,在先用权抗辩中,被诉侵权人在自行研发产品过程中形成的技术图纸、工艺文件、检验报告等,均属于研发过程中形成的技术文件,由被诉侵权人单方制作形成符合常理,其在产品未正式制造、销售前不对外公开亦符合产品研发的客观情况。在审查其证据效力时应结合其他相关证据综合判断,不能仅因相关技术图纸、工艺文件、检验报告系单方制作而简单否定其证明效力。

另外,由于原有范围的认定往往涉及过去某一时点之前存在的生产模具、生产数量、厂房面积等客观情况,故对"仅在原有范围内继续制造、使用"相关事实查明,应结合双方当事人的诉辩主张以及案件的具体情况综合分配证明责任。在先用权人已经尽力举证、所举证据能够初步证明"原有范围"存在合理性且专利权人没有提供相反证据予以推翻的情况下,可以认定先用权人并未超出原有范围制造、使用。

---

① 最高人民法院民事判决书,(2021)最高法知民终508号。

② 最高人民法院民事判决书,(2021)最高法知民终508号。

（四）合法来源抗辩

对于使用人、销售者、许诺销售者，其可以主张合法来源抗辩。若合法来源抗辩成立，则不用承担赔偿责任，但需要支付给原告因诉讼支出的合理费用。对于合法来源抗辩的审查，法院会从主客观要件同时进行审查，即若符合合法来源抗辩，则需要满足主客观要件的要求。

1. 客观要件上，法院要审查被诉产品的来源是否明确及能否披露确切的源头。

2. 主观要件上，法院要审查销售者和许诺销售者是否具有主观善意。对于主观要件，侵权人在主观上是否"实际不知道且不应当知道"，亦应充分考量。通常，主观状态较难通过直接证据证明，但可通过其客观行为加以判断，且行为人是否尽到合理注意义务，须与行为人的身份、行为性质等相适应，必须具体案情具体分析，不能一概而论。①

例如，在深圳市凯博科技有限公司与李某涛、深圳市早禾科技有限公司（以下简称早禾公司）侵犯其侵害外观设计专利权纠纷一案②中，法院认为，主观要件上，早禾公司的经营范围显示其并无生产被诉侵权产品的能力，车载手机支架属公开市场上流通量较大的小商品，单价不高且价格浮动性较大。在案亦无证据证明专利外观知名度较高，早禾公司知道被诉产品为侵权产品，符合合法来源抗辩的客观要件。

客观要件上，现有证据能够形成证据链条高度盖然性地证明本案被诉侵权产品源于深圳市桦宜达科技有限公司，该公司通过微信、网店等渠道销售被诉侵权产品，本案被诉侵权产品的来源明确，符合合法来源抗辩的客观要件。

五、结语

综上所述，在专利侵权认定中，关于确定专利权的保护范围和确定侵权产品或方法是否落入专利权的保护范围的认定中，发明专利、实用新型专利的认定与外观设计专利的侵权认定的裁判标准不同。然而，在确定被告的抗辩理由

---

① 广东省高级人民法院民事判决书，（2021）粤民终 1803 号。

② 广东省高级人民法院民事判决书，（2021）粤民终 1803 号。

是否成立时,发明专利、实用新型专利的认定与外观设计专利的认定相同。因而,在确定被告的抗辩理由是否成立这一部分,本章选用了部分外观设计专利案例进行解析。

另外,法院根据上述侵权裁判标准对被控侵权行为是否构成侵权进行判定之后,会对被控侵权行为以及损害赔偿金额进行认定。

第二节 专利诉讼中权利要求解释规则的裁判标准

在专利侵权诉讼中,法院首先审查原告是否有诉讼主体资格以及其专利权是否有效。其次,法院需要确定专利权的保护范围,而专利权的保护范围以权利要求为依据。然而,由于权利要求的撰写非常抽象,在绝大部分专利侵权案件中,法院均需要对权利要求进行解释,从而确定专利权的保护范围。而专利权的保护范围决定被告的被诉侵权专利是否落入原告的保护范围,因此,对权利要求的解释就至关重要。本书试析法院对权利要求解释时运用的主要裁判标准,以期对各位同人在办案中有所助益。

一、内部证据优先适用原则

根据《最高人民法院关于审理侵犯专利权纠纷案件应用法律若干问题的解释》第三条,人民法院对于权利要求,可以运用说明书及附图、权利要求书中的相关权利要求、专利审查档案进行解释。说明书对权利要求用语有特别界定的,从其特别界定。

以上述方法仍不能明确权利要求含义的,可以结合工具书、教科书等公知文献以及本领域普通技术人员的通常理解进行解释。

根据《专利侵权判定指南》(2017)第二十七条,说明书对技术术语的解释与该技术术语的通用含义不同的,以说明书的解释为准。

内部证据即是指说明书及附图,由上述条款可知,若说明书对技术术语有特定解释,则法院需采纳说明书的解释。如果说明书没有明确解释,则要结合说明书和附图综合来解释该技术术语。综合说明书和附图所作的解释如果与通用含义不同,以说明书为准。如果上述方法仍不能解释该技术术语,则需要结合工具书、教科书、本领域普通技术人员的通常理解等外部证据予以明确该技术术语的含义。

(一)如果内部证据和外部证据均不能明确解释技术术语,如何处理

以柏某清诉国家知识产权局专利复审委员会无效宣告(专利)一案①为例,最高人民法院认为,不同概念的含义不同,计算方式也不尽相同。本案中,在涉案专利说明书中,既没有记载导磁率在涉案专利技术方案中是指相对磁导率还是绝对磁导率或者其他概念,也没有记载导磁率高的具体范围以及磁场强度 H 等在内的计算导磁率的客观条件。

本领域的普通技术人员根据涉案专利说明书,难以确定涉案专利中所称的导磁率高的具体含义。虽然部分现有技术中采用了高磁导率或高导磁率等表述,但根据技术领域以及磁场强度的不同,关于高导磁率的含义仍较宽泛。因此,原告柏某清提供的证据不能证明涉案专利所属技术领域的普通技术人员对于高导磁率的含义或者范围有一致的认识,或者根据涉案专利说明书足以确定涉案专利所称的导磁率高的具体含义。由于涉案专利权利要求的保护范围不清楚,法院认定案专利无效。

由上述案件可知,如果内部证据说明书、附图以及外部证据均无法确定权利要求中该术语的正确含义,则法院会认为该专利的权利要求所保护的范围不清楚。在无效案件中,法院认定该专利无效,而在专利侵权案件中,法院则会驳回原告诉讼请求。

(二)如果内部证据解释不清,如何处理

以国家知识产权局专利复审委员会诉纳幕尔杜邦公司驳回复审(专利)一案②为例,本案的争议是如何理解涉案专利申请权利要求一中的术语"E－HFC－1234ze"。该术语在本领域有公认的普通含义,即 1,3,3,3－四氟丙烯结构中双键为 E 式构型的单一异构体,本领域的技术人员在看到该化学名称时,能够确

① 最高人民法院行政裁定书,(2016)最高法行申 3044 号。

② 北京市高级人民法院行政判决书,(2016)京行终 5347 号。

定该名称对应的化学物质的确切分子式和结构式。

说明书亦对该术语作出了特别的限定，即“本文使用的 E - HFC - 1234ze 是指异构体 E - HFC - 1234ze（CAS 登记号 29118 - 24 - 9）或 Z - HFC - 1234ze（CAS 登记号 29118 - 25 - 0）的混合物，其中占据多数的异构体是 E - HFC - 1234ze”。杜邦公司在二审庭审中认为应当将该段表述中的“或”理解为“和”，即该段表述的含义是指“本文使用的 E - HFC - 1234ze 是指异构体 E - HFC - 1234ze…… 和 Z - HFC - 1234ze …… 的混合物，其中占据多数的异构体是 E - HFC - 1234ze”。

但是，这种理解方式和该术语在说明书中的其他部分的含义是矛盾的，这种理解方式无法贯彻说明书的始终。综合说明书的上下文来看，说明书对权利要求中的术语 E - HFC - 1234ze 的特别限定的含义不清楚，所属领域的技术人员根据说明书的记载无法确定该特别限定的具体含义。

在此情况下，由于内部证据不足以确定权利要求的含义，则应当借助外部证据来确定权利要求的含义。由于该术语在所属领域有公认的普通含义，故对该术语的理解应当采用其普通含义，即 E - HFC - 1234ze 是指 1，3，3，3 - 四氟丙烯结构中双键为 E 式构型的单一异构体。

由上述案例可知，当说明书所作的特别限定不清楚时，需要以外部证据来解释权利要求中的术语。

二、权利要求须结合说明书和附图进行解释

（一）概述

《专利法》第六十四条规定，发明或者实用新型专利权的保护范围以其权利要求的内容为准，说明书及附图可以用于解释权利要求的内容。

从该条款可知，说明书及附图可以用于解释权利要求，这个“可以”是不是“应当”的意思？如果权利要求特别清楚，说明书及附图是否还需要进行解释呢？

在精工爱普生株式会社诉国家知识产权局专利复审委员会、郑某俐、佛山凯德利办公用品有限公司、深圳市易彩实业发展有限公司无效宣告（专利）再审

一案[①]中，最高人民法院认为，说明书乃权利要求之母，不参考说明书及其附图，仅仅通过阅读权利要求书即可正确理解权利要求及其用语的含义，在通常情况下是不可能的。权利要求的解释就是理解和确定权利要求含义的过程。在这个过程中，必须结合说明书及其附图才能正确解释权利要求。

从该案可知，权利要求必须结合说明书及其附图进行解释，而权利要求结合说明书以及附图进行解释时，需要依据折中原则。

（二）折中原则

根据《专利侵权判定指南》（2017）第三条，"解释权利要求时，应当以权利要求记载的技术内容为准，根据说明书及附图、现有技术、专利对现有技术所做的贡献等因素合理确定专利权的保护范围。既不能将专利权的保护范围拘泥于权利要求书的字面含义，也不能将专利权的保护范围扩展到本领域普通技术人员在专利申请日前通过阅读说明书及附图后需要经过创造性劳动才能联想到的内容"。

折中原则介于中心限定原则与周边限定原则之间。中心限定原则是指法官在认定专利侵权时不依据权利要求书所写的内容，而是以发明构思为基准，只要侵权产品与专利具有同样的发明构思，则认定其落入专利的保护范围。因此，权利要求的公示作用无法在中心限定原则中得以体现。而周边限定原则是指法院严格按照权利要求字面的含义去判定，只要侵权产品与权利要求记载的内容有一丝不同，就不被认为构成侵权，这对于权利要求撰写的要求极高。

我国采用的折中原则，既不拘泥于权利要求书的字面含义，也不扩展到本领域普通技术人员在专利申请日前通过阅读说明书及附图后需要经过创造性劳动才能联想到的内容。那折中原则具体如何适用于解释权利要求呢？

首先，专利权的保护范围以其权利要求的内容为准，因此，对于权利要求中已记载的技术特征，用说明书以及附图解释时不能对其进行扩大或者缩小，否则说明书以及附图对技术特征进行的修改，会损害权利要求的公示作用。其次，权利要求在技术特征没有变化的情况下，对于需要解释的技术术语，须结合

---

① 最高人民法院行政裁定书，（2010）知行字第 53 – 1 号。

说明书以及附图进行解释，此时说明书以及附图可对权利要求的保护范围作一定修正，而不是拘泥于权利要求的文字。

三、以发明构思解释权利要求

从发明构思解释权利要求，主要关注于这个专利的发明创造需要解决什么技术问题，运用什么技术手段解决这个技术问题，最后达成怎样的技术效果。由于专利是以公开换保护，因此发明保护强度与发明贡献应当成正比，即专利的发明贡献越大，应给予其更大的保护范围，反之亦然。

以浙江中缝重工缝纫机有限公司诉国家知识产权局专利复审委员会无效宣告（专利）一案[①]为例，对于专利权利要求一中“空车区间”术语，说明书没有进行解释，且不是行业通用术语。二审法院认为，结合本专利背景技术部分以及说明书的相关记载，在现有技术中，切线结束和抬起压脚之间需要有充分的延时，而该延时需要通过控制马达的减速来实现。本专利正是利用切线结束到压脚抬起之间的“空车区间”，来替代现有技术中由控制马达减速来实现充分延时的控制方式，从而达到缩短循环周期的目的。因此，该“空车区间”表达的含义是清楚的。

由上述可知，二审法院从分析该专利运用的技术手段而解决的技术问题出发，该技术问题是切线结束和抬起压脚之间需要有充分的延时，而该延时需要通过控制马达的减速来实现。而技术手段则是利用切线结束到压脚抬起之间的“空车区间”，进而分析达到的技术效果为替代现有技术中由控制马达减速来实现充分延时的控制方式，从而达到缩短循环周期的目的。二审法院通过发明构思方法，从解决技术问题出发，结合说明书及附图解释“空车区间”这个术语的含义，认定“空车区间”即是指利用切线结束到压脚抬起之间的运行状态，从而认为该“空车区间”的表达含义是清楚的。

四、结语

综上所述，除上述标准外，在解释权利要求时，还有专利权有效原则、公平

---

① 北京市高级人民法院行政判决书，(2014)高行终字第1584号。

原则、符合发明目的原则、权利要求区别解释原则等，由于这些原则简单易懂，本书不作具体阐述。对权利要求的解释在专利侵权案件以及专利授权确权案件中均必不可少，且对当事人的案件成败起着关键作用。因此，只有深刻理解权利要求解释的裁判标准，才能提前制定完备的诉讼策略，在案件审理中对权利要求的解释有理有据，充分论述，从而达到胜诉的目的。

第三节　外观设计专利侵权裁判标准

专利在我国有三种类型：发明专利、实用新型专利和外观设计专利。外观设计专利虽是专利的其中一个类型，但其侵权裁判标准与发明专利以及实用新型专利不同。据上海法院统计，外观设计专利侵权案件占专利案件比例达到50%以上，因此，在专利侵权领域，外观设计专利侵权案件有着举足轻重的地位，本书就外观设计专利侵权裁判标准作简要剖析。

《最高人民法院关于审理侵犯专利权纠纷案件应用法律若干问题的解释》第八条规定，"在与外观设计专利产品相同或者相近种类产品上，采用与授权外观设计相同或者近似的外观设计的，人民法院应当认定被诉侵权设计落入专利法第五十九条第二款规定的外观设计专利权的保护范围"。

由该条可知，判定外观设计专利是否侵权，需要判定涉案侵权专利是否与外观设计专利属于相同或者相近种类产品，且是否采用与授权外观设计相同或者近似的外观设计，满足此两点，才能认定被诉侵权设计落入外观设计专利权保护范围。而对该两点进行认定，需从一般消费者角度进行判断。因此，本书将从这三方面进行剖析。

一、涉案侵权产品与涉案外观设计专利是否是相同或者相近种类产品

判断涉案侵权产品是否侵犯涉案外观设计专利，需要认定涉案侵权产品是否和涉案外观设计专利是相同或者相近种类产品。相同种类容易判断，但是对于相近种类，如何进行认定？

根据《最高人民法院关于审理侵犯专利权纠纷案件应用法律若干问题的解

释》第九条，“人民法院应当根据外观设计产品的用途，认定产品种类是否相同或者相近。确定产品的用途，可以参考外观设计的简要说明、国际外观设计分类表、产品的功能以及产品销售、实际使用的情况等因素”。

因此，对于相同或者相近种类的判断，以外观设计产品的用途为判断标准。如果用途相同，则为相同种类产品；如果用途相近，则为相近种类产品。判断产品的用途，法院可参考外观设计的简要说明、国际外观设计分类表、产品的功能以及产品销售、实际使用的情况等因素进行判断。

如果被诉侵权产品与涉案外观设计专利只有部分用途相同，其余用途不同，将认定为相近种类的产品。例如，在福建省晋江市青阳维多利食品有限公司与漳州市越远食品有限公司侵害外观设计专利权纠纷一案①中，最高人民法院认为，被诉侵权产品通过三层组合，整体造型为承载在托盘上的凤梨。根据产品实际使用情况，被诉侵权产品除供食用外，消费者购买后也可以将其作为贡品和摆设，达到装饰的效果。尽管被诉侵权产品的果实中盛装了果冻，具有食用的功能，但由于其与涉案专利产品具有相同的装饰用途，根据《最高人民法院关于审理侵犯专利权纠纷案件应用法律若干问题的解释》第九条，被诉侵权产品与涉案外观设计专利产品种类相近。

二、涉案侵权产品与涉案外观设计专利是否相同或者相近似

《最高人民法院关于审理侵犯专利权纠纷案件应用法律若干问题的解释》第十一条规定，人民法院认定外观设计是否相同或者近似时，应当根据授权外观设计、被诉侵权设计的设计特征，以外观设计的整体视觉效果进行综合判断；对于主要由技术功能决定的设计特征以及对整体视觉效果不产生影响的产品的材料、内部结构等特征，应当不予考虑。

根据该条可知，法院在判定涉案侵权产品是否与外观设计专利相同或者相近似时，采用的标准是整体观察和综合判断，被诉侵权设计与授权外观设计在整体视觉效果上无差异的，人民法院应当认定两者相同；在整体视觉效果上无实质性差异的，应当认定两者近似。

① 最高人民法院民事裁定书，(2013)民申字第1658号。

在整体观察和综合判断时,法院会重点考量如下因素。

(一)设计要部和设计要点

《最高人民法院关于审理侵犯专利权纠纷案件应用法律若干问题的解释》第十一条第二款规定,“下列情形,通常对外观设计的整体视觉效果更具有影响:

(一)产品正常使用时容易被直接观察到的部位相对于其他部位;

(二)授权外观设计区别于现有设计的设计特征相对于授权外观设计的其他设计特征”。

《专利侵权判定指南》(2017)第六十七条第二款规定,设计要点是指外观设计区别于现有设计、能够对一般消费者产生显著视觉影响的设计特征。

在上述规定中,容易被直接观察到的部位即为设计要部,而授权外观设计区别于现有设计的设计特征即指设计要点,设计要部和设计要点对外观设计的整体视觉效果更具有影响。法院在整体观察和综合判断中需要着重考量。

以广东容声电器股份有限公司、佛山市顺德区齐飞电器有限公司与被上诉人胡少兴侵害外观设计专利权纠纷一案[①]为例,法院认为,本案中,壶盖、壶身、壶把和底座等都属于产品正常使用时容易被直接观察到的部位,对外观设计的整体视觉效果更具有显著影响。

另外,从现有设计抗辩对比文件中看,对比文件的壶身使用的也是上部、中部透明与下部非透明材质结合的设计,与本案专利设计在产品整体中使用透明与非透明材质的对应特征相同。因此,壶身上部、中部透明与下部非透明材质结合的设计特征不是本案专利设计区别于现有设计的设计特征,在授权外观设计与被诉侵权设计比对时,该特征相比其他设计特征对整体视觉效果的影响力较弱。

由上述案例可知,法院在对外观设计的整体视觉效果进行判定相同或者近似时,对设计要部和设计要点会着重考量,从而得出是否相同或者近似的结论。

---

① 广东省高级人民法院民事判决书,(2014)粤高法民三终字第223号。

（二）设计空间

根据《最高人民法院关于审理侵犯专利权纠纷案件应用法律若干问题的解释（二）》第十四条，人民法院在认定一般消费者对于外观设计所具有的知识水平和认知能力时，一般应当考虑被诉侵权行为发生时授权外观设计所属相同或者相近种类产品的设计空间。设计空间较大的，人民法院可以认定一般消费者通常不容易注意到不同设计之间的较小区别；设计空间较小的，人民法院可以认定一般消费者通常更容易注意到不同设计之间的较小区别。

设计空间是指设计者在创作特定产品外观设计时的自由度。在判断两外观设计是否具有明显区别时，考虑设计空间或者说设计者的创作自由度，有利于准确确定一般消费者的知识水平和认知能力。①

以上海星客特汽车销售有限公司与天津世之源汽车销售有限公司侵害外观设计专利权纠纷一案②为例，法院认为，判断被诉侵权设计与涉案专利外观设计是否相同或者近似时，应当考虑涉案专利产品的设计空间。涉案专利产品是一款根据原型车设计改装的房车，其经过设计改装的部位在于车辆的顶部、前部、中部以及后部，同时这些部位中体现了设计人员新颖的设计构思和创造性智力劳动的创新性设计特征。因此，可以看出这些部位为涉案专利产品的设计改装提供了较大的设计自由度，可以认定涉案专利产品是一款设计空间较大的产品，一般消费者通常不容易注意到不同设计之间的较小区别。

由上述案例可知，法院在对外观设计的整体视觉效果进行判定相同或者近似时，对设计空间会予以考量。另外，设计空间可由当事人进行举证，根据《专利侵权判定指南》(2017)第八十三条，判断外观设计是否相同或者相近似时，可以要求当事人提交证据证明相关设计特征的设计空间及现有设计状况。

三、判断外观设计相同或者近似的主体为一般消费者

《最高人民法院关于审理侵犯专利权纠纷案件应用法律若干问题的解释》第十条规定，人民法院应当以外观设计专利产品的一般消费者的知识水平和认

---

① 最高人民法院行政判决书，(2010)行提字第5号。

② 天津市高级人民法院民事判决书，(2014)津高民三终字第19号。

知能力，判断外观设计是否相同或者近似。

根据该条规定，首先在判断外观设计专利相同或者近似时应当以一般消费者的角度对整体视觉效果进行判定是否相同或者相近似，而不是以该外观设计产品的一般设计人员、行业专家或者产品实际购买者的角度进行判断。其次，一般消费者，是一种假设的"人"，对其应当从知识水平和认知能力两方面进行界定，界定时应当考虑外观设计专利申请日时授权外观设计所属相同或者相近种类产品的设计空间。①

一般消费者的认定对外观设计专利与涉案侵权产品是否构成相同或者相近似起着极其重要的作用，对"一般消费者"的认定不同会导致案件的不同结果。

以宁波帅康灯具股份有限公司、戴某明诉国家知识产权局专利复审委员会无效宣告（专利）一案②为例，专利复审委员会根据本案专利产品特性，以"公众"作为一般消费者对本案专利产品"路灯"所施以的关注程度和所产生的视觉效果来判断本案专利与对比文件是否构成相同或相近似。一审法院则认为，对于路灯类产品，具有关注心理状态并具有一定知识水平和认知能力的一般消费者，应当是此类产品的购买者、安装者以及维修人员。

二审法院认为，本案专利产品是路灯，属于公共服务设施，消费者是对在使用状态下的路灯进行观察和欣赏。在界定路灯类产品的一般消费者的时候，应当注重该类产品的使用状态。路灯的最终使用者及路灯功能的享用者显然是不特定的过往行人，并非仅仅是专门从事路灯的制造、销售、购买、安装及维修人员。因此，二审法院撤销一审法院判决，并维持了国家知识产权局专利复审委员会无效宣告请求审查决定。

如何界定一般消费者呢？一般消费者是为了使判断结论更为客观、准确而确立的抽象判断主体，其具有特定的知识水平和认知能力。从知识水平的角度而言，一般消费者对于与外观设计专利产品相同或者相近类别的产品具有常识性的了解，其通晓申请日之前相关产品的外观设计状况，熟悉相关产品上的惯常设计。从认知能力的角度而言，一般消费者对于形状、色彩、图案等设计要素

① 参见《专利侵权判定指南》（2017）第八十二条。

② 北京市高级人民法院行政判决书，（2005）高行终字第337号。

的变化仅具有一般的注意力和分辨力，其关注外观设计的整体视觉效果，不会关注外观设计专利与对比设计之间的局部细微差别。①

综上，一般消费者在知识水平上了解外观设计专利申请日前相同或者相类似种类的外观设计常用设计手法，且了解惯常设计、外观设计空间、现有设计状况。在认知能力上，对于形状、色彩、图案等设计要素的变化仅具有一定分辨力，但不会关注局部细微差别。

另外，在判断外观设计专利与涉案侵权产品相同或相近似时，由产品功能决定的设计特征不予考虑。② 而功能性设计特征和惯常设计属于作为判断主体的一般消费者本身应当具备的知识水平。因此，惯常设计和功能性设计特征可以通过当事人提供证据予以证明，也可以在考虑一般消费者的知识水平和能力的情况下通过充分说理予以认定。③

四、结语

发明专利与实用新型专利侵权裁判标准采用的是全面覆盖原则、相同原则和等同原则，然而外观设计专利侵权裁判标准与发明专利与实用新型专利不同。根据本书上述分析，外观设计专利采用的是整体观察、综合判断的裁判标准，该裁判标准会带有一定主观性，因此，相关司法解释与司法判例给出了较为具体的裁判标准，使主观的判定更具有一定客观性。

第四节　标准必要专利侵权裁判标准

标准必要专利，英语为 Standard Essential Patent，简称为 SEP。标准必要专利是指为实施技术标准而必须使用的专利。④ 标准必要专利在专利侵权判定中，其裁判标准不同于普通专利。另外，标准必要专利由于其特殊性，禁诉救济

① 最高人民法院行政判决书，(2011)行提字第 1 号。
② 参见《专利侵权判定指南》(2017)第八十五条。
③ 北京市高级人民法院行政判决书，(2018)京行终 4169 号。
④ 参见《专利侵权判定指南》(2017)第一百四十九条第三款。

和许可费率成为其主要争议点。本书就标准必要专利的侵权裁判标准作简要浅析。

在标准必要专利侵权案件中，法院在审理中会按以下步骤：(1)确认被诉侵权产品是否落入涉案专利的保护范围。(2)对原告提出的侵权救济进行审理。

一、被诉侵权产品是否落入涉案专利的保护范围

(一)未经许可使用标准必要专利，是否为侵权行为

《最高人民法院关于审理侵犯专利权纠纷案件应用法律若干问题的解释(二)》第二十四条第一款规定，推荐性国家、行业或者地方标准明示所涉必要专利的信息，被诉侵权人以实施该标准无须专利权人许可为由抗辩不侵犯该专利权的，人民法院一般不予支持。

根据上述规定，对于推荐性国家、行业或者地方标准明示所涉必要专利的信息，被诉侵权人未经标准必要专利权人许可实施该专利，为侵权专利权行为。

(二)裁判标准

1. 概述

对于普通专利来说，发明专利和实用新型专利在侵权判定时采用全面覆盖原则、相同原则和等同原则；外观设计专利在侵权判定时采用的是整体观察、综合裁判标准。而标准必要专利是一类比较特殊的专利，其侵权裁判标准与普通专利不同。由于标准必要专利会涉及众多专利，若采用普通专利的侵权裁判标准会错综复杂，因此，标准必要专利采用了一套特殊判断方法。

标准必要专利纠纷的侵权判断可遵循以下路径：(1)确定标准的具体内容并判断涉案专利是否为标准必要专利。(2)有证据证明被诉侵权产品符合标准必要专利所对应的标准的，可推定被诉侵权产品落入标准必要专利权利保护范围。(3)被诉侵权人否认被诉侵权产品落入标准必要专利权利保护范围的，须就未实施标准必要专利进行举证。[①]

---

① 参见广东省高级人民法院发布的《关于审理标准必要专利纠纷案件的工作指引(试行)》第九条。

被告若认为涉案专利不是标准必要专利,需提出异议主张。法院根据被告的异议对涉案专利是否为标准必要专利进行确认。法院通过对涉案专利与其所对应的标准规范进行比对,从而作出是否标准必要专利的判断。

若法院认为涉案专利是标准必要专利,则需判断被诉侵权产品是否符合标准规范;若符合标准规范,则可推定被诉侵权产品落入涉案专利的保护范围。如果被告认为其产品没有落入涉案专利的保护范围,则需要举出相反事实或者证据。

2. 确认标准必要专利的方法:应当判断涉案标准规范是否包含了涉案专利权利要求的全部技术特征

在华为技术有限公司、华为终端有限公司、华为软件技术有限公司与康文森无线许可有限公司确认不侵害专利权纠纷一案①中,法院认为,在具体的实践中认定某一专利是否为标准必要专利时,需要把专利的权利要求和标准规范比较,如果权利要求的每个技术特征都可以在标准规范中找到对应,该权利要求则为"标准必要"。如权利要求有任何一个技术特征不能在标准规范中找到对应,该权利要求则为"非标准必要"。如果某一专利的所有独立权利要求都属于非标准必要,该专利则被视为非标准必要。

在皇家 KPN 公司与小米科技有限责任公司侵害发明专利权纠纷一案②中,法院认为,人民法院判定被诉侵权技术方案是否落入专利权的保护范围,应当审查权利人主张的权利要求所记载的全部技术特征。被诉侵权技术方案包含与权利要求记载的全部技术特征相同或者等同的技术特征的,人民法院应当认定其落入专利权的保护范围;被诉侵权技术方案的技术特征与权利要求记载的全部技术特征相比,缺少权利要求记载的一个以上的技术特征,或者有一个以上技术特征不相同也不等同的,人民法院应当认定其没有落入专利权的保护范围。故判断涉案标准是否采用了涉案专利权利要求二十三限定的技术方案,应当判断涉案标准是否包含了与涉案专利权利要求二十三限定的全部技术特征相同或等同的技术特征。

通过上述两则案例可知,在判断涉案专利是否是标准必要专利时,要对比标准规范与涉案专利的权利要求,如果权利要求的每个技术特征都可以在标准

---

① 江苏省南京市中级人民法院民事判决书,(2018)苏01民初232、233、234号。

② 最高人民法院民事裁定书,(2019)最高法民申4276号。

规范中找到对应,即标准规范全面覆盖了权利要求的技术特征,则该权利要求为“标准必要”,该专利为标准必要专利。

二、侵权救济

若法院认定被诉侵权产品不落入涉案专利的保护范围,则可直接驳回原告诉讼请求。若法院认定被诉侵权产品落入涉案专利的保护范围,第二步则需要审理原告的侵权救济。在标准必要专利侵权纠纷中,原告的侵权救济一般为禁令救济和专利许可费救济。本书就禁令救济和专利许可费救济问题作如下分析。

(一)禁令救济

禁令救济,即原告请求法院判决被告停止实施其标准必要专利。对于停止侵权的诉讼请求,在普通专利侵权中,法院在不影响公共利益等特殊情况下皆会准许。但是在标准必要专利侵权案件中,对于原告提起的停止侵权诉讼请求,法院会审慎处理,不会轻易支持原告的禁令救济。法院对于是否给予禁令救济的判定标准基于原被告双方是否具有过错。本书就对双方的四种过错形式进行分析。

1. 四种过错分析

(1)原告有过错,被告无过错

《最高人民法院关于审理侵犯专利权纠纷案件应用法律若干问题的解释(二)》第二十四条第二款规定,“推荐性国家、行业或者地方标准明示所涉必要专利的信息,专利权人、被诉侵权人协商该专利的实施许可条件时,专利权人故意违反其在标准制定中承诺的公平、合理、无歧视的许可义务,导致无法达成专利实施许可合同,且被诉侵权人在协商中无明显过错的,对于权利人请求停止标准实施行为的主张,人民法院一般不予支持”。

根据上述规定可知,如果原告作为专利权人违反公平、合理、无歧视的许可义务,而被告作为侵权人无过错,则人民法院一般不支持原告的禁令救济。

(2)原告无过错,被告有过错

在索尼移动通信产品(中国)有限公司(以下简称索尼中国公司)与西安西

电捷通无线网络通信股份有限公司(以下简称西电捷通公司)侵害发明专利权纠纷案[①]中,法院认为,原告西电捷通公司在与被告索尼中国公司协商的过程中解释了 WAPI 相关技术、提供了专利清单和许可合同文本并明确其许可条件,尽到了作为权利人的义务,在谈判过程中没有过错。然而,被告索尼中国公司在协商过程中反复提及“不认同其现在或者计划中的产品用到了 WAPI 专利”等内容,但没有提供任何进一步的解释以及推动谈判的建议,明显具有拖延谈判的故意。

另外,即使在诉讼阶段,被告索尼中国公司也没有提出明确的许可条件,也未及时向人民法院提交其所主张的许可费或提供不低于该金额的担保,并没有表示出对许可谈判的诚意。因此,被告索尼中国公司在谈判过程中具有明显过错。

法院基于案件事实认定了原告没有过错,而被告具有明显过错。在该种情况下,法院支持了原告的禁诉救济。

(3)双方均无过错

《专利侵权判定指南》(2017)第一百五十二条规定,“没有证据证明标准必要专利的专利权人故意违反公平、合理、无歧视的许可义务,且被诉侵权人在标准必要专利的实施许可协商中也没有明显过错的,如被诉侵权人及时向人民法院提交其所主张的许可费或提供不低于该金额的担保,对于专利权人请求停止标准实施行为的主张一般不予支持”。

从上述法条可知,当原告和被告均无明显过错的情况下,如果被告向人民法院提交其所主张的许可费或提供不低于该金额的担保,则法院一般不支持原告的禁诉救济。

(4)双方均有过错

《专利侵权判定指南》(2017)第一百五十三条第一款规定,“专利权人未履行公平、合理和无歧视的许可义务,但被诉侵权人在协商中也存在明显过错的,应在分析双方当事人的过错程度,并判断许可协商中断的承担主要责任一方之后,再确定是否应支持专利权人请求停止标准实施行为的主张”。

---

① 北京市高级人民法院民事判决书,(2017)京民终 454 号。

从上述法条可知，在双方均具有明显过错情况下，法院应当分析双方的过错大小来判定是否支持原告的禁诉救济。

综上，法院根据双方是否有过错，以及过错的大小会作出是否支持原告禁诉救济的判决。那么法院又是如何认定双方过错呢？

2. 过错的认定

法院判断双方过错的依据是双方在谈判中是否本着诚实信用原则进行协商。专利权人的诚实信用原则体现在其遵守公平、合理、无歧视的许可义务，即FRAND原则。若专利权人违反许可义务，则法院会认定其具有过错。有下列情况之一，可以认定专利权人故意违反公平、合理、无歧视的许可义务：

（1）未以书面形式通知被诉侵权人侵犯专利权，且未列明侵犯专利权的范围和具体侵权方式；

（2）在被诉侵权人明确表达接受专利许可协商的意愿后，未按商业惯例和交易习惯以书面形式向被诉侵权人提供专利信息或提供具体许可条件的；

（3）未向被诉侵权人提出符合商业惯例和交易习惯的答复期限；

（4）在协商实施许可条件过程中，无合理理由而阻碍或中断许可协商；

（5）在协商实施许可过程中主张明显不合理的条件，导致无法达成专利实施许可合同；

（6）专利权人在许可协商中有其他明显过错行为的。①

对于被诉侵权人的过错，有下列行为之一的，法院可以认定被诉侵权人在标准必要专利许可协商过程中存在明显过错：

（1）收到专利权人的书面侵权通知后，未在合理时间内积极答复的；

（2）收到专利权人的书面许可条件后，未在合理时间内积极回复是否接受专利权人提出的许可条件，或在拒绝接受专利权人提出的许可条件时未提出新的许可条件建议的；

（3）无合理理由而阻碍、拖延或拒绝参与许可协商的；

（4）在协商实施许可条件过程中主张明显不合理的条件，导致无法达成专利实施许可合同；

---

① 参见《专利侵权判定指南》（2017）第一百五十二条第二款。

(5)被诉侵权人在许可协商中有其他明显过错行为的。①

(二)专利许可费救济

《最高人民法院关于审理侵犯专利权纠纷案件应用法律若干问题的解释(二)》第二十四条第三款规定,“本条第二款所称实施许可条件,应当由专利权人、被诉侵权人协商确定。经充分协商,仍无法达成一致的,可以请求人民法院确定。人民法院在确定上述实施许可条件时,应当根据公平、合理、无歧视的原则,综合考虑专利的创新程度及其在标准中的作用、标准所属的技术领域、标准的性质、标准实施的范围和相关的许可条件等因素”。

根据上述规定,人民法院可以根据当事人请求确定实施条件,而许可费亦为实施条件之一,换言之,人民法院可以根据当事人的请求确定许可费。许可费是根据许可费率计算,在实务中,许可费率的计算成为很多标准必要专利案件的争议焦点。司法实践中,在计算许可费率时用到最多的方法为自上而下法和可比协议法。

自下而上法是首先对特定标准相关的所有必要专利的总许可费进行确定,然后将这一总累积费率在不同的专利持有人之间进行合理分配的方法。由于自上而下法先确定了全部标准必要专利权人能从一部终端设备中获得的最高收益,因此限定了各个专利权人只能在这个范围之内进行分配,使不同专利权人的许可费总和不会超过一个合理的上限,从而该方法至少为 FRAND 费率提供了一个最高的界限。使用该累积费率事实上符合费率确定的公平原则,能够反映专利权人对于自己的技术贡献至产品的许可价值的预计,且可以预防在相关标准被采纳后增加不公平费率的专利“劫持”行为。②

可比协议法是利用企业间过往通过商业手段达成的许可费授权协议作为参照,来对比目前涉案的专利许可情况,进而计算出涉案专利的许可费率。这种方法下所使用的协议直接反映了有意愿的许可方和有意愿的被许可方在公平、独立的条件下通过谈判所达成的协议。③

---

① 参见《专利侵权判定指南》(2017)第一百五十三条第二款。

② 江苏省南京市中级人民法院民事判决书,(2018)苏01民初232、233、234号。

③ 江苏省南京市中级人民法院民事判决书,(2018)苏01民初232、233、234号。

以华为技术有限公司、华为终端有限公司、华为软件技术有限公司与康文森无线许可有限公司确认不侵害专利权纠纷一案①为例，被告提出可比协议法计算许可费率，法院认为被告证据中所涉专利包质量不具有可比性。虽然被告提供了专家报告，但该报告中以无线星球案判决结果作为本案费率计算的可比依据不合理，因此法院未采纳被告提出的可比协议法。而原告提出了自上而下法来计算许可费率，法院认为自上而下法更适合该案。采用自上而下法的标准必要专利的中国费率的计算公示为：单族专利的中国费率 = 标准在中国的行业累积费率 × 单族专利的贡献占比。法院通过对全球累积费率的确认、标准在中国行业累积费率的测算、中国标准必要专利总族数的认定、单模移动终端产品中各标准项下的许可费率的计算和多模移动终端产品（2G/3G/4G）中各标准项下的许可费率的计算，最终确定了该案的许可费率。

三、结语

标准必要专利侵权案件往往是双方就专利许可费未达成一致所引发的，原告提出禁诉救济的目的也是希望与被告就许可费问题达成一致，而法院在审理过程中，亦以促成双方就专利许可费达成一致为主要方向。若原被告双方最终无法达成一致，法院则需要对禁诉救济和许可费相关问题作出判决。另外，法院在审理标准必要专利侵权案件时，会注意专利权人是否有专利“劫持”行为，亦会注意专利实施者是否有反向“劫持”行为。

① 江苏省南京市中级人民法院民事判决书，（2018）苏01民初232、233、234号。

本章附录　中华人民共和国专利法(2020修正)

中华人民共和国专利法

(1984年3月12日第六届全国人民代表大会常务委员会第四次会议通过　根据1992年9月4日第七届全国人民代表大会常务委员会第二十七次会议《关于修改〈中华人民共和国专利法〉的决定》第一次修正　根据2000年8月25日第九届全国人民代表大会常务委员会第十七次会议《关于修改〈中华人民共和国专利法〉的决定》第二次修正　根据2008年12月27日第十一届全国人民代表大会常务委员会第六次会议《关于修改〈中华人民共和国专利法〉的决定》第三次修正　根据2020年10月17日第十三届全国人民代表大会常务委员会第二十二次会议《关于修改〈中华人民共和国专利法〉的决定》第四次修正)

目　　录

第一章　总　　则

第一条　为了保护专利权人的合法权益,鼓励发明创造,推动发明创造的应用,提高创新能力,促进科学技术进步和经济社会发展,制定本法。

第二条　本法所称的发明创造是指发明、实用新型和外观设计。

发明,是指对产品、方法或者其改进所提出的新的技术方案。

实用新型,是指对产品的形状、构造或者其结合所提出的适于实用的新的技术方案。

外观设计,是指对产品的整体或者局部的形状、图案或者其结合以及色彩与形状、图案的结合所作出的富有美感并适于工业应用的新设计。

第三条　国务院专利行政部门负责管理全国的专利工作;统一受理和审查专利申请,依法授予专利权。

省、自治区、直辖市人民政府管理专利工作的部门负责本行政区域内的专利管理工作。

第四条　申请专利的发明创造涉及国家安全或者重大利益需要保密的,按照国家有关规定办理。

第五条　对违反法律、社会公德或者妨害公共利益的发明创造,不授予专利权。

对违反法律、行政法规的规定获取或者利用遗传资源,并依赖该遗传资源完成的发明创造,不授予专利权。

第六条　执行本单位的任务或者主要是利用本单位的物质技术条件所完成的发明创造为职务发明创造。职务发明创造申请专利的权利属于该单位,申请被批准后,该单位为专利权人。该单位可以依法处置其职务发明创造申请专利的权利和专利权,促进相关发明创造的实施和运用。

非职务发明创造,申请专利的权利属于发明人或者设计人;申请被批准后,该发明人或者设计人为专利权人。

利用本单位的物质技术条件所完成的发明创造,单位与发明人或者设计人订有合同,对申请专利的权利和专利权的归属作出约定的,从其约定。

第七条　对发明人或者设计人的非职务发明创造专利申请,任何单位或者个人不得压制。

第八条　两个以上单位或者个人合作完成的发明创造、一个单位或者个人接受其他单位或者个人委托所完成的发明创造,除另有协议的以外,申请专利的权利属于完成或者共同完成的单位或者个人;申请被批准后,申请的单位或者个人为专利权人。

第九条 同样的发明创造只能授予一项专利权。但是，同一申请人同日对同样的发明创造既申请实用新型专利又申请发明专利，先获得的实用新型专利权尚未终止，且申请人声明放弃该实用新型专利权的，可以授予发明专利权。

两个以上的申请人分别就同样的发明创造申请专利的，专利权授予最先申请的人。

第十条 专利申请权和专利权可以转让。

中国单位或者个人向外国人、外国企业或者外国其他组织转让专利申请权或者专利权的，应当依照有关法律、行政法规的规定办理手续。

转让专利申请权或者专利权的，当事人应当订立书面合同，并向国务院专利行政部门登记，由国务院专利行政部门予以公告。专利申请权或者专利权的转让自登记之日起生效。

第十一条 发明和实用新型专利权被授予后，除本法另有规定的以外，任何单位或者个人未经专利权人许可，都不得实施其专利，即不得为生产经营目的制造、使用、许诺销售、销售、进口其专利产品，或者使用其专利方法以及使用、许诺销售、销售、进口依照该专利方法直接获得的产品。

外观设计专利权被授予后，任何单位或者个人未经专利权人许可，都不得实施其专利，即不得为生产经营目的制造、许诺销售、销售、进口其外观设计专利产品。

第十二条 任何单位或者个人实施他人专利的，应当与专利权人订立实施许可合同，向专利权人支付专利使用费。被许可人无权允许合同规定以外的任何单位或者个人实施该专利。

第十三条 发明专利申请公布后，申请人可以要求实施其发明的单位或者个人支付适当的费用。

第十四条 专利申请权或者专利权的共有人对权利的行使有约定的，从其约定。没有约定的，共有人可以单独实施或者以普通许可方式许可他人实施该专利；许可他人实施该专利的，收取的使用费应当在共有人之间分配。

除前款规定的情形外，行使共有的专利申请权或者专利权应当取得全体共有人的同意。

第十五条　被授予专利权的单位应当对职务发明创造的发明人或者设计人给予奖励;发明创造专利实施后,根据其推广应用的范围和取得的经济效益,对发明人或者设计人给予合理的报酬。

国家鼓励被授予专利权的单位实行产权激励,采取股权、期权、分红等方式,使发明人或者设计人合理分享创新收益。

第十六条　发明人或者设计人有权在专利文件中写明自己是发明人或者设计人。

专利权人有权在其专利产品或者该产品的包装上标明专利标识。

第十七条　在中国没有经常居所或者营业所的外国人、外国企业或者外国其他组织在中国申请专利的,依照其所属国同中国签订的协议或者共同参加的国际条约,或者依照互惠原则,根据本法办理。

第十八条　在中国没有经常居所或者营业所的外国人、外国企业或者外国其他组织在中国申请专利和办理其他专利事务的,应当委托依法设立的专利代理机构办理。

中国单位或者个人在国内申请专利和办理其他专利事务的,可以委托依法设立的专利代理机构办理。

专利代理机构应当遵守法律、行政法规,按照被代理人的委托办理专利申请或者其他专利事务;对被代理人发明创造的内容,除专利申请已经公布或者公告的以外,负有保密责任。专利代理机构的具体管理办法由国务院规定。

第十九条　任何单位或者个人将在中国完成的发明或者实用新型向外国申请专利的,应当事先报经国务院专利行政部门进行保密审查。保密审查的程序、期限等按照国务院的规定执行。

中国单位或者个人可以根据中华人民共和国参加的有关国际条约提出专利国际申请。申请人提出专利国际申请的,应当遵守前款规定。

国务院专利行政部门依照中华人民共和国参加的有关国际条约、本法和国务院有关规定处理专利国际申请。

对违反本条第一款规定向外国申请专利的发明或者实用新型,在中国申请专利的,不授予专利权。

第二十条　申请专利和行使专利权应当遵循诚实信用原则。不得滥用专利权损害公共利益或者他人合法权益。

滥用专利权,排除或者限制竞争,构成垄断行为的,依照《中华人民共和国反垄断法》处理。

第二十一条 国务院专利行政部门应当按照客观、公正、准确、及时的要求,依法处理有关专利的申请和请求。

国务院专利行政部门应当加强专利信息公共服务体系建设,完整、准确、及时发布专利信息,提供专利基础数据,定期出版专利公报,促进专利信息传播与利用。

在专利申请公布或者公告前,国务院专利行政部门的工作人员及有关人员对其内容负有保密责任。

第二章 授予专利权的条件

第二十二条 授予专利权的发明和实用新型,应当具备新颖性、创造性和实用性。

新颖性,是指该发明或者实用新型不属于现有技术;也没有任何单位或者个人就同样的发明或者实用新型在申请日以前向国务院专利行政部门提出过申请,并记载在申请日以后公布的专利申请文件或者公告的专利文件中。

创造性,是指与现有技术相比,该发明具有突出的实质性特点和显著的进步,该实用新型具有实质性特点和进步。

实用性,是指该发明或者实用新型能够制造或者使用,并且能够产生积极效果。

本法所称现有技术,是指申请日以前在国内外为公众所知的技术。

第二十三条 授予专利权的外观设计,应当不属于现有设计;也没有任何单位或者个人就同样的外观设计在申请日以前向国务院专利行政部门提出过申请,并记载在申请日以后公告的专利文件中。

授予专利权的外观设计与现有设计或者现有设计特征的组合相比,应当具有明显区别。

授予专利权的外观设计不得与他人在申请日以前已经取得的合法权利相冲突。

本法所称现有设计，是指申请日以前在国内外为公众所知的设计。

第二十四条　申请专利的发明创造在申请日以前六个月内，有下列情形之一的，不丧失新颖性：

（一）在国家出现紧急状态或者非常情况时，为公共利益目的首次公开的；

（二）在中国政府主办或者承认的国际展览会上首次展出的；

（三）在规定的学术会议或者技术会议上首次发表的；

（四）他人未经申请人同意而泄露其内容的。

第二十五条　对下列各项，不授予专利权：

（一）科学发现；

（二）智力活动的规则和方法；

（三）疾病的诊断和治疗方法；

（四）动物和植物品种；

（五）原子核变换方法以及用原子核变换方法获得的物质；

（六）对平面印刷品的图案、色彩或者二者的结合作出的主要起标识作用的设计。

对前款第（四）项所列产品的生产方法，可以依照本法规定授予专利权。

第三章　专利的申请

第二十六条　申请发明或者实用新型专利的，应当提交请求书、说明书及其摘要和权利要求书等文件。

请求书应当写明发明或者实用新型的名称，发明人的姓名，申请人姓名或者名称、地址，以及其他事项。

说明书应当对发明或者实用新型作出清楚、完整的说明，以所属技术领域的技术人员能够实现为准；必要的时候，应当有附图。摘要应当简要说明发明或者实用新型的技术要点。

权利要求书应当以说明书为依据，清楚、简要地限定要求专利保护的范围。

依赖遗传资源完成的发明创造，申请人应当在专利申请文件中说明该遗传资源的直接来源和原始来源；申请人无法说明原始来源的，应当陈述理由。

第二十七条　申请外观设计专利的，应当提交请求书、该外观设计的图片或者照片以及对该外观设计的简要说明等文件。

申请人提交的有关图片或者照片应当清楚地显示要求专利保护的产品的外观设计。

第二十八条 国务院专利行政部门收到专利申请文件之日为申请日。如果申请文件是邮寄的,以寄出的邮戳日为申请日。

第二十九条 申请人自发明或者实用新型在外国第一次提出专利申请之日起十二个月内,或者自外观设计在外国第一次提出专利申请之日起六个月内,又在中国就相同主题提出专利申请的,依照该外国同中国签订的协议或者共同参加的国际条约,或者依照相互承认优先权的原则,可以享有优先权。

申请人自发明或者实用新型在中国第一次提出专利申请之日起十二个月内,或者自外观设计在中国第一次提出专利申请之日起六个月内,又向国务院专利行政部门就相同主题提出专利申请的,可以享有优先权。

第三十条 申请人要求发明、实用新型专利优先权的,应当在申请的时候提出书面声明,并且在第一次提出申请之日起十六个月内,提交第一次提出的专利申请文件的副本。

申请人要求外观设计专利优先权的,应当在申请的时候提出书面声明,并且在三个月内提交第一次提出的专利申请文件的副本。

申请人未提出书面声明或者逾期未提交专利申请文件副本的,视为未要求优先权。

第三十一条 一件发明或者实用新型专利申请应当限于一项发明或者实用新型。属于一个总的发明构思的两项以上的发明或者实用新型,可以作为一件申请提出。

一件外观设计专利申请应当限于一项外观设计。同一产品两项以上的相似外观设计,或者用于同一类别并且成套出售或者使用的产品的两项以上外观设计,可以作为一件申请提出。

第三十二条 申请人可以在被授予专利权之前随时撤回其专利申请。

第三十三条 申请人可以对其专利申请文件进行修改,但是,对发明和实用新型专利申请文件的修改不得超出原说明书和权利要求书记载的范围,对外观设计专利申请文件的修改不得超出原图片或者照片表示的范围。

第四章　专利申请的审查和批准

第三十四条　国务院专利行政部门收到发明专利申请后，经初步审查认为符合本法要求的，自申请日起满十八个月，即行公布。国务院专利行政部门可以根据申请人的请求早日公布其申请。

第三十五条　发明专利申请自申请日起三年内，国务院专利行政部门可以根据申请人随时提出的请求，对其申请进行实质审查；申请人无正当理由逾期不请求实质审查的，该申请即被视为撤回。

国务院专利行政部门认为必要的时候，可以自行对发明专利申请进行实质审查。

第三十六条　发明专利的申请人请求实质审查的时候，应当提交在申请日前与其发明有关的参考资料。

发明专利已经在外国提出过申请的，国务院专利行政部门可以要求申请人在指定期限内提交该国为审查其申请进行检索的资料或者审查结果的资料；无正当理由逾期不提交的，该申请即被视为撤回。

第三十七条　国务院专利行政部门对发明专利申请进行实质审查后，认为不符合本法规定的，应当通知申请人，要求其在指定的期限内陈述意见，或者对其申请进行修改；无正当理由逾期不答复的，该申请即被视为撤回。

第三十八条　发明专利申请经申请人陈述意见或者进行修改后，国务院专利行政部门仍然认为不符合本法规定的，应当予以驳回。

第三十九条　发明专利申请经实质审查没有发现驳回理由的，由国务院专利行政部门作出授予发明专利权的决定，发给发明专利证书，同时予以登记和公告。发明专利权自公告之日起生效。

第四十条　实用新型和外观设计专利申请经初步审查没有发现驳回理由的，由国务院专利行政部门作出授予实用新型专利权或者外观设计专利权的决定，发给相应的专利证书，同时予以登记和公告。实用新型专利权和外观设计专利权自公告之日起生效。

第四十一条　专利申请人对国务院专利行政部门驳回申请的决定不服的，可以自收到通知之日起三个月内向国务院专利行政部门请求复审。国务院专利行政部门复审后,作出决定,并通知专利申请人。

专利申请人对国务院专利行政部门的复审决定不服的,可以自收到通知之日起三个月内向人民法院起诉。

第五章 专利权的期限、终止和无效

第四十二条 发明专利权的期限为二十年,实用新型专利权的期限为十年,外观设计专利权的期限为十五年,均自申请日起计算。

自发明专利申请日起满四年,且自实质审查请求之日起满三年后授予发明专利权的,国务院专利行政部门应专利权人的请求,就发明专利在授权过程中的不合理延迟给予专利权期限补偿,但由申请人引起的不合理延迟除外。

为补偿新药上市审评审批占用的时间,对在中国获得上市许可的新药相关发明专利,国务院专利行政部门应专利权人的请求给予专利权期限补偿。补偿期限不超过五年,新药批准上市后总有效专利权期限不超过十四年。

第四十三条 专利权人应当自被授予专利权的当年开始缴纳年费。

第四十四条 有下列情形之一的,专利权在期限届满前终止:

(一)没有按照规定缴纳年费的;

(二)专利权人以书面声明放弃其专利权的。

专利权在期限届满前终止的,由国务院专利行政部门登记和公告。

第四十五条 自国务院专利行政部门公告授予专利权之日起,任何单位或者个人认为该专利权的授予不符合本法有关规定的,可以请求国务院专利行政部门宣告该专利权无效。

第四十六条 国务院专利行政部门对宣告专利权无效的请求应当及时审查和作出决定,并通知请求人和专利权人。宣告专利权无效的决定,由国务院专利行政部门登记和公告。

对国务院专利行政部门宣告专利权无效或者维持专利权的决定不服的,可以自收到通知之日起三个月内向人民法院起诉。人民法院应当通知无效宣告请求程序的对方当事人作为第三人参加诉讼。

第四十七条 宣告无效的专利权视为自始即不存在。

宣告专利权无效的决定,对在宣告专利权无效前人民法院作出并已执行的专利侵权的判决、调解书,已经履行或者强制执行的专利侵权纠纷处理决定,以及已经履行的专利实施许可合同和专利权转让合同,不具有追溯力。但是因专利权人的恶意给他人造成的损失,应当给予赔偿。

依照前款规定不返还专利侵权赔偿金、专利使用费、专利权转让费,明显违反公平原则的,应当全部或者部分返还。

第六章　专利实施的特别许可

第四十八条　国务院专利行政部门、地方人民政府管理专利工作的部门应当会同同级相关部门采取措施,加强专利公共服务,促进专利实施和运用。

第四十九条　国有企业事业单位的发明专利,对国家利益或者公共利益具有重大意义的,国务院有关主管部门和省、自治区、直辖市人民政府报经国务院批准,可以决定在批准的范围内推广应用,允许指定的单位实施,由实施单位按照国家规定向专利权人支付使用费。

第五十条　专利权人自愿以书面方式向国务院专利行政部门声明愿意许可任何单位或者个人实施其专利,并明确许可使用费支付方式、标准的,由国务院专利行政部门予以公告,实行开放许可。就实用新型、外观设计专利提出开放许可声明的,应当提供专利权评价报告。

专利权人撤回开放许可声明的,应当以书面方式提出,并由国务院专利行政部门予以公告。开放许可声明被公告撤回的,不影响在先给予的开放许可的效力。

第五十一条　任何单位或者个人有意愿实施开放许可的专利的,以书面方式通知专利权人,并依照公告的许可使用费支付方式、标准支付许可使用费后,即获得专利实施许可。

开放许可实施期间,对专利权人缴纳专利年费相应给予减免。

实行开放许可的专利权人可以与被许可人就许可使用费进行协商后给予普通许可,但不得就该专利给予独占或者排他许可。

第五十二条　当事人就实施开放许可发生纠纷的,由当事人协商解决;不愿协商或者协商不成的,可以请求国务院专利行政部门进行调解,也可以向人民法院起诉。

第五十三条 有下列情形之一的，国务院专利行政部门根据具备实施条件的单位或者个人的申请，可以给予实施发明专利或者实用新型专利的强制许可：

（一）专利权人自专利权被授予之日起满三年，且自提出专利申请之日起满四年，无正当理由未实施或者未充分实施其专利的；

（二）专利权人行使专利权的行为被依法认定为垄断行为，为消除或者减少该行为对竞争产生的不利影响的。

第五十四条 在国家出现紧急状态或者非常情况时，或者为了公共利益的目的，国务院专利行政部门可以给予实施发明专利或者实用新型专利的强制许可。

第五十五条 为了公共健康目的，对取得专利权的药品，国务院专利行政部门可以给予制造并将其出口到符合中华人民共和国参加的有关国际条约规定的国家或者地区的强制许可。

第五十六条 一项取得专利权的发明或者实用新型比前已经取得专利权的发明或者实用新型具有显著经济意义的重大技术进步，其实施又有赖于前一发明或者实用新型的实施的，国务院专利行政部门根据后一专利权人的申请，可以给予实施前一发明或者实用新型的强制许可。

在依照前款规定给予实施强制许可的情形下，国务院专利行政部门根据前一专利权人的申请，也可以给予实施后一发明或者实用新型的强制许可。

第五十七条 强制许可涉及的发明创造为半导体技术的，其实施限于公共利益的目的和本法第五十三条第（二）项规定的情形。

第五十八条 除依照本法第五十三条第（二）项、第五十五条规定给予的强制许可外，强制许可的实施应当主要为了供应国内市场。

第五十九条 依照本法第五十三条第（一）项、第五十六条规定申请强制许可的单位或者个人应当提供证据，证明其以合理的条件请求专利权人许可其实施专利，但未能在合理的时间内获得许可。

第六十条 国务院专利行政部门作出的给予实施强制许可的决定，应当及时通知专利权人，并予以登记和公告。

给予实施强制许可的决定，应当根据强制许可的理由规定实施的范围和时间。强制许可的理由消除并不再发生时,国务院专利行政部门应当根据专利权人的请求,经审查后作出终止实施强制许可的决定。

第六十一条 取得实施强制许可的单位或者个人不享有独占的实施权,并且无权允许他人实施。

第六十二条 取得实施强制许可的单位或者个人应当付给专利权人合理的使用费,或者依照中华人民共和国参加的有关国际条约的规定处理使用费问题。付给使用费的,其数额由双方协商;双方不能达成协议的,由国务院专利行政部门裁决。

第六十三条 专利权人对国务院专利行政部门关于实施强制许可的决定不服的,专利权人和取得实施强制许可的单位或者个人对国务院专利行政部门关于实施强制许可的使用费的裁决不服的,可以自收到通知之日起三个月内向人民法院起诉。

第七章 专利权的保护

第六十四条 发明或者实用新型专利权的保护范围以其权利要求的内容为准,说明书及附图可以用于解释权利要求的内容。

外观设计专利权的保护范围以表示在图片或者照片中的该产品的外观设计为准,简要说明可以用于解释图片或者照片所表示的该产品的外观设计。

第六十五条 未经专利权人许可,实施其专利,即侵犯其专利权,引起纠纷的,由当事人协商解决;不愿协商或者协商不成的,专利权人或者利害关系人可以向人民法院起诉,也可以请求管理专利工作的部门处理。管理专利工作的部门处理时,认定侵权行为成立的,可以责令侵权人立即停止侵权行为,当事人不服的,可以自收到处理通知之日起十五日内依照《中华人民共和国行政诉讼法》向人民法院起诉;侵权人期满不起诉又不停止侵权行为的,管理专利工作的部门可以申请人民法院强制执行。进行处理的管理专利工作的部门应当事人的请求,可以就侵犯专利权的赔偿数额进行调解;调解不成的,当事人可以依照《中华人民共和国民事诉讼法》向人民法院起诉。

第六十六条 专利侵权纠纷涉及新产品制造方法的发明专利的,制造同样产品的单位或者个人应当提供其产品制造方法不同于专利方法的证明。

专利侵权纠纷涉及实用新型专利或者外观设计专利的，人民法院或者管理专利工作的部门可以要求专利权人或者利害关系人出具由国务院专利行政部门对相关实用新型或者外观设计进行检索、分析和评价后作出的专利权评价报告，作为审理、处理专利侵权纠纷的证据；专利权人、利害关系人或者被控侵权人也可以主动出具专利权评价报告。

第六十七条 在专利侵权纠纷中，被控侵权人有证据证明其实施的技术或者设计属于现有技术或者现有设计的，不构成侵犯专利权。

第六十八条 假冒专利的，除依法承担民事责任外，由负责专利执法的部门责令改正并予公告，没收违法所得，可以处违法所得五倍以下的罚款；没有违法所得或者违法所得在五万元以下的，可以处二十五万元以下的罚款；构成犯罪的，依法追究刑事责任。

第六十九条 负责专利执法的部门根据已经取得的证据，对涉嫌假冒专利行为进行查处时，有权采取下列措施：

（一）询问有关当事人，调查与涉嫌违法行为有关的情况；

（二）对当事人涉嫌违法行为的场所实施现场检查；

（三）查阅、复制与涉嫌违法行为有关的合同、发票、账簿以及其他有关资料；

（四）检查与涉嫌违法行为有关的产品；

（五）对有证据证明是假冒专利的产品，可以查封或者扣押。

管理专利工作的部门应专利权人或者利害关系人的请求处理专利侵权纠纷时，可以采取前款第（一）项、第（二）项、第（四）项所列措施。

负责专利执法的部门、管理专利工作的部门依法行使前两款规定的职权时，当事人应当予以协助、配合，不得拒绝、阻挠。

第七十条 国务院专利行政部门可以应专利权人或者利害关系人的请求处理在全国有重大影响的专利侵权纠纷。

地方人民政府管理专利工作的部门应专利权人或者利害关系人请求处理专利侵权纠纷，对在本行政区域内侵犯其同一专利权的案件可以合并处理；对跨区域侵犯其同一专利权的案件可以请求上级地方人民政府管理专利工作的部门处理。

第七十一条　侵犯专利权的赔偿数额按照权利人因被侵权所受到的实际损失或者侵权人因侵权所获得的利益确定；权利人的损失或者侵权人获得的利益难以确定的，参照该专利许可使用费的倍数合理确定。对故意侵犯专利权，情节严重的，可以在按照上述方法确定数额的一倍以上五倍以下确定赔偿数额。

权利人的损失、侵权人获得的利益和专利许可使用费均难以确定的，人民法院可以根据专利权的类型、侵权行为的性质和情节等因素，确定给予三万元以上五百万元以下的赔偿。

赔偿数额还应当包括权利人为制止侵权行为所支付的合理开支。

人民法院为确定赔偿数额，在权利人已经尽力举证，而与侵权行为相关的账簿、资料主要由侵权人掌握的情况下，可以责令侵权人提供与侵权行为相关的账簿、资料；侵权人不提供或者提供虚假的账簿、资料的，人民法院可以参考权利人的主张和提供的证据判定赔偿数额。

第七十二条　专利权人或者利害关系人有证据证明他人正在实施或者即将实施侵犯专利权、妨碍其实现权利的行为，如不及时制止将会使其合法权益受到难以弥补的损害的，可以在起诉前依法向人民法院申请采取财产保全、责令作出一定行为或者禁止作出一定行为的措施。

第七十三条　为了制止专利侵权行为，在证据可能灭失或者以后难以取得的情况下，专利权人或者利害关系人可以在起诉前依法向人民法院申请保全证据。

第七十四条　侵犯专利权的诉讼时效为三年，自专利权人或者利害关系人知道或者应当知道侵权行为以及侵权人之日起计算。

发明专利申请公布后至专利权授予前使用该发明未支付适当使用费的，专利权人要求支付使用费的诉讼时效为三年，自专利权人知道或者应当知道他人使用其发明之日起计算，但是，专利权人于专利权授予之日前即已知道或者应当知道的，自专利权授予之日起计算。

第七十五条　有下列情形之一的，不视为侵犯专利权：

（一）专利产品或者依照专利方法直接获得的产品，由专利权人或者经其许可的单位、个人售出后，使用、许诺销售、销售、进口该产品的；

（二）在专利申请日前已经制造相同产品、使用相同方法或者已经作好制造、使用的必要准备，并且仅在原有范围内继续制造、使用的；

（三）临时通过中国领陆、领水、领空的外国运输工具，依照其所属国同中国签订的协议或者共同参加的国际条约，或者依照互惠原则，为运输工具自身需要而在其装置和设备中使用有关专利的；

（四）专为科学研究和实验而使用有关专利的；

（五）为提供行政审批所需要的信息，制造、使用、进口专利药品或者专利医疗器械的，以及专门为其制造、进口专利药品或者专利医疗器械的。

第七十六条 药品上市审评审批过程中，药品上市许可申请人与有关专利权人或者利害关系人，因申请注册的药品相关的专利权产生纠纷的，相关当事人可以向人民法院起诉，请求就申请注册的药品相关技术方案是否落入他人药品专利权保护范围作出判决。国务院药品监督管理部门在规定的期限内，可以根据人民法院生效裁判作出是否暂停批准相关药品上市的决定。

药品上市许可申请人与有关专利权人或者利害关系人也可以就申请注册的药品相关的专利权纠纷，向国务院专利行政部门请求行政裁决。

国务院药品监督管理部门会同国务院专利行政部门制定药品上市许可审批与药品上市许可申请阶段专利权纠纷解决的具体衔接办法，报国务院同意后实施。

第七十七条 为生产经营目的使用、许诺销售或者销售不知道是未经专利权人许可而制造并售出的专利侵权产品，能证明该产品合法来源的，不承担赔偿责任。

第七十八条 违反本法第十九条规定向外国申请专利，泄露国家秘密的，由所在单位或者上级主管机关给予行政处分；构成犯罪的，依法追究刑事责任。

第七十九条 管理专利工作的部门不得参与向社会推荐专利产品等经营活动。

管理专利工作的部门违反前款规定的，由其上级机关或者监察机关责令改正，消除影响，有违法收入的予以没收；情节严重的，对直接负责的主管人员和其他直接责任人员依法给予处分。

第八十条　从事专利管理工作的国家机关工作人员以及其他有关国家机关工作人员玩忽职守、滥用职权、徇私舞弊，构成犯罪的，依法追究刑事责任；尚不构成犯罪的，依法给予处分。

第八章　附　　则

第八十一条　向国务院专利行政部门申请专利和办理其他手续，应当按照规定缴纳费用。

第八十二条　本法自1985年4月1日起施行。

第五章　竞争法裁判标准

本章导读

本章对竞争法中反不正当竞争法以及反垄断法中常见纠纷案件的裁判标准进行深入分析和阐述。第一节分析商业秘密案件侵权的裁判标准,第二节分析反不正当竞争法一般条款以及兜底条款适用的裁判标准,第三节分析反不正当竞争领域的数据侵权裁判标准,第四节分析竞价排名中关键词推广构成侵权的裁判标准,第五节分析域名侵权的裁判标准,第六节分析反垄断法中关于垄断协议导致侵权的裁判标准。本章附录为我国现行有效的《反不正当竞争法》和《反垄断法》条文,以便读者在阅读本章内容时随时查看。

第一节　商业秘密案件侵权的裁判标准

2021 年年初,最高人民法院在"香兰素"商业秘密侵权案中判赔了高达 1.5 亿元的侵权赔偿,随即商业秘密保护引起了广泛关注。该案体现了最高人民法院打击商业秘密侵权的决心和态度。

近年来,商业秘密案件数量开始有所增加,但商业秘密案件中原告的胜诉率是知识产权案件中最低的,胜诉率约在 35%。原告胜诉率低的主要原因之一是举证责任繁重。基于此,《反不正当竞争法》在最新修正时对举证责任作了大幅修改,增加了举证责任倒置规定,在一定程度上减轻了原告的举证责任。另外,新修正的《反不正当竞争法》加大了侵权赔偿数额,将侵犯商业秘密的法定赔偿 300 万元上调至 500 万元,并增加了一至五倍的惩罚性赔偿。

司法实践中，在商业秘密侵权案件中，法院从“原告的权利基础”“被告的侵权行为是否成立”“侵权损害赔偿”三个方面，判定被告是否侵犯了原告的商业秘密。

基于法院的审理思路，本书将从三个方面逐一解析商业秘密侵权的判定问题。

一、原告的权利基础

在商业秘密败诉案件中，法院认定原告所主张的信息不构成商业秘密的理由占败诉案件最大比例，因此原告对于其商业秘密的权利基础，即其所主张的信息是否构成商业秘密，在商业秘密侵权诉讼中至关重要。

商业秘密诉讼中，法院会要求原告首先证明其具有所主张商业秘密的权利基础。证明的内容包括两部分：(1)其主张的商业秘密范围；(2)其主张的商业秘密符合商业秘密的构成要件。本书将从这两部分进行探讨。

(一)原告所主张的商业秘密范围

《反不正当竞争法》第九条第四款规定，本法所称的商业秘密，是指不为公众所知悉、具有商业价值并经权利人采取相应保密措施的技术信息、经营信息等商业信息。根据此条规定，商业秘密的保护范围是技术信息和经营信息，以及其他一些具有商业价值的信息。在商业秘密侵权案件中，经营信息侵权案件是技术信息侵权案件的三倍左右，可见商业秘密侵权案件大多为经营信息秘密的侵权，而在经营信息秘密侵权案中，原告主张客户名单信息侵权占绝大部分。

在该部分内容中，本书将从技术信息和经营信息这两部分内容分别进行阐述。

1. 技术信息

(1)技术信息定义

根据《最高人民法院关于审理侵犯商业秘密民事案件适用法律若干问题的规定》(以下简称《商业秘密若干问题的规定》)第一条第一款的规定，“与技术有关的结构、原料、组分、配方、材料、样品、样式、植物新品种、繁殖材料、工艺、方法或其步骤、算法、数据、计算机程序及其有关文档等信息，人民法院可以认定构成反不正当竞争法第九条第四款所称的技术信息”。

（2）技术信息：明确且具体

在一个商业秘密案件中，法院首先会让原告确定其商业秘密的范围，即密点。在侵害技术信息商业秘密案件中，密点指各技术特征所组成的技术方案，而非商业秘密载体。技术方案由若干个技术特征组成，技术特征是指构成要求保护的技术方案的各个技术单元，每个技术单元能够实现相对独立的功能，产生相应的效果。①

在技术秘密案件中，密点的确定极其关键，如果确定的范围太笼统，被告则无法针对性的答辩，法院也无法审理。原告需指出构成商业秘密的具体内容、环节、步骤等，否则法院会认定原告没有确定其权利基础，因此密点的确定需要明确和具体。

以浙江东南墙纸有限公司（以下简称东南公司）与浙江东阳中兴墙纸有限公司、金某银、姚某跃侵害商业秘密纠纷一案②为例，一审中原告没有对其技术秘密的范围和密点进行描述。二审中，经法院释明原告需要明确商业秘密的具体内容，东南公司主张其商业秘密的具体内容为：天然纤维工艺墙纸生产工艺流程：网漂白—网烘干—选网—（纸染色）墙纸整理复合—烘干胶压—墙纸染色—产品检验—切边—包装，并对上述工艺流程作了具体解释，且东南公司明确其商业秘密不包括产品检验和包装。

另外，需要注意的是，确定技术特征时，要明确区别技术特征。这里所述的区别技术特征是指技术方案本身存在的技术特征，而非现有技术中的特征。因为比较判断的目的是根据区别技术特征来确定实际所要解决的技术问题，进而判断所要保护的商业秘密对本领域技术人员来说是否显而易见。

2. 经营信息

（1）经营信息定义

根据《商业秘密若干问题的规定》第一条第二、三款，“与经营活动有关的创意、管理、销售、财务、计划、样本、招投标材料、客户信息、数据等信息，人民法院可以认定构成反不正当竞争法第九条第四款所称的经营信息。前款所称的客

① 最高人民法院民事判决书，（2021）最高法知民终 932 号。

② 浙江省高级人民法院民事判决书，（2005）浙民三终字第 82 号。

户信息,包括客户的名称、地址、联系方式以及交易习惯、意向、内容等信息”。

因此,经营信息类商业秘密,是指符合商业秘密构成要件的管理诀窍、客户名单、货源情报、财务信息、产销策略、谈判方案、招投标文件的标底、合同协商条款、投资方案、市场调研分析报告等客户的深度信息。

(2)经营信息:体现竞争优势

经营信息需明确具体内容,能为原告带来竞争优势,且该信息需排除公知领域的信息。在司法实践中,客户名单经常被原告用来主张商业秘密。单纯的客户名单,如客户的姓名、联系方式,这些在公知领域能简单搜集到的信息不能作为商业秘密受到保护。能作为商业秘密受到保护的客户名单需能体现客户的交易习惯和意向,能给原告带来竞争优势。另外,原告与客户有长期稳定关系也是法院考量因素之一。但是,如果原告仅以与特定客户保持长期稳定交易关系为由,主张该特定客户属于商业秘密,人民法院不予支持。

以深圳市原飞航物流有限公司因与迅某、黄某、彭某、李某明、刘某、张某军、曾某亮侵害商业秘密纠纷一案[①]为例,原告主张的商业秘密除包括客户名称、联系方式等信息外,还包括了重量、价格、业务类别、服务方式、付款方式、结算方式、中转渠道、报关方式等。二审法院认为这些客户名单能反映出原告与客户之间的货运方式、服务方式、付款方式、结算方式等交易习惯,以及有关的报价与同行间的折扣比例,该客户名单内容包含有区别于相关公知信息的交易习惯、折扣比例等特殊客户信息,具有商业价值,构成商业秘密。

(二)构成商业秘密的三个要件

《反不正当竞争法》第九条第四款规定,本法所称的商业秘密,是指不为公众所知悉、具有商业价值并经权利人采取相应保密措施的技术信息、经营信息等商业信息。从该条可知,构成商业秘密保护的信息需要具有秘密性、保密性和价值性。这也是原告在确定商业秘密范围后,需要向法院证明其主张保护的商业秘密满足秘密性、保密性和价值性。只有满足了上述“三性”后,该信息才能作为商业秘密受法律保护。本书将对这“三性”分别进行阐述。

---

① 上海知识产权法院民事判决书,(2019)沪73民终373号。

1. 秘密性

《商业秘密若干问题的规定》第三条规定，“权利人请求保护的信息在被诉侵权行为发生时不为所属领域的相关人员普遍知悉和容易获得的，人民法院应当认定为反不正当竞争法第九条第四款所称的不为公众所知悉”。在该条中，不为其所属领域的相关人员普遍知悉与容易获得并不需要同时满足，只要满足其一即可认定为“不为公众所知悉”。

一般来说，普遍知悉或者容易获得均不要求商业秘密已必然为某个具体的人所知悉或获得，只要该商业秘密处于所属领域相关人员想知悉就能知悉或者想获得就能获得的状态，或者所属领域相关人员不用付出过多劳动就能够知悉或者获得该商业秘密，就可以认定其为所属领域的相关人员普遍知悉或者容易获得。①

(1)举证责任倒置

在最新反不正当竞争法修正前，秘密性是属于原告举证的责任，如果原告无法举证其信息具有秘密性，则要承担举证不能的后果。但是秘密性具有消极事实的属性，原告举证难度大，导致维权艰难。因此，新修正的《反不正当竞争法》对此予以了修改，《反不正当竞争法》第三十二条第一款规定：“在侵犯商业秘密的民事审判程序中，商业秘密权利人提供初步证据，证明其已经对所主张的商业秘密采取保密措施，且合理表明商业秘密被侵犯，涉嫌侵权人应当证明权利人所主张的商业秘密不属于本法规定的商业秘密。”

因此，原告只需要证明以下两点后，关于秘密性的举证责任就转移给了被告，即被告要证明原告主张的商业秘密不具有秘密性。此为举证责任倒置：

①原告对所主张的商业秘密采取保密措施；

②原告的商业秘密被被告侵犯。

(2)被告如何证明该原告主张的商业秘密不具有秘密性

《商业秘密若干问题的规定》第四条第一款给予了指引：“具有下列情形之一的，人民法院可以认定有关信息为公众所知悉：

(一)该信息在所属领域属于一般常识或者行业惯例的；

① 最高人民法院民事判决书，(2020)最高法知民终1667号。

（二）该信息仅涉及产品的尺寸、结构、材料、部件的简单组合等内容，所属领域的相关人员通过观察上市产品即可直接获得的；

（三）该信息已经在公开出版物或者其他媒体上公开披露的；

（四）该信息已通过公开的报告会、展览等方式公开的；

（五）所属领域的相关人员从其他公开渠道可以获得该信息的。”

被告可搜集上述规定的相关证据，以证明原告所主张的商业秘密不具有秘密性。

另外，《商业秘密若干问题的规定》第四条第二款指出，将为公众所知悉的信息进行整理、改进、加工后形成的新信息，符合本规定第三条的，应当认定该新信息不为公众所知悉。

根据该条可知，公知信息整理组合后形成的信息，或者公知信息与非公知信息整理组合后形成的信息，如果符合第三条的规定，即不为其所属领域的相关人员普遍知悉和容易获得，可认定具有秘密性。因此，如公知信息经简单整理组合形成的信息是所属领域相关人员容易获得的，也不具有秘密性。

以北京智慧之源教育网络科技有限责任公司与刘某萍侵害商业秘密纠纷一案①为例，法院认为商业秘密是不能从公开渠道直接获取的，如果该信息属于行业中的公知知识或者进行了简单的组合、变换、整理，即便有关经营者予以投资开发并采取了严密的保密措施，也不属于法律规定的商业秘密。

2. 保密性

（1）概述

保密性是指原告对其所要主张的商业秘密需主动采取相应的保密措施。保密措施一般是指权利人为防止信息泄露所采取的与其商业价值等具体情况相适应的合理保护措施，通常应当根据商业秘密及其载体的性质、商业秘密的商业价值、保密措施的可识别程度、保密措施与商业秘密的对应程度以及权利人的保密意愿等因素，认定权利人是否采取了相应保密措施。② 即原告需要证明其有对所主张的商业秘密有予以保密的主观愿望，客观上采取了相应的保密措施，该保密措施与其所要保护的商业秘密具有对等性和适应性，且商业秘密

---

① 北京市第一中级人民法院民事判决书，（2006）一中民终字第 12314 号。

② 最高人民法院民事判决书，（2020）最高法知民终 1667 号。

与非商业秘密的保密措施要区分处理。另外,原告要告知侵权人对该商业秘密进行保密,即侵权人具有保密义务。

关于怎样的措施才具有商业秘密中的保密性,《商业秘密若干问题的规定》第六条给予了相应参考:"具有下列情形之一,在正常情况下足以防止商业秘密泄露的,人民法院应当认定权利人采取了相应保密措施:

(一)签订保密协议或者在合同中约定保密义务的;

(二)通过章程、培训、规章制度、书面告知等方式,对能够接触、获取商业秘密的员工、前员工、供应商、客户、来访者等提出保密要求的;

(三)对涉密的厂房、车间等生产经营场所限制来访者或者进行区分管理的;

(四)以标记、分类、隔离、加密、封存、限制能够接触或者获取的人员范围等方式,对商业秘密及其载体进行区分和管理的;

(五)对能够接触、获取商业秘密的计算机设备、电子设备、网络设备、存储设备、软件等,采取禁止或者限制使用、访问、存储、复制等措施的;

(六)要求离职员工登记、返还、清除、销毁其接触或者获取的商业秘密及其载体,继续承担保密义务的;

(七)采取其他合理保密措施的。"

采取保密措施是商业秘密维持其正当性的基本要求,但保密措施只需要达到合理的程度即可。

(2)单纯竞业限制协议不构成保密措施

员工离职时,有些用人单位会和员工签署竞业限制协议,单纯的竞业限制协议不能构成保密措施,因为竞业限制协议不能反映原告想要对商业秘密保护的主观愿望。以上海富日实业有限公司与黄某瑜、上海萨菲亚纺织品有限公司侵害商业秘密纠纷一案①为例,法院认为,竞业限制约定为保护商业秘密的一种手段,即通过限制负有保密义务的劳动者从事竞争业务而在一定程度上防止劳动者泄露、使用其商业秘密。对于单纯的竞业限制约定,即便其主要目的就是保护商业秘密,但由于该约定没有明确用人单位保密的主观愿望和作为商业秘

---

① 最高人民法院民事裁定书,(2011)民申字第122号。

密保护的信息的范围,因而不能构成《反不正当竞争法》第十条规定的保密措施。

3. 价值性

价值性指商业秘密具有商业价值,"具有商业价值"一般是指有关信息具有现实的或者潜在的商业价值,能为权利人带来竞争优势。商业秘密具有的商业价值并不限于其已经实际产生的价值,还包括其可能带来的价值。同时,商业秘密的价值既包括使用该商业秘密给其带来的价值增长,也包括使用该商业秘密为其避免的价值减损或者成本付出。①

商业秘密一般来说均认为是具有价值性的。司法实践中认为,只要被告侵犯了商业秘密,则推定该商业秘密具有价值性,除非被告有证据证明该商业秘密没有价值性。因此,原告无须对价值性进行举证。

二、被告的侵权行为是否成立

在对原告的权利基础审理后,法院将对被告的侵权行为是否成立进行审理。判断被告的侵权行为是否成立,一是判断被告的侵权行为是否落入《反不正当竞争法》第九条规定的范围中;二是判断被告的侵权行为是否符合商业秘密案件的比对规则:"接触 + 实质性相同 - 合法来源抗辩"。本书将对这两部分内容分别进行阐述。

(一)被告的侵权行为是否落入《反不正当竞争法》第九条规定范围

1. 概述

《反不正当竞争法》第九条规定:"经营者不得实施下列侵犯商业秘密的行为:

(一)以盗窃、贿赂、欺诈、胁迫、电子侵入或者其他不正当手段获取权利人的商业秘密;

(二)披露、使用或者允许他人使用以前项手段获取的权利人的商业秘密;

(三)违反保密义务或者违反权利人有关保守商业秘密的要求,披露、使用

① 最高人民法院民事判决书,(2020)最高法知民终 1667 号。

或者允许他人使用其所掌握的商业秘密；

（四）教唆、引诱、帮助他人违反保密义务或者违反权利人有关保守商业秘密的要求，获取、披露、使用或者允许他人使用权利人的商业秘密。

经营者以外的其他自然人、法人和非法人组织实施前款所列违法行为的，视为侵犯商业秘密。

第三人明知或者应知商业秘密权利人的员工、前员工或者其他单位、个人实施本条第一款所列违法行为，仍获取、披露、使用或者允许他人使用该商业秘密的，视为侵犯商业秘密。"

该条是规制侵权人侵犯商业秘密的行为标准，若侵权人行为落入该条范围，则是侵犯商业秘密的行为。

根据此条规定，反不正当竞争法规制的是不正当的获取，披露，使用商业秘密的行为。其中，第九条第一款第一、二项是基于盗窃、贿赂、欺诈、胁迫、电子侵入或其他不正当手段获取、披露、使用商业秘密的行为，而第三、四项是基于违反保密义务或者违反有关保守商业秘密要求获取、披露、使用商业秘密的行为。

2. 销售侵犯商业秘密所制造的侵权产品行为是否落入《反不正当竞争法》第九条

销售商销售由商业秘密所制造的侵权产品之行为是否该条规定中的使用行为呢？

参考上海天祥·健台制药机械有限公司、上海东富龙科技股份有限公司、周某荣、应某愉、沈某侵害技术秘密纠纷一案[①]，法院认为，《反不正当竞争法》第九条所规定的"使用"应当指直接使用商业秘密内容本身，生产商以外的其他销售商销售侵害商业秘密产品的行为不属于擅自使用他人的商业秘密的行为，而是在客观上构成对使用商业秘密行为的帮助。因此，只有在销售商明知其销售的系侵害商业秘密的产品而仍然予以销售的情况下，才可能承担帮助侵权的民事责任。

根据该判例可知两点内容：（1）销售行为不是《反不正当竞争法》第九条规

---

① 上海市高级人民法院民事判决书，（2019）沪民终129号。

制的行为。(2)如果销售者明知其销售的是侵害商业秘密的产品,则可能承担侵权责任中帮助侵权的民事责任。

(二)比对方法:“接触＋实质性相同－合法来源抗辩”

在商业秘密侵权案件中,判断侵权行为是否成立的比对方法是:“接触＋实质性相同－合法来源抗辩”。即若侵权人接触了该商业秘密,侵权人获取、披露、使用的信息与该商业秘密实质上相同,且侵权人关于该信息的合法来源抗辩不成立,则法院将判定被告构成对原告商业秘密的侵害。本节将分别从接触,实质性相同,合法来源抗辩这三部分内容进行探讨。

1. 接触

侵权人是否有接触原告的商业秘密是法院审理被告侵权是否成立的第一步。在商业秘密侵权案件中,员工或者前员工泄露商业秘密占绝大部分商业秘密侵权案件。因此,最高人民法院对如何判断员工、前员工接触商业秘密在《商业秘密若干问题的规定》中作了相关规定。

按照《商业秘密若干问题的规定》第十二条的规定,“人民法院认定员工、前员工是否有渠道或者机会获取权利人的商业秘密,可以考虑与其有关的下列因素:

(一)职务、职责、权限;

(二)承担的本职工作或者单位分配的任务;

(三)参与和商业秘密有关的生产经营活动的具体情形;

(四)是否保管、使用、存储、复制、控制或者以其他方式接触、获取商业秘密及其载体;

(五)需要考虑的其他因素”。

需要注意的是,法院对于员工是否有接触商业秘密的情形是综合判断的,比如,员工在盗取企业商业秘密时常会跨部门进行,即不同部门的员工互相配合,盗取一个部门的商业秘密,那帮助盗取且不是被盗取商业秘密部门的员工也属于接触了该商业秘密,可归于《商业秘密若干问题的规定》第十二条中需要考虑的其他因素情形。

2. 实质性相同:参考著作权法“实质性相似”标准

被告是否有侵害商业秘密,需要对被告获取、披露、使用的信息与原告所主张的商业秘密内容构成实质性相同进行判定，如不构成实质性相同，则被告不构成侵权。但是，关于商业秘密相关的法律法规以及司法解释对商业秘密中的实质性相同没有作规定，本书搜索了相关司法裁判案例，找到了近期关于商业秘密如何认定实质性相同的法院判决。该案一审由北京知识产权法院作出，并且一审判决内容得到了二审最高人民法院的肯定，因此该案具有参考意义。该判决指出，商业秘密的实质性相同与著作权法中的实质性相似裁判标准相似，因此可类比参照著作权法中的实质性相似规则。

该判例是北京理正软件股份有限公司与北京大成华智软件技术有限公司、林同棪国际工程咨询（中国）有限公司侵害商业秘密纠纷一案[①]，该案中法院认为，著作权法中的"实质性相似"的标准更适用于作为商业秘密实质上相同标准的参照。著作权法规制的路径与反不正当竞争法中商业秘密保护条款规制的路径十分类似，其规制的主要是剽窃行为以及基于剽窃而产生的后续行为。商业秘密和著作权领域比对被诉内容与主张权利内容的作用均在于推定来源一致，即被诉内容实际应属于相应的权利人。因此，"实质上相同"和"实质性相似"标准一样，均主要把来源的一致性作为判断标准，无论存在何种的转化，只要能基于某一层面的相同进而确信被诉内容源于主张权利的内容，就可以满足上述标准。

综上，实质性相同判断规则为，只要能基于某一层面内容的一致进而确信被诉内容源于主张权利的内容，相应内容与主张权利的内容便构成实质上相同，而该层面越具体，越趋向于表达，确信度便越高。

3. 合法来源抗辩

当原告证明被告有渠道或者机会获取商业秘密，且被告获取、披露、使用的信息与该商业秘密实质上相同后，被告则要证明其不存在侵犯商业秘密的行为，即其获取、披露、使用的信息具有合法来源。若被告合法来源抗辩成功，则原告的诉讼请求将无法得到支持。

在商业秘密合法来源抗辩中，被告合法来源抗辩主要包括个人信赖抗辩、反向工程抗辩、自行研发抗辩。本书将对这三种合法来源抗辩分别进行解析。

---

① 最高人民法院民事判决书，（2020）最高法知民终 1101 号。

(1)个人信赖抗辩

《商业秘密若干问题的规定》第二条第二款规定,"客户基于对员工个人的信赖而与该员工所在单位进行交易,该员工离职后,能够证明客户自愿选择与该员工或者该员工所在的新单位进行交易的,人民法院应当认定该员工没有采用不正当手段获取权利人的商业秘密"。

根据该条可知,如果客户是基于对于原告的前员工个人的信赖,而自愿与该员工或者该员工现在职的公司进行交易,则该员工以及其现公司不构成侵害原告商业秘密。客户信赖这一侵权抗辩成立的要件包括两点:一是客户与原单位进行交易本身系基于对该员工的专业或个人信赖,二是该客户与员工离职后所至新单位进行交易系出于自愿。① 另外,在举证责任上,原告无须证明被告有引诱其客户与其交易的行为。个人信赖抗辩多适用于客户名单信息被侵犯的案件。

以北京猿力教育科技有限公司与王某、北京网易有道计算机系统有限公司、网易有道信息技术(北京)有限公司不正当竞争纠纷一案②为例,法院认为,被告并未证明涉案学员报名猿辅导课程系基于对王某的信赖,亦未证明其退出猿辅导课程系出于对王某个人信赖而自愿转报有道课程。相反,在案证据显示王某以向猿辅导学员承诺报名优惠券的方式吸引学员转报有道精品课。据此,被告该项抗辩缺乏事实依据,不予采纳。

(2)反向工程抗辩

《商业秘密若干问题的规定》第十四条第一、二款的规定,"通过自行开发研制或者反向工程获得被诉侵权信息的,人民法院应当认定不属于反不正当竞争法第九条规定的侵犯商业秘密行为。

前款所称的反向工程,是指通过技术手段对从公开渠道取得的产品进行拆卸、测绘、分析等而获得该产品的有关技术信息"。

根据该条可知,反向工程的抗辩需要被告从公开渠道获得原告的产品,并通过技术手段对该产品进行拆卸、测绘、分析后从而获得该技术信息,此行为不是侵犯商业秘密的行为,因为该种获得技术信息的行为是被告通过努力和金钱

---

① 北京市海淀区人民法院民事判决书,(2020)京0108民初15679号。

② 北京市海淀区人民法院民事判决书,(2020)京0108民初15679号。

获得的,具有正当性。另外,如果被诉侵权人以不正当手段获取权利人的商业秘密后,又以反向工程为由主张未侵犯商业秘密,人民法院不予支持。

此外,对于原告如何对抗其产品被他人以反向工程获取其商业秘密的,可参考济南思克测试技术有限公司与济南兰光机电技术有限公司侵害技术秘密纠纷一案①。该案中法院认为,对抗反向工程至少可依靠两种方式实现:一是根据技术秘密本身的性质,他人即使拆解了载有技术秘密的产品,亦无法通过分析获知该技术秘密;二是采取物理上的保密措施,以对抗他人的反向工程,如采取一体化结构、拆解将破坏技术秘密等。

(3)自行研发抗辩

法院对于被告以自行研发作为抗辩的,会要求被告提供研发的设计稿、自行设计研发的相关凭证、调试方案等证据。在很多自行研发抗辩中,被告对于自行研发的抗辩因提交不出证据证明而不被法院采纳。

以福建省福抗药业股份有限公司、俞某、福建省海欣药业股份有限公司与浙江新和成股份有限公司(以下简称新和成公司)侵害技术秘密纠纷一案②为例,法院认为,如果原审被告有能力自行研发和通过反向工程获取涉案技术秘密,其应当能够提供其自行设计研发的相关凭证。上述事实可以证明各原审被告被诉侵权的技术信息非其自行研发或通过反向工程等方式合法获取,而是通过不正当方式从新和成公司处获得。

三、侵权损害赔偿

对于侵犯商业秘密的侵权损害赔偿,新修正的反不正当竞争法将原先的法定赔偿从三百万元增加至五百万元,并增加了一至五倍惩罚性赔偿,对侵犯商业秘密行为的打击力度不可谓不大。侵犯商业秘密的损害赔偿规定在《反不正当竞争法》第十七条。

根据《反不正当竞争法》第十七条,"经营者违反本法规定,给他人造成损害的,应当依法承担民事责任。

经营者的合法权益受到不正当竞争行为损害的,可以向人民法院提起

---

① 最高人民法院民事判决书,(2020)最高法知民终538号。

② 浙江省高级人民法院民事判决书,(2017)浙民终123号。

诉讼。

因不正当竞争行为受到损害的经营者的赔偿数额,按照其因被侵权所受到的实际损失确定;实际损失难以计算的,按照侵权人因侵权所获得的利益确定。经营者恶意实施侵犯商业秘密行为,情节严重的,可以在按照上述方法确定数额的一倍以上五倍以下确定赔偿数额。赔偿数额还应当包括经营者为制止侵权行为所支付的合理开支。

经营者违反本法第六条、第九条规定,权利人因被侵权所受到的实际损失、侵权人因侵权所获得的利益难以确定的,由人民法院根据侵权行为的情节判决给予权利人五百万元以下的赔偿"。

损害赔偿分为补偿性损害赔偿和惩罚性损害赔偿。补偿性损害赔偿是弥补原告由于侵权所遭受的损失。在该条中,原告可以计算自己的实际损失或者侵权所得来主张补偿性损害赔偿。若权利人因被侵权所受到的实际损失、侵权人因侵权所获得的利益难以确定,法院可根据侵权行为的情节判决给予权利人五百万元以下的赔偿,此为法定赔偿。

根据《商业秘密若干问题的规定》第二十条第二款,"人民法院依照反不正当竞争法第十七条第四款确定赔偿数额的,可以考虑商业秘密的性质、商业价值、研究开发成本、创新程度、能带来的竞争优势以及侵权人的主观过错、侵权行为的性质、情节、后果等因素"。从该条规定可知,法院以法定赔偿判赔金额时,会综合考虑上述因素。

惩罚性赔偿适用于经营者恶意实施侵犯商业秘密行为且情节严重的情形。另外,惩罚性赔偿是新修正的反不正当竞争法新增的重要制度,对遏制侵权行为有重要意义。因此,本书将重点分析惩罚性赔偿。

四、惩罚性赔偿

权利人若主张商业秘密侵权适用惩罚性赔偿时,则要满足三个要件:(1)需要具体计算出惩罚性赔偿的基数。(2)侵权人存在主观恶意。(3)侵权情节严重。本书将对这三部分内容分别进行探讨。

(一)惩罚性赔偿基数的确定

惩罚性赔偿的计算是在确定基数的基础上,再根据被告的主观恶意和情节严重程度在确定基数的一倍以上五倍以下确定赔偿数额。

1. 基数确定

根据《反不正当竞争法》第十七条的规定，原告主张的损害赔偿基数需要按照以下顺序：(1)原告因被侵权所受到的实际损失确定。(2)侵权人因侵权所获得的利益确定。

法院在确定惩罚性赔偿基数时，只有在原告无法计算因侵权所遭受的实际损失的情况下，可适用侵权人因侵权所获得的利益确定损害赔偿。

2. 损害赔偿是否可参照许可使用费

在知识产权各部门法中，专利法，商标法和著作权法均规定了当原告的实际损失或者侵权人所获得的利益难以确定时，可以参照许可使用费或者权利使用费。但是，在《反不正当竞争法》第十七条中并没有规定可参照许可使用费，那么损害赔偿是否可参照许可使用费呢？按照《商业秘密若干问题的规定》第二十条第一款，权利人请求参照商业秘密许可使用费确定因被侵权所受到的实际损失的，人民法院可以根据许可的性质、内容、实际履行情况以及侵权行为的性质、情节、后果等因素确定。

另外，在司法实践中，法院也参照许可使用费来确定损害赔偿数额。以南京金鹏石油化工研究所与南京荣森化工有限责任公司(以下简称荣森公司)、苏某荣、南京济德环境科技有限公司侵害商业秘密纠纷一案[①]为例，法院认为，上诉人要求被上诉人承担的侵权赔偿数额是以涉案合同约定的被上诉人荣森公司应支付的使用费为计算依据。如果荣森公司正常履行合同，上诉人就能正常获得该项收益。故此，上诉人此项诉请有事实和法律依据，应予支持。

从该商业秘密司法解释以及该判例中可知，法院将许可使用费作为原告的实际损失为依据用来计算损害赔偿数额。因此，在计算损害赔偿时，法院可参考许可使用费，作为原告的实际损失来进行考量。

(二)侵权人存在主观恶意

对于恶意的认定，《最高人民法院关于审理侵害知识产权民事案件适用惩

---

① 江苏省南京市中级人民法院民事判决书，(2015)宁知民终字第140号。

罚性赔偿的解释》（以下简称《惩罚性赔偿司法解释》）明确规定，故意包括《商标法》第六十三条第一款和《反不正当竞争法》第十七条第三款规定的恶意，即故意和恶意的含义是一致的。

由于故意反应的是一个人的主观状态，其需要从客观行为来推测。《惩罚性赔偿司法解释》列举了六项规定来判断侵权人是否故意。其中，第三条第二项至第四项是被告与原告或者利害关系人有关联的，或是担任原告或者利害关系人的法定代表人、管理人、实际控制人，或者存在劳动、劳务、合作、许可、经销、代理、代表等关系，或者是有业务往来或者为达成合同等进行过磋商。

《惩罚性赔偿司法解释》第三条第一项被告经原告或者利害关系人通知、警告后，仍继续实施侵权行为的认定为故意。此项在司法实践中的适用最为普遍，通常原告通过律师函通知被告停止侵权行为，但被告仍然侵权，以此来认定被告具有故意。

《惩罚性赔偿司法解释》第三条第六项为其他可以认定为故意的情形。除《惩罚性赔偿司法解释》认定的故意情形外，各地也出台了关于惩罚性赔偿的相关裁判标准。例如，《北京市高级人民法院关于侵害知识产权及不正当竞争案件确定损害赔偿的指导意见及法定赔偿的裁判标准》（以下简称《北京高院损害赔偿裁判标准》）中规定，可以认定被告具有恶意的行为还包括攀附原告驰名商标声誉、抢注原告驰名商标，被告在相同或类似商品上使用原告驰名商标，被告存在掩盖被诉行为、伪造或毁灭侵权证据等行为，被告拒不履行行为保全裁定，被告或者其控股股东、法定代表人等在生效判决作出后，重复或变相重复实施相同侵权行为或不正当竞争行为。

除了各地出台的相关裁判标准里提到的之外，人民法院可以根据个案情况认定为故意。例如，在兰研有限公司与广东科玮生物技术股份有限公司、深圳百分百生物科技有限公司、广州赛美食品有限公司侵害商标权纠纷一案①中，深圳百分百生物科技有限公司商标被宣告无效。但在该商标无效宣告请求审查期间，深圳百分百生物科技有限公司再次申请注册与该商标相同的商标，并在

---

① 广东省深圳前海合作区人民法院民事判决书，（2020）粤0391民初1392号。

该商标被无效后继续使用。法院认为深圳百分百生物科技有限公司注册商标被无效后仍继续使用的行为是故意侵权。

（三）侵权情节严重

《惩罚性赔偿司法解释》第四条规定，“对于侵害知识产权情节严重的认定，人民法院应当综合考虑侵权手段、次数，侵权行为的持续时间、地域范围、规模、后果，侵权人在诉讼中的行为等因素。

被告有下列情形的，人民法院可以认定为情节严重：

（一）因侵权被行政处罚或者法院裁判承担责任后，再次实施相同或者类似侵权行为；

（二）以侵害知识产权为业；

（三）伪造、毁坏或者隐匿侵权证据；

（四）拒不履行保全裁定；

（五）侵权获利或者权利人受损巨大；

（六）侵权行为可能危害国家安全、公共利益或者人身健康；

（七）其他可以认定为情节严重的情形”。

除了上述《惩罚性赔偿司法解释》对情节严重进行了相关规定之外，《北京高院损害赔偿裁判标准》和《深圳市中级人民法院关于知识产权民事侵权纠纷适用惩罚性赔偿的指导意见（试行）》相继规定了情节严重还包括侵权获利巨大、对权利人造成巨大的损失、拒不履行法院作出的裁判文书、被诉行为侵权规模大、持续时间长、危害公共利益等情况。

在司法实践中，恶意与情节严重的认定因素存在交叉，有些因素既可以认定为恶意，也可以认定为情节严重。比如，被告拒不履行行为保全裁定以及被告或者其控股股东、法定代表人等在生效判决作出后，重复或变相重复实施相同侵权行为或不正当竞争行为在《北京高院损害赔偿裁判标准》中认定为恶意，但在《惩罚性赔偿司法解释》中认定为情节严重。因此，在司法实践中，法院在裁判时有时并未对恶意与情节严重严格区分，而是一起评价。

以刘某、九江天赐高新材料有限公司、华某、广州天赐高新材料股份有限公司、安徽纽曼精细化工有限公司（以下简称安徽纽曼公司）与朱某良、彭某、胡某春、吴某金侵害技术秘密纠纷一案[1]为例，法院认为安徽纽曼公司以生产卡波产品为经营业务，当其前法定代表人刘某因侵害商业秘密行为被追究刑事责任、相关生产工艺、流程及设备涉嫌侵害权利人技术秘密后，安徽纽曼公司仍未停止生产，销售范围多至二十余个国家和地区。同时，在本案原审阶段无正当理由拒不提供相关会计账册和原始凭证，构成举证妨碍，足见其侵权主观故意之深重、侵权情节之严重。由此可知，在该案中，法院对于故意以及情节严重并没有分别独立给予评价，而是合并进行评述。

五、结语

在商业秘密侵权案件中，原告负有较重的举证责任，举证环节中任何一环的证据缺失会导致原告的诉讼请求不能得到法院支持。因此，企业在对商业秘密进行保护时，需未雨绸缪，根据法院审理商业秘密的诉讼思路，于日常经营管理中加强对商业秘密保护的合规工作，并保存相应的证据，若发生商业秘密侵权时，可全面举证。

第二节　《反不正当竞争法》一般条款以及兜底条款适用的裁判标准

《反不正当竞争法》作为一部行为法，其在特别条款中对具体不正当行为进行规制，包括混淆行为、商业贿赂、虚假宣传、侵犯商业秘密、非法有奖销售、商业诋毁、互联网不正当竞争行为，但是对于在反不正当竞争法特别条款中没有规定的不正当竞争行为，法院一般适用反不正当竞争法中的一般条款。本书将结合最新出台的反不正当竞争法司法解释对反不正当竞争法中最难理解适用的一般条款以及特别条款中的兜底条款进行浅析。

一、一般条款的适用

反不正当竞争法一般条款是指《反不正当竞争法》第二条，要适用《反不正

① 最高人民法院民事判决书，（2019）最高法知民终562号。

当竞争法》第二条，需要满足以下要件。一是适用情形：(1)知识产权其他专门法没有规定的情形。(2)反不正当竞争法中特别条款没有规定的情形。二是构成要件：(1)原被告之间存在竞争关系。(2)被告违反诚实信用原则以及商业道德。(3)原告的合法权益受到实际损害。

(一)适用情形

2022 年出台的《最高人民法院关于适用〈中华人民共和国反不正当竞争法〉若干问题的解释》(以下简称《反不正当竞争法司法解释》)明确规定了一般条款的适用范围。反不正当竞争法作为知识产权专门法的补充法，在知识产权专门法没有规定的时候才能予以适用，此规定已在《反不正当竞争法司法解释》第一条中予以明确。另外，如一行为已被反不正当竞争法中其他特别条款所规制，则不宜适用一般条款，该规定亦在《反不正当竞争法司法解释》第一条予以了明确。

(二)构成要件

法院以反不正当竞争法一般条款作为判断侵权依据时，则该侵权行为需满足以下三个构成要件：(1)原被告之间存在竞争关系。(2)被告违反诚实信用原则以及商业道德。(3)原告的合法权益受到实际损害。

1. 原被告之间存在竞争关系

反不正当竞争法一般条款虽然未提及需有竞争关系，但是竞争关系贯穿反不正当竞争法始终，且在司法实践中，绝大多数法院认为审理反不正当竞争行为首先需要认定原被告之间是否存在构成竞争关系。

在司法实践中，反不正当竞争法中的竞争关系包括直接竞争关系和间接竞争关系。直接竞争关系是指对于同一产品的经营者之间的竞争关系。间接竞争关系是指原被告虽非同一产品的经营者，但若存在竞争行为，也可认定为竞争关系。而此次《反不正当竞争法司法解释》并不局限于上述竞争关系，该司法解释第二条规定，若在生产经营活动中存在可能的争夺交易机会、损害竞争优势等关系，则可认定具有竞争关系。司法实践中，法院对竞争关系从宽解释。

以北京极科极客科技有限公司(以下简称极科极客公司)与北京爱奇艺科

技有限公司(以下简称爱奇艺公司)不正当竞争纠纷一案[①]为例,法院认为,虽然被告和原告不是同个行业,但是被告利用“屏蔽视频广告”插件和“极路由”路由器屏蔽爱奇艺网站视频的片前广告。此行为必将吸引爱奇艺网站的用户采用上述方法屏蔽该站视频片前广告,从而增加极科极客公司的商业利益,减少爱奇艺公司的视频广告收入,导致爱奇艺公司和极科极客公司在商业利益上此消彼长,使本不存在竞争关系的爱奇艺公司与极科极客公司因此形成了竞争关系。

2. 被告违反诚实信用原则以及商业道德

诚实信用原则在民法上体现在《民法典》第七条的规定中,民事主体从事民事活动,应当遵循诚信原则,秉持诚实,恪守承诺。而在商业领域的竞争关系中,诚实信用原则更体现在遵守商业道德中。关于商业道德,本书分析如下。

(1)商业道德一般概述

《反不正当竞争法司法解释》第三条明确了如何认定商业道德。第三条规定:“人民法院应当结合案件具体情况,综合考虑行业规则或者商业惯例、经营者的主观状态、交易相对人的选择意愿、对消费者权益、市场竞争秩序、社会公共利益的影响等因素,依法判断经营者是否违反商业道德。人民法院认定经营者是否违反商业道德时,可以参考行业主管部门、行业协会或者自律组织制定的从业规范、技术规范、自律公约等。”

根据此条可知,法院在确定商业道德的时候,可以依据行业规则、商业惯例、从业规范、技术规范、自律公约等文件来判断是否违反商业道德。若没有该类文件,法院需综合考虑行业规则或者商业惯例、经营者的主观状态、交易相对人的选择意愿、对消费者权益、市场竞争秩序、社会公共利益的影响等因素,依法判断经营者是否违反商业道德。

由于互联网中竞争行为的多样性,商业道德在互联网行业稍显复杂,本书分析如下。

(2)互联网行业的商业道德

Robots 协议是互联网行业普遍认可的行业规则之一,网站经营者在其网站

① 北京知识产权法院民事判决书,(2014)京知民终字第 79 号。

上设置了Robots协议,数据爬取者若不遵守该Robots协议则易认为构成不正当竞争。以深圳市腾讯计算机系统有限公司、腾讯科技(深圳)有限公司与斯氏(杭州)新媒体科技有限公司不正当竞争纠纷一案①为例,法院认为,Robots协议从诞生至今为互联网行业所普遍遵守,成为互联网行业自律维持网站与搜索引擎之间利益平衡的一种有效的行为规范。因此,Robots协议是互联网行业公认商业道德的具体体现,也是互联网行业在生产经营活动中遵守诚信原则的具体表现。所以,被告违反Robots协议擅自抓取微信公众号的数据信息内容,违反了诚实信用原则和商业道德,法院认定被告构成不正当竞争。

上述是对数据爬取者若不遵守网站经营者Robots协议构成不正当竞争的举例说明。但是,对于网站经营者在其Robots协议中设置白名单或者黑名单的方式限制部分数据爬取者的行为,该行为是否被反不正当竞争法所规制呢?

通过对司法案例的分析,本书认为对于该行为是否为不正当竞争行为,需要区分Robots协议中的对象是搜索引擎还是非搜索引擎。

(1)Robots协议对象是搜索引擎

若Robots协议对象是搜索引擎,网站经营者在Robots协议中设置白名单或者黑名单的方式予以限制部分数据爬取经营者的行为,则易被认定为不正当竞争。以北京百度网讯科技有限公司、百度在线网络技术(北京)有限公司与北京奇虎科技有限公司(以下简称奇虎公司)不正当竞争纠纷一案②为例,法院认为,百度以对网络搜索引擎经营主体区别对待的方式,限制奇虎公司的360搜索引擎抓取其相关网站网页内容,影响该通用搜索引擎的正常运行,损害了奇虎公司的合法权益和相关消费者的利益,妨碍了正常的互联网竞争秩序,违反公平竞争原则,且违反诚实信用原则和公认的商业道德而具有不正当性。

从上述案例可知,由于Robots协议的初衷是指引搜索引擎的网络机器人更有效地抓取对网络用户有用的信息,从而更好地促进信息共享,而不应将Robots协议作为限制信息流通的工具。③ 对于作为搜索引擎的360搜索引擎,百度在Robots协议里以创设白名单的方式限制360搜索引擎抓取其信息,该行为违反

① 杭州铁路运输法院民事判决书,(2021)浙8601民初309号。

② 北京市高级人民法院民事判决书,(2017)京民终487号。

③ 北京市高级人民法院民事判决书,(2017)京民终487号。

了商业道德，构成不正当竞争。

(2)Robots 协议对象是非搜索引擎

若 Robots 协议对象是非搜索引擎，网络经营者可以在 Robots 协议中设置白名单或者黑名单予以限制数据爬取经营者，以此作为正当防御，网络经营者该行为未违反商业道德，不构成不正当竞争。以北京微梦创科网络技术有限公司(以下简称微梦创科)与北京字节跳动科技有限公司(以下简称字节跳动)不正当竞争纠纷一案[①]为例，被告微梦创科在其微博 Robots 协议中以设置黑名单的形式阻止原告字节跳动的"今日头条"网络机器人爬取其数据，原告认为被告该行为构成不正当竞争，遂诉至法院。

二审法院认为，由于非搜索引擎场景应用的网络机器人，已经不像搜索引擎那样当然地对公众利益，以及互联网的互联、互通、共享、开放的精神产生影响，因此在对这些网络机器人通过 Robots 协议进行限制时，不宜当然地借用对于搜索引擎进行限制的规则。也就是说，《互联网搜索引擎服务自律公约》仅可作为搜索引擎服务行业的商业道德，而不能成为互联网行业通行的商业道德。

3. 原告的合法权益受到实际损害

《反不正当竞争法司法解释》第一条规定，适用反不正当竞争一般条款需具有损害其他经营者或者消费者合法权益的情形，因此原告需要证明其合法权益受到被告不正当竞争行为的实际损害。

深圳市腾讯计算机系统有限公司、腾讯科技(深圳)有限公司与哈尔滨祈福科技有限公司、上海以史为镜网络科技有限公司、邓某研不正当竞争纠纷一案[②]也可证明此观点。在该案中，法院认为，反不正当竞争法一般条款的适用需要满足的条件之一是其他经营者的合法权益确因该竞争行为受到实际损害。由此可见，其他经营者的合法权益确因竞争行为受到实际损害是一般条款的构成要素之一。

二、反不正当竞争法中兜底条款的适用

反不正当竞争法特别条款中的兜底条款涉及混淆行为以及互联网不正当

---

① 北京市高级人民法院民事判决书，(2021)京民终 281 号。
② 上海市浦东新区人民法院民事判决书，(2020)沪 0115 民初 15598 号。

竞争行为，本书作如下概述。

（一）混淆行为

混淆行为的兜底条款规定在《反不正当竞争法》第六条第四项中，即其他足以引人误认为是他人商品或者与他人存在特定联系的混淆行为。

需要指出的是，根据《商标法》第五十八条，“将他人注册商标、未注册的驰名商标作为企业名称中的字号使用，误导公众，构成不正当竞争行为的，依照《中华人民共和国反不正当竞争法》处理”。该条并没有指出适用《反不正当竞争法》的第几条处理，之前在司法实践中往往用反不正当竞争法的一般条款作为商标法第五十八条的适用条款。

然而，在2022年出台的《反不正当竞争司法解释》第十三条中规定，将他人注册商标、未注册的驰名商标作为企业名称中的字号使用，误导公众，可以依照《反不正当竞争法》第六条第四项予以认定。该条沿袭了《商标法》第五十八条的表述，由此可知，如果一行为是《商标法》第五十八条所规制的，则应适用《反不正当竞争法》第六条第四项的兜底条款。

（二）互联网不正当竞争行为

互联网不正当竞争行为的兜底条款规定在《反不正当竞争法》第十二条第四款，即其他妨碍、破坏其他经营者合法提供的网络产品或者服务正常运行的行为。对于该条的理解，在《反不正当竞争法司法解释（征求意见稿）》中规定了对该条的适用。

《反不正当竞争法司法解释（征求意见稿）》第二十五条规定，经营者利用网络从事生产经营活动，同时符合下列条件的，人民法院可以依照《反不正当竞争法》第十二条第二款第四项予以认定：（1）利用网络技术手段实施；（2）违背其他经营者意愿并导致其合法提供的网络产品或服务无法正常运行；（3）有悖诚实信用原则和商业道德；（4）扰乱市场竞争秩序并损害消费者的合法权益；（5）缺乏合理理由。

该征求意见稿条款虽未被《反不正当竞争法司法解释》正式采纳，但是该条是对司法案例的高度总结，对理解《反不正当竞争法》第十二条第四款有借鉴意义。

三、结语

综上所述，目前司法实践中，反不正当竞争法一般条款以及兜底条款适用比例较高，随着科技进步，将有更多的前沿技术运用于市场竞争中，涉及的侵权行为会更多样化，适用反不正当竞争法一般条款以及兜底条款的场景则会更加多元化。因此，对反不正当竞争法一般条款以及兜底条款的理解和把握则更为关键。

第三节　反不正当竞争领域的数据侵权裁判标准

数据在法律上还未被赋予财产性的权利，但是在司法实践中，数据被法院赋予了财产性权益。近年来，数据被不正当抓取并使用在反不正当竞争法领域中的案件逐渐增多，值得我们关注。该类侵权由于没有具体的法条进行规制，司法实践中往往用反不正当竞争法一般条款或互联网不正当竞争行为条款的兜底条款作为依据对数据侵权行为进行规制。本书将通过司法裁判案例分析法院在审理数据侵权中所考量的原则以及因素，以窥析司法实践中对数据侵权在反不正当竞争法中的司法动态，希冀企业在市场竞争中能规避数据侵权风险，避免不必要的损失。

一、三重授权原则

在数据侵权案件中，有些法院会根据三重授权原则来判断被告是否构成反不正当竞争。该原则的主旨是，涉案数据收集者在搜集数据时，若符合三重授权原则的则为合法收集，即涉案数据收集者收集数据时需取得个人信息用户的同意以及网络运营商的同意，网络运营商需取得个人信息用户的同意。涉案数据收集者只有符合该原则，才能证明其搜集的数据具有正当性，不构成不正当竞争。

以安徽美景信息科技有限公司与淘宝（中国）软件有限公司不正当竞争纠纷一案①为例，法院认为，涉案“生意参谋”数据产品使用其他网络运营者收集的

① 杭州市中级人民法院民事判决书，（2018）浙01民终7312号。

用户信息,不仅应获得其他网络运营者的授权同意,还应获得该信息提供者的授权同意,即受"用户授权网络运营者+网络运营者授权第三方+用户授权第三方"的三重授权许可使用规则限制。

更值得注意的是,关于数据是否作为财产权益的问题,该法院认为,原告的网络大数据产品经过网络运营者大量的智力劳动成果投入,经过深度开发与系统整合,最终呈现给消费者的数据内容,已独立于网络用户信息、原始网络数据之外,是与网络用户信息、原始网络数据无直接对应关系的衍生数据,应当享有自己独立的财产性权益。

二、公开数据与非公开数据

(一)非公开数据不能抓取

有些法院并不以"三重授权原则"作为数据侵权的考量,而是区分非公开数据和公开数据。若被告从原告处获取了非公开数据,则可判定其构成不正当竞争。

以湖南蚁坊软件股份有限公司与北京微梦创科网络技术有限公司不正当竞争纠纷一案[①]为例,在该案中,法院对于公开信息与非公开数据的区分是以登录为界。如新浪微博中,未经客户登录所能看到的信息为公开数据,而经登录后才能开到的信息为非公开数据。而在本案中,被告抓取的数据中有非公开数据,因此法院认定被告构成不正当竞争。

对于公开数据,法院认为搜集公开数据并不违反反不正当竞争法,理由是基于网络环境中数据的可集成、可交互之特点,平台经营者应当在一定程度上容忍他人合法收集或利用其平台中已公开的数据,否则将可能阻碍以公益研究或其他有益用途为目的的数据运用,有违互联网互联互通之精神。

(二)公开数据亦不能全部抓取

1. 公开数据

虽然上述案件中的法院认为公开数据能进行抓取,然而有些法院认为即使是公开数据,也不能全部抓取,抓取的内容需要在一定合理限度内,超过限度抓

---

① 北京知识产权法院民事判决书,(2019)京73民终3789号。

取则构成不正当竞争。

以杭州阿里巴巴广告有限公司、阿里巴巴(中国)网络技术有限公司与梁某、南京码注网络科技有限公司(以下简称码注公司)不正当竞争一案[①]为例,法院认为,原告为收集数据投入了大量资源且为原告经营活动的重要资源,且原告通过网站作出了法律声明,禁止未经许可使用爬虫软件获取、使用涉案数据,故涉案数据虽已经公开,但并非可以任意获取、使用的开放数据,被告码注公司不可以毫无节制地抓取、使用涉案数据,应当本着善良、诚信的原则,在必要限度内使用涉案数据。码注公司计算企业活性值可以参考原告平台公开的数据,但其将原告平台公布的商家数据直接用于其网站,甚至可以直接替代原告平台的部分功能,显然超过合理限度,构成不正当竞争。

2. 公共数据

公开数据中有一类特殊的数据是公共数据,即这些数据并非来自个人信息,而是公共领域内的信息。那么对于任何人均可以获取的公共领域内的信息,是否可以抓取使用呢?

以深圳市谷米科技有限公司与张某、武汉元光科技有限公司、邵某霜、陈某、刘某朋、刘某红不正当竞争纠纷一案[②]为例,该案中的公共数据是公交车的实时运行路线、运行时间等。法院认为,公交车作为公共交通工具,其实时运行路线、运行时间等信息仅系客观事实,但当此类信息经过人工收集、分析、编辑、整合并配合 GPS 精确定位,作为公交信息查询软件的后台数据后,其凭借预报的准确度和精确性就可以使原告"酷米客"App 软件相较于其他提供实时公交信息查询服务同类软件取得竞争上的优势。而被告未经原告许可,利用网络爬虫技术进入谷原告的服务器后台的方式非法获取原告收集的公共数据的行为构成不正当竞争。由此可知,公共数据也是不能随意抓取的。

三、实质性替代

有些法院在认定被告是否构成数据侵权时,会考量被告行为是否构成对原告的实质性替代,若被告抓取数据并使用的行为构成了对原告的实质性替代,

---

① 杭州市滨江区人民法院民事判决书,(2019)浙0108民初5049号。

② 广东省深圳市中级人民法院民事判决书,(2017)粤03民初822号。

则构成不正当竞争。

以上海汉涛信息咨询有限公司、爱帮聚信(北京)科技有限公司不正当竞争纠纷一案[①]为例,法院认为,被告经营的爱帮网使用的源于原告经营的大众点评网的内容中,商户简介和大众点评网完全一致,用户点评和大众点评网也没有实质性区别。通过爱帮网,用户可直接获取商户简介的全部内容和用户点评的绝大部分内容,基本实现获取信息的目的。因此,爱帮网的商户简介和用户点评已经构成对大众点评网相应内容的实质性替代,必将不合理地损害原告的商业利益,属于不正当竞争。

四、《反不正当竞争法司法解释(征求意见稿)》关于数据条款的规定

《反不正当竞争法司法解释(征求意见稿)》中,有一条征求意见稿是关于数据侵权认定的规定,遗憾的是,在《反不正当竞争法司法解释》正式出台后,关于数据规定的条款被删除。但是该数据条款的规定是对于数据侵权在司法实践中案例的总结,对于理解数据侵权在反不正当竞争法中的认定具有重要参考意义。

《反不正当竞争法司法解释(征求意见稿)》第二十六条规定,经营者违背诚实信用原则和商业道德,擅自使用其他经营者征得用户同意、依法收集且具有商业价值的数据,并足以实质性替代其他经营者提供的相关产品或服务,损害公平竞争的市场秩序的,人民法院可以依照《反不正当竞争法》第十二条第二款第四项予以认定。

经营者征得用户同意,合法、适度使用其他经营者控制的数据,且无证据证明使用行为可能损害公平竞争的市场秩序和消费者合法权益,控制该数据的经营者主张属于《反不正当竞争法》第十二条第二款第四项规定的行为的,人民法院一般不予支持。

该条规定了数据侵权行为的认定以及合法使用数据行为的认定。从上述条款中可知,该条款认定的数据侵权的构成要件有四:一是判断数据是否合法收集且具有商业价值。二是判断侵权者是否违背诚实信用原则和商业道德。

① 北京市第一中级人民法院民事判决书,(2011)一中民终字第7512号。

三是判断侵权者是否实质性替代其他经营者提供的相关产品或服务。四是判断侵权者是否损害公平竞争的市场秩序。

构成要件一即是数据控制者需要取得用户同意且合法收集数据，且该数据具有竞争利益。构成要件三“实质性替代”已在前文论述。构成要件二中的诚实信用原则在民法上体现在《民法典》第七条中，民事主体从事民事活动，应当遵循诚信原则，秉持诚实，恪守承诺。而在商业领域的竞争关系中，诚实信用原则更体现在遵守商业道德中。因此，本书就商业道德和构成要件四中的公平竞争的市场秩序分析如下。

（一）商业道德

《反不正当竞争法司法解释》第三条明确了如何认定商业道德，规定人民法院应当结合案件具体情况，综合考虑行业规则或者商业惯例，经营者的主观状态，交易相对人的选择意愿，对消费者权益、市场竞争秩序、社会公共利益的影响等因素，依法判断经营者是否违反商业道德。人民法院认定经营者是否违反商业道德时，可以参考行业主管部门、行业协会或者自律组织制定的从业规范、技术规范、自律公约等。

根据此条可知，法院在确定商业道德时，可以依据行业规则、商业惯例、从业规范、技术规范、自律公约等文件来判断是否违反商业道德，若没有该类文件，法院需综合考虑行业规则或者商业惯例、经营者的主观状态、交易相对人的选择意愿、对消费者权益、市场竞争秩序、社会公共利益的影响等因素，依法判断经营者是否违反商业道德。

（二）损害公平竞争的市场秩序

《反不正当竞争法司法解释（征求意见稿）》规定了数据侵权需要考量侵权者是否损害公平竞争的市场秩序，且明确了合法使用数据需使用行为不能损害公平竞争的市场秩序和消费者合法权益。

《反不正当竞争法》第二条第二款规定，“本法所称的不正当竞争行为，是指经营者在生产经营活动中，违反本法规定，扰乱市场竞争秩序，损害其他经营者或者消费者的合法权益的行为”。

从上述可知，不正当竞争行为是扰乱市场竞争秩序、损害经营者和消费者合法权益的行为，而公共利益、经营者利益和消费者利益是反不正当竞争法所要保护的目标，也称为“三元叠加”的保护目标。因此，数据抓取行为是否被苛责需要衡量三方利益，即公共利益、经营者利益以及消费者利益。

以深圳市腾讯计算机系统有限公司、腾讯科技（深圳）有限公司与斯氏（杭州）新媒体科技有限公司不正当竞争纠纷一案[①]为例，法院在考量被告对原告的数据进行抓取的行为是否构成不正当竞争时，综合考量了该数据抓取行为对公共利益、经营者利益以及消费者利益带来的影响。

该案中，法院认为，《反不正当竞争法》规定“三元叠加”的保护目标，将竞争者自由竞争利益、消费者自由决策的利益和“不受扭曲的竞争标准”所产生的社会公共利益作为评价要素，认定行为的不正当性。首先，从竞争者自由竞争利益角度考量，对于网络平台数据应当给予竞争法保护，避免恶性“搭便车”行为，否则违背了竞争法保护创新的宗旨。如果任由第三方爬虫工具的任意爬取，必然会打击网络平台的创造积极性，扭曲了大数据要素市场的竞争机制。其次，从消费者利益考量，被告未得到原告数据信息的原作者授权，便将数据中发文时间、点赞数、阅读数等展示在其网站上，未能尊重信息发布主体的意愿。最后，从社会公共利益角度考量，作为《反不正当竞争法》保护的社会公共利益是指超越个体竞争自由的不被扭曲的竞争秩序所产生的一般利益，而该案中，被告爬取原告微信公众号数据后并未对涉案数据进行深度挖掘、创新，也无更深层次的应用，未能提升社会整体公共利益。最终，法院认定被告的数据抓取行为构成不正当竞争。

五、结语

虽然此次《反不正当竞争法司法解释》未给出数据侵权行为的认定，但可以根据之前的司法案例以及征求意见稿的条文，对法院在审理数据侵权时所考量的原则和因素加以理解，如此可在处理数据侵权案件中多方面把握和说理，最后达到成功说服法官的目的。

---

① 杭州铁路运输法院民事判决书，(2021)浙8601民初309号。

第四节　竞价排名中关键词推广构成侵权的裁判标准

互联网搜索网站的竞价排名可为企业提供广告服务。竞价排名,即经营者通过购买关键词,使其网站获得更多曝光概率,以获取更多流量,从而获得更多交易机会。互联网搜索网站往往通过互联网用户的点击数量以收取竞价排名的服务费。

然而,在购买关键词作推广时,有些经营者为提高其网站的点击次数,购买知名企业商标、企业字号等关键词,意图造成消费者混淆误认,从而获得交易机会。该行为可能会被《商标法》或者《反不正当竞争法》所规制。本书将对互联网关键词推广构成侵权的裁判标准作具体分析。

一、关键词显性使用和隐形使用

经营者可设置关键词进行显性使用或者隐形使用以竞价排名。若用户在搜索某关键词时,搜索到的侵权人广告标题、描述、链接以及点击链接后打开的网站内有该关键词,则可认为是关键词显性使用。若用户搜索该关键词后,搜索到的侵权人广告标题、描述、链接以及点击链接后打开的网站没有该关键词,则可认为是关键词隐性使用。

本书将从关键词显性使用构成侵权、关键词隐性使用构成侵权和互联网平台的责任认定这几部分来具体梳理关键词推广中的侵权裁判标准。

二、关键词显性使用的侵权裁判标准

关键词显性使用构成侵权的行为包括将他人注册商标、将他人有一定影响的商业标识,比如,商品名称、企业名称等设置为关键词进行推广,用户搜索该关键词后,搜索到的侵权人广告的标题、描述、链接以及点击链接后打开的网站中有该注册商标或者商业标识。该行为会涉及的侵权裁判标准如下。

（一）构成商标侵权

在司法实践中，将他人商标设置为关键词进行显性使用的可能会被判为商标侵权。对于将他人商标设置为关键词认定构成商标侵权的，需要满足以下几个要件：(1)关键词构成商标性使用。(2)该关键词与注册商标构成相同或者近似。(3)侵权人网站所提供的商品或者服务与注册商标所核定使用的商品或者服务相同或者类似。(4)相关公众发生混淆。

1. 关键词构成商标性使用的判断

关键词作为商标性使用是侵权判断中的第一步也是较关键的一步。不少案件由于关键词不构成商标性使用而不认定商标侵权，本书具体阐述如下。

根据《商标法》第四十八条，“本法所称商标的使用，是指将商标用于商品、商品包装或者容器以及商品交易文书上，或者将商标用于广告宣传、展览以及其他商业活动中，用于识别商品来源的行为”。

上述法条是对商标性使用的定义，在具体的侵权判断过程中，应当结合该特定标志所使用商品相关公众的通常认知水平、相关领域普遍的使用方式、特定标志具体的展现形式等进行综合判断。[①]

(1)互联网关键词推广是否属于《商标法》第四十八条中的商业活动

根据国家知识产权局发布的《商标侵权判断标准》第六条，“商标用于广告宣传、展览以及其他商业活动中的具体表现形式包括但不限于：

（一）商标使用在广播、电视、电影、互联网等媒体中，或者使用在公开发行的出版物上，或者使用在广告牌、邮寄广告或者其他广告载体上；

（二）商标在展览会、博览会上使用，包括在展览会、博览会上提供的使用商标的印刷品、展台照片、参展证明及其他资料；

（三）商标使用在网站、即时通讯工具、社交互联网平台、应用程序等载体上；

（四）商标使用在二维码等信息载体上；

（五）商标使用在店铺招牌、店堂装饰装潢上”。

---

① 北京市高级人民法院民事判决书，(2015)高民(知)终字第4005号。

由上述条文可知，在互联网上关键词推广属于《商标法》第四十八条中的商业活动，若符合其他侵权要件，可构成商标性使用，且司法实践中并无争议。

(2)关键词推广可认定构成商标性使用的构成要件

认定构成商标性使用应符合以下要件：一是将商标用于商业活动中。二是主观上侵权人有真实的使用该商标意图。三是客观上侵权标识指示了相关商品或者服务的来源。

在司法实践中，除商标需要用于商业活动外，法院还会从主客观两方面进行认定，即主观上侵权人有真实的使用该商标意图，客观上侵权标识指示了相关商品或者服务的来源。本书将给出两个案例，分别就关键词构成商标性使用与不构成商标性使用的情形进行举例，以期读者能更了解法院对关键词构成商标性使用的认定标准。

案例一：构成商标性使用的情形

在上海玄霆娱乐信息科技有限公司、北京畅游时代数码技术有限公司（以下简称畅游公司）侵害商标权纠纷、不正当竞争纠纷一案①中，法院认为被告畅游公司在宣传推广其“风云无双”互联网游戏商品的经营活动中，在“搜狗搜索”网站上刻意设置关键词为“凡人修仙传”的推广链接，在主观上具有将其选定的上述关键词作为区别、指示其推广的商品来源的目的。

客观上，被告畅游公司的推广链接的标题分别为“凡人修仙传同名游戏，凡人……”“全新原作改编游戏，邀你体验绝妙玄幻之旅”，其中的“凡人修仙传”字样虽非突出使用，但因标题的长度较短，上述字样为标题的主要部分、显著部分，明确指示了推广链接的游戏是“凡人修仙传”改编的游戏而非其他游戏，具有标识商品来源的作用，故属于商标使用。

案例二：不构成商标性使用的情形

在商机在线（北京）互联网技术有限公司（以下简称商机在线公司）与天津市意典美闻食品有限公司侵害商标权纠纷、不正当竞争纠纷一案②中，法院认为，被告商机在线公司虽在百度推广中将“美闻比萨”字样作为关键词进行竞价

① 上海知识产权法院民事判决书，(2015)沪知民终字第522号。

② 天津市高级人民法院民事判决书，(2014)津高民三终字第11号。

排名，但从搜索页面所显示的搜索结果看，其链接标题为："在28商机网留言，美闻比萨有……"该条链接下方的网页描述为"汇集美闻披萨商机，找赚钱项目首选28商机网，多留言，多比较，创业必成功！"点击该链接进入28商机网后，该网站页面上并没有对"美闻比萨"字样的进一步使用，其所提供的内容主要是涉及"餐饮小吃""服装鞋帽"等各类日常用品、生活服务及其商家的招商加盟信息。

可见，被告本身并不从事比萨类商品的经营，亦不是特许经营的管理者，而是为意欲从事加盟连锁的投资者或创业者提供相关信息等服务，其将"美闻比萨"作为搜索关键词使用，目的在于利用"美闻比萨"在一定范围内的知名度吸引相关互联网用户的关注，以提高28商机网的点击率，从而促成该网站的推广项目。商机在线公司设置的链接标题、网页描述中虽有"美闻比萨"字样，但亦标明了"28商机网"的网站名称和性质。由此可以认定，商机在线公司对"美闻比萨"字样的使用，不具有标识服务来源的作用，故不属于商标意义上的使用行为。

综上所述，商标的主要作用是指示相关商品或者服务的来源，这也是商标使用的主要目的。若被控侵权标识具有标识商标或者服务来源的作用，可构成商标性使用，反之则不构成。

2. 关键词显性使用构成商标侵权的构成要件分析

根据上述所述，关键词推广中被判定为商标侵权需要满足以下四个要件：(1)关键词构成商标性使用。(2)该关键词与注册商标构成相同或者近似。(3)侵权人网站所提供的商品或者服务与注册商标所核定使用的商品或者服务相同或者类似。(4)相关公众发生混淆。本书将以下述案例具体分析法院在判断关键词侵犯商标权案件中对这四个要件的具体分析。

在腾讯科技(深圳)有限公司与吉林市唐贷金融超市股份有限公司、唐贷金融服务(深圳)股份有限公司侵害商标权纠纷一案①中，对于被告将"微粒贷"设置为其"360搜索"的推广关键词，并在搜索结果的链接中使用了"微粒贷"的标识是否构成商标权的争议，法院认定如下：

① 广东省深圳市南山区人民法院民事判决书，(2017)粤0305民初1059号。

第一，被告的上述行为系将“微粒贷”用于广告宣传的商业活动，用于识别商品来源的行为，属于对“微粒贷”的商标性的使用。

第二，原告的第16577654号“微粒贷”商标核定使用的商品或服务项目包括金融服务、网上银行、通过网站提供金融信息等，而被告通过其经营管理的“www.tangcredit.com”网站提供理财等金融服务，与第16577654号“微粒贷”商标核定使用的商品或服务项目属于同一种类的服务。

第三，被告在搜索结果的链接中使用的“微粒贷”的标识与原告的第16577654号“微粒贷”商标相同。

第四，被告与“微粒贷”并不具有事实和法律上的联系，被告将“微粒贷”设置为其“360搜索”的推广关键词，并在搜索结果的链接中使用了“微粒贷”的标识，事实上导致了二被告将其公司及产品信息强制性地推送给了意在搜索原告网站或产品的用户，使相关公众产生混淆和误认。

因此，法院认定被告的设置关键词行为属于侵犯原告“微粒贷”商标的商标专用权的行为，依法应当承担停止侵权及赔偿损失的责任。

综上所述，在该案中，法院对于被告的设置关键词行为是否属于侵犯原告商标权时，分别从构成侵权的四个要件进行分析，在四个要件均满足的情形下，法院认定被告侵犯了原告的商标权。

（二）构成不正当竞争

在司法实践中，将他人有一定影响的商业标识，比如，商品名称、企业名称等设置为关键词进行显性使用的，可能会构成不正当竞争。法院往往依据《反不正当竞争法》第二条、第六条、第八条等进行审理和判决。

另外，对于关键词推广是否构成不正当竞争进行判断时，还可参考《北京市高级人民法院关于涉及网络知识产权案件的审理指南》第三十八条的规定：“认定被告购买、使用竞价排名服务的行为是否构成不正当竞争行为时，可以综合考虑以下因素：

（1）是否未经许可使用了原告或者其利害关系人的能够标示商品或者服务品质、来源的商业标识，作为竞价排名关键词；

（2）使用他人商业标识作为竞价排名关键词是否具有正当理由；

(3)在搜索结果列表中所显示的标题、网页内容介绍中是否包含该关键词;

(4)通过搜索结果进入的被告网页是否包含该关键词;

(5)是否足以导致归属于原告的交易机会或者竞争优势变化,致使原告合法权益受到损害。"

本书就较常见的两种情形,即"被告将他人企业名称设置成关键词构成不正当竞争的情形"以及"被告将他人商标设置成关键词未构成商标侵权,而构成不正当竞争的情形"作具体分析。

1. 被告将他人企业名称设置成关键词构成不正当竞争的情形

对于被告将他人企业名称设置成关键词进行显性使用,法院通常依据《反不正当竞争法》第六条第二项进行认定:经营者不得实施下列混淆行为,引人误认为是他人商品或者与他人存在特定联系;擅自使用他人有一定影响的企业名称(包括简称、字号等)、社会组织名称(包括简称等)、姓名(包括笔名、艺名、译名等)。

根据该法条以及相关的司法判例,在认定侵犯企业名称权构成不正当竞争时,应当考量下列因素:(1)原告与被告之间是否存在竞争关系。(2)原告企业名称的知名度。(3)被告主观上是否有恶意。(4)客观上相关公众是否发生混淆。

例如,在北京奇虎科技有限公司、上海会甲信息技术有限公司(以下简称会甲公司)与天津美津会议服务有限公司(以下简称美津公司)不正当竞争纠纷一案[①]中,被告会甲公司在利用"360 搜索"竞价排名过程中将原告美津公司全称"天津美津会议服务有限公司"作为关键词,并将该关键词与其网站"酒店哥哥"设置链接,直接导致社会公众在搜索"天津美津会议服务有限公司"时,在搜索结果的显著位置出现"天津美津会议服务有限公司酒店哥哥网免费在线预订"等字样,点击上述文字或图片立即跳转至会甲公司旗下网站"酒店哥哥"。

对此,法院认为,首先,原告美津公司与被告会甲公司具有竞争关系。其次,原告美津公司企业名称具有一定影响力。最后,被告设置关键词的行为一方面使社会公众产生被告"酒店哥哥"网站即为原告美津公司网站的混淆误认;

---

① 天津市高级人民法院民事判决书,(2022)津民终 15 号。

另一方面也使原告美津公司减少甚至失去了被社会公众搜索到的机会,必然使原告美津公司失去被客户优先了解并进一步建立交易的机会。因此,法院认定被告会甲公司针对原告美津公司实施了不正当竞争行为。

2. 被告将他人商标设置成关键词未构成商标侵权,而构成不正当竞争的情形

被告将他人商标设置成关键词进行推广,法院在审理中未认定被告构成商标侵权,但该行为可能会构成不正当竞争。

例如,在湖南省富民乐建材运营发展有限公司与北京百度网讯科技有限公司、广东巨原新材料有限公司(以下简称巨原公司)侵害商标权纠纷、不正当竞争纠纷一案①中,法院认为,被告将原告商标设置成关键词进行推广,并不构成商标侵权,但构成不正当竞争。

关于不构成商标侵权,法院认为,被告巨原公司使用被控侵权标识的方式是在百度搜索中将"近卫军"设置为关键词,使相关公众通过该关键词在百度搜索时,其搜索结果第一条显示的是题为"近卫军—无死角—效率高"的网页内容链接,该网页系被告巨原公司主办。另外,原告提交的公证书所附的互联网图片中的相关商品无"近卫军"字样,因此,根据现有证据,"近卫军"并未使用在被告巨原公司的商品上,而在互联网关键词的搜索中,"近卫军"亦非单独地、显著性地使用,不能认为起到了识别商品来源的作用。故被控侵权标识"近卫军"并非商标法意义上的商标使用,因此不构成商标侵权行为。

关于构成不正当竞争,法院认为,原告享有对"近卫军"注册商标的专用权。被告巨原公司使用"近卫军"作为搜索关键词的行为客观上会造成相关公众认知上的混淆,认为上述网页内容源于原告。基于被告巨原公司的使用是为自己开拓市场的商业广告行为,且广告内容与原告的经营范围及注册商标核准使用的范围相同,客观上会导致原告目标客户的减少,进而可能造成原告涉案注册商标的显著性降低。因此,被告巨原公司的被控行为有违法律和商业道德,构成不正当竞争。

三、关键词隐性使用的侵权裁判标准

关键词隐性使用构成侵权的行为包括将他人注册商标、将他人有一定影响

① 湖南省长沙市中级人民法院民事判决书,(2019)湘01民初209号。

的商业标识，设置为关键词进行推广，用户搜索该关键词后，搜索到的侵权人广告的标题、描述、链接以及点击链接后打开的网站中未显示该注册商标或者有商业标识。该行为涉及的侵权裁判标准如下。

（一）构成商标侵权

将他人商标设置成关键词进行隐性使用的，早前有部分法院判决构成商标侵权，现大部分法院均认为关键词的隐性使用不能指示商品或者服务的来源，因此不属于商标使用行为，不构成商标侵权。

例如，在呷哺呷哺餐饮管理有限公司与北京百度网讯科技有限公司、帮友金服（北京）投资管理有限公司（以下简称帮友公司）侵害商标权纠纷一案①中，法院认为，被告帮友公司在其百度推广服务管理账户中，添加了"呷哺呷哺加盟"作为关键词，从而导致互联网用户在搜索相关关键词时，帮友网及涉案加盟项目的链接出现在推广链接结果中。该行为系后台使用关键词行为，未将涉案商标使用在帮友公司提供的涉案加盟项目及涉案链接名称、涉案链接描述中，没有发挥商标区分不同服务来源的功能，不属于商标使用行为。因此不构成商标侵权行为。

（二）构成不正当竞争

对于关键词隐性使用不构成商标权侵权，司法实践中争议不大。然而，对于关键词隐性使用是否构成不正当竞争，司法实践中大有争议，有部分法院认为构成不正当竞争，有部分法院认为不构成不正当竞争，然而构成不正当竞争的判决已逐渐呈递增趋势。本部分就关键词隐性使用构成不正当竞争进行举例说明。

例如，在北京百度网讯科技有限公司与新会江裕信息产业有限公司（以下简称新会江裕公司）不正当竞争纠纷一案②中，法院认为，作为同业竞争者，被告爱普生公司将原告新会江裕公司享有商标专用权的"jolimark""映美"等文字作为搜索引擎竞价排名的关键词使用，当互联网用户在百度搜索引擎搜索栏中输

① 北京市海淀区人民法院民事判决书，（2017）京0108民初12527号。
② 北京市高级人民法院民事判决书，（2018）京民再177号。

入前述关键词时，爱普生公司的推广链接即出现在搜索结果页面中。

该行为使欲通过该关键词搜索原告新会江裕公司及其产品的互联网用户不仅得到了其本欲得到的新会江裕公司及其产品的搜索结果，同时得到了被告爱普生公司及其产品的搜索结果。该行为势必使被告爱普生公司借助互联网用户对原告新会江裕公司及其产品的认知而得到自己网站得以访问概率提高的利益，进而挤占了原告新会江裕公司的市场利益，降低了其竞争优势。因此，认定被告爱普生公司的涉案行为构成不正当竞争。

再如，在上海嘉扬信息系统有限公司与上海仁力名才软件有限公司不正当竞争纠纷一案①中，法院认为，原告、被告均系经营人力资源管理软件的企业，属于同一业务领域的竞争对手。在原告、被告存在直接竞争关系，原告在行业内具有一定的知名度的情况下，被告将含有原告字号、商标的文字设置为其百度推广的关键词，从主观方面看，被告与其设置的关键词并无任何关联，亦无任何设置上述关键词的正当理由。可见，被告存在明显的利用原告商誉、不正当获取竞争利益的主观故意。

从客观方面看，被告设置涉案关键词的行为会给其带来潜在的交易机会，从而可能使原告失去潜在的商业交易机会。被告的此种行为仍极有可能吸引相关公众的注意力，引导相关公众去点击被告的网站，从而使本来关注原告及其产品的客户因此而接触被告的产品，给被告带来潜在的商业交易机会，进而获取不正当的竞争利益。从前述主观、客观方面看，被告的涉案行为有悖于诚实信用原则和公认的商业道德，亦损害了原告的利益，其行为构成不正当竞争。

（三）不构成不正当竞争

对于设置他人商标或者他人商业标识作为关键词进行隐性使用不构成不正当竞争的情形，最典型的是“金夫人”案件，该案经最高人民法院再审并且确认二审判决并无不当，具体分析如下。

在重庆金夫人实业有限公司（以下简称金夫人公司）与北京百度网讯科技有限公司、南京米兰尊荣婚纱摄影有限公司（以下简称米兰公司）侵害商标权纠

---

① 上海市浦东新区人民法院民事判决书，(2018)沪0115民初53064号。

纷、不正当竞争纠纷一案[①]中，被告将原告商标“金夫人”设置成关键词进行隐性使用，最高人民法院再审认为，该行为既不构成商标侵权，亦不构成不正当竞争。

在商标侵权方面，最高人民法院认为，关键词隐性使用没有发挥商标区分不同商品或者服务的功能，因此不属于商标性使用。

在不正当竞争方面，最高人民法院认为，首先，被告米兰公司将原告金夫人公司“金夫人”作为百度推广服务的关键词的行为，其目的是增加该公司网站的点击量，增加该公司的知名度，希望为其带来潜在的商业交易机会，但这种商业交易机会并非法定权利，金夫人公司也未提供证据证明米兰公司的行为实质性损害了金夫人公司的正当利益或消费者利益。其次，被告米兰公司仅在系统后台设置关键词，金夫人公司官网链接仍排搜索结果第一位、米兰公司链接只排在第三位，米兰公司链接描述内容及点击打开后的网站中并无“金夫人”商标等相关内容，米兰公司的行为并未使相关公众产生混淆误认，也未误导消费者，结合关键词广告市场特性以及互联网用户的认知水平等因素，综合认定米兰公司的行为尚未达到违反诚实信用原则和公认的商业道德的程度，因此，不构成不正当竞争。

四、互联网平台的责任认定

通常，原告对经营者使用关键词推广的侵权行为进行起诉外，还会将提供竞价排名的互联网平台列入共同被告一起起诉，主张互联网平台承担连带责任。

一般而言，互联网平台有“避风港原则”进行保护，避风港原则指的是“通知＋删除”规则，即若互联网平台收到权利人通知后采取删除侵权内容等必要措施，则不承担连带责任。

另外，对于避风港原则的例外是“红旗原则”，即若侵权行为特别明显，互联网平台知道或者应当知道该侵权行为，却没有采取任何必要措施，则需要承担连带责任。本书就互联网平台在红旗原则以及避风港原则下的侵权责任具体

① 江苏省高级人民法院民事裁定书，(2017)苏民申2676号。

分析如下。

（一）红旗原则

红旗原则规定在《民法典》第一千一百九十七条：网络服务提供者知道或者应当知道网络用户利用其网络服务侵害他人民事权益，未采取必要措施的，与该网络用户承担连带责任。

换言之，若侵权行为像“红旗”一样明显，可认定互联网服务者知道或者应当知道该侵权行为，若其没有采取必要措施，则应当承担连带责任。

例如，在天津美津会议服务有限公司与北京奇虎科技有限公司（以下简称奇虎公司）、上海会甲信息技术有限公司不正当竞争纠纷一案[①]中，法院认为，互联网平台奇虎公司的行为是在其经营的“360 搜索”平台设置竞价排名程序，接受搜索推广客户提交的“关键词”及与特定网站的链接申请，收取竞价排名费用，对客户申请的“关键词”进行系统自动审核及人工审核。只有经过审核的“关键词”及其链接才能出现在搜索结果显著位置。

奇虎公司既然对客户提供的关键词进行收费并排名，就应具有审查的义务，而面对会甲公司故意将他人企业名称全称作为搜索的关键词并链接自己的网站，存在明显的侵权嫌疑，却疏于审查，对涉案不正当竞争行为的发生，具有明显的主观过错。其疏于审查的行为也是导致涉案不正当竞争行为发生的必要条件。根据《民法典》的规定，互联网服务提供者知道或者应当知道互联网用户利用其互联网服务侵害他人民事权益，未采取必要措施的，与该互联网用户承担连带责任。因此，互联网平台奇虎公司应与被告会甲公司共同承担侵权赔偿责任。

综上，在该案中，法院认为，某经营者将原告的企业名称全称设置为关键词，该行为像红旗一样，是一个很明显的侵权行为。因此，互联网平台奇虎公司知道或者应当知道该侵权行为，但是奇虎公司没有采取必要措施，应于该经营者承担连带责任。

---

① 天津市第一中级人民法院民事判决书，（2021）津 01 民初 637 号。

(二)避风港原则

根据前述,避风港原则指的是"通知+删除"规则,其规定在《民法典》第一千一百九十五条第一款和第二款:网络用户利用网络服务实施侵权行为的,权利人有权通知网络服务提供者采取删除、屏蔽、断开链接等必要措施。通知应当包括构成侵权的初步证据及权利人的真实身份信息。网络服务提供者接到通知后,应当及时将该通知转送相关网络用户,并根据构成侵权的初步证据和服务类型采取必要措施;未及时采取必要措施的,对损害的扩大部分与该网络用户承担连带责任。

换言之,若互联网平台接到权利人侵权通知后,若能及时通知被侵权人并且采取删除等必要措施,不承担责任。但是,若互联网平台接到权利人侵权通知后,未及时采取删除等必要措施的,则需对损害的扩大部分承担连带责任。

例如,在重庆猪八戒互联网有限公司(以下简称猪八戒公司)、深圳市精英商标事务所与北京百度网讯科技有限公司侵害商标权纠纷、不正当竞争纠纷一案①中,法院认为,针对被告猪八戒公司实施的侵权行为,从形式上,原告精英商标事务所已在百度公司官网的"意见反馈"专栏向百度公司发出了删除通知;在内容上,该通知向百度公司详细传达了侵权事实存在以及被侵权人主张权利的信息,并提供了相关权利证书,已达到了促使互联网服务提供者采取必要措施的目的,且百度公司已收到了该通知。但百度公司接到通知后,未及时采取删除等必要措施,造成对原告精英商标事务所损害的进一步扩大,故法院认为,百度公司就该部分损失与猪八戒公司承担连带责任。

综上,在该案中,法院认为,原告向互联网平台百度公司发送了侵权通知,且百度公司已收到了该通知但未及时采取删除等必要措施,应当对该部分损失承担连带责任。

五、结语

综上所述,竞价排名给经营者和互联网平台带来商机的同时,也带来了风

---

① 广东省高级人民法院民事判决书,(2018)粤民终2352号。

险与挑战。经营者在选择关键词时,需要尽量避免出现商标侵权和不正当竞争的情形。互联网平台在提供竞价排名服务时,也要尽到合理注意义务,以避免承担连带责任。

第五节　域名侵权的裁判标准

随着互联网的不断发展,域名已成为企业和个人在网络上开展业务的重要组成部分,然而,随之而来的域名侵权问题也日益增多,这些侵权行为不仅给合法权利人造成了严重损失,也对互联网环境和经济秩序造成了不良影响。因此,域名侵权问题亟待得到重视和解决。本书将重点探讨域名侵权在域名争议投诉和法院诉讼中的裁判标准,以期对企业了解和防范域名侵权风险有所裨益。

一、域名侵权概述

域名是指互联网上识别和定位计算机的层次结构式的字符标识,与该计算机的 IP 地址相对应。[①] 从技术层面看,域名具有定位计算机 IP 地址的功能。在互联网经济时代,互联网是经营者从事经营活动、宣传推广的重要场所,网络用户通过网址访问相应的网页,而域名系网址的核心组成部分。从商业层面看,域名还具有识别来源的功能。域名经注册而产生,故一般而言,域名归属于注册人。[②]

域名侵权是指域名注册人或使用人在注册或者使用域名时侵犯了他人的在先权利,如在先商标权、在先企业名称权等。权利人对于域名侵权行为,可主张停止侵权、注销域名、转移域名所有权或赔偿损失等。

权利人欲主张注销域名或转移域名所有权,可通过两种途径维权:一是通过域名争议投诉,二是通过法院诉讼。权利人若主张侵权人赔偿损失,只能通过法院诉讼。

---

① 参见《互联网域名管理办法》第五十五条第一项。

② 上海知识产权法院民事判决书,(2021)沪 73 民终 152 号。

(一)权利人在侵权域名注册之后形成的权利亦可主张

一般而言,权利人以在侵权域名注册之前已享有的在先权利主张域名侵权。然而,在一些案件中,若权利人知名度很高、侵权人恶意极为明显等情形,即使权利人在侵权域名注册之后获得的权利,亦可主张域名侵权。

例如,在广州虎牙信息科技有限公司与刘某、厦门易名科技股份有限公司侵害网络域名纠纷、不正当竞争纠纷一案[①]中,法院认为,被告刘某注册域名时间为2005年5月3日,远远早于原告获得相关域名及商标的时间,被告没有注册的恶意。

但是,被诉域名与原告域名的主要部分均为"huya",而"huya"不但作为原告域名的主要部分,同时和"虎牙"及"虎牙直播"等一并被注册为原告的商标,"虎牙"亦被注册为原告公司的字号。经过原告的广泛宣传和不断使用,"huya"与"虎牙"及"虎牙直播"已经具有特定的联系,且拥有一定的知名度,具备了区分服务来源的功能,虎牙公司对此享有合法的民事权益。

而被告刘某没有正当理由,明知斗鱼直播平台与原告经营范围一致且有竞争关系,仍将被诉域名跳转至斗鱼直播平台,足以造成相关公众的误认,具有使用被诉域名的恶意,符合《最高人民法院关于审理涉及计算机网络域名民事纠纷案件适用法律若干问题的解释》第四条全部四项的规定,构成对原告虎牙公司的侵权。

(二)域名争议投诉与法院诉讼的区别

域名争议投诉程序属于行政程序,但非前置性行政程序,即当事人可不经过域名争议投诉程序,直接向法院起诉。

域名争议投诉与法院诉讼主要有如下区别,权利人可根据自身需要选择维权途径。

1. 审理时间不同:域名争议投诉审理时间较短,一般为六十日左右,而法院诉讼一审程序为六个月,二审为三个月。

---

① 广州互联网法院民事判决书,(2019)粤0192民初1573号。

2. 审理方式不同：域名争议投诉一般为书面审理，而法院诉讼一般为开庭审理。因此，对于国际域名争议，采取域名争议投诉较为便捷，也可节省成本。

3. 裁判效力不同：对于域名争议投诉的裁决，任何一方当事人不服该裁决可向法院起诉，最终以法院判决为准。

二、域名争议投诉

顶级域名是互联网域名系统（DNS）中的最高级别的域名。它通常位于域名的最右边。顶级域名一般可分为通用顶级域名、新通用顶级域名与国家顶级域名。根据顶级域名类别不同，投诉人选择的投诉机构以及适用的争议规则等均有所不同。

（一）通用顶级域名与新通用顶级域名

通用顶级域名（Generic Top－Level Domain，gTLD）是互联网域名系统中最高级别的域名分类之一。通用顶级域名通常被用于特定的目的，例如，“.com”用于商业网站，“.org”用于非营利组织，“.edu”用于教育机构，“.gov”用于政府机构等。

新通用顶级域名（New Generic Top－Level Domain，New gTLD）与传统通用顶级域名相比更加多样化和具有特色，能够更好地满足各行业和各领域的需求，如“.club”“.shop”“.music”等。这些域名可用于各种不同的网站和应用，符合个性化需求，也易被搜索引擎识别。

1. 域名争议投诉机构

互联网名称与数字地址分配机构（ICCAN）负责管理互联网域名系统，其制定了一种争议解决机制 UDRP（《统一域名争议解决政策》），用于处理通用顶级域名以及新通用顶级域名的域名争议。

投诉人可向 ICANN 授权的世界知识产权组织、亚洲域名仲裁解决中心、捷克仲裁法院互联网争议仲裁中心、美国国家仲裁论坛等机构提交域名争议的投诉。

2. 域名投诉裁判标准

根据《统一域名争议解决政策》，当投诉人必须证实以下三种情况同时存

在,其投诉才会得到支持[①]:

(1)争议域名与投诉方享有权利的商标或服务标志是相同或混淆性相似的;

(2)被投诉方(域名持有者)对投诉所涉及域名不应享有权利或合法利益;

(3)争议域名系恶意注册和使用。

如有以下情形的可被认定为被投诉人具有恶意[②]:

(1)被投诉人注册域名或已获得的域名,主要用于向投诉人(商标或服务标记的所有者)或该投诉人的竞争对手销售、租赁或转让该域名注册,以获得高收益;

(2)被投诉人注册该域名目的是防止商标或服务标记的所有者获得与标记相对应的域名;

(3)被投诉人注册域名主要用于破坏竞争对手的业务;

(4)被投诉人使用该域名是企图使公众产生混淆误认,吸引互联网用户访问被投诉人网站或其他在线网址以获得商业利益。

若投诉成功,投诉人可主张将被投诉人的域名注销或者转让至其名下。

(二)国家顶级域名

国家顶级域名(ccTLD)是国家或地区的域名后缀,用于标识一个特定的国家或地区。每个国家或地区均有一个特定的国家顶级域名,如中国是“.cn”,美国是“.us”,法国是“.fr”。通常,国家顶级域名是由各自国家或地区的政府或政府授权机构负责管理和分配。

对于涉及国家顶级域名的投诉,投诉人需在该国管理国家顶级域名的机构进行投诉,而投诉的审理规则也是由该国制定。此外,一些国际组织比如世界知识产权组织、亚洲域名争议中心也可处理一部分国家顶级域名投诉。比如,涉及法国顶级域名的投诉,投诉人可向法国国家域名争议解决机构 AFNIC 进行投诉,也可向世界知识产权组织进行投诉。

---

① 参见《统一域名争议解决政策》第 4a 条。

② 参见《统一域名争议解决政策》第 4b 条。

三、域名侵权诉讼

对于域名侵权诉讼案件,一般涉及的侵权行为是商标侵权和不正当竞争。关于域名侵权涉及的商标侵权和不正当竞争行为,法院审理时所依据的裁判标准有所不同,本书分别进行分析。

(一)域名侵害商标权

1. 商标法相关规定

《最高人民法院关于审理商标民事纠纷案件适用法律若干问题的解释》第一条规定,"下列行为属于商标法第五十七条第(七)项规定的给他人注册商标专用权造成其他损害的行为:……(三)将与他人注册商标相同或者相近似的文字注册为域名,并且通过该域名进行相关商品交易的电子商务,容易使相关公众产生误认的"。

由上述法条可知,要认定域名侵害商标权,原告需要证明被告通过该域名进行了相关商品交易的电子商务行为。若原告无法证明被告进行了相关商品交易的电子商务行为,则不能认定该侵权行为构成商标侵权,但可能会构成不正当竞争。

例如,在朱某军、德禄家具(南通)有限公司、德禄家具(上海)有限公司与德禄(太仓)家具科技有限公司、德禄产业与发展有限责任两合公司侵害商标权纠纷、不正当竞争纠纷一案①中,法院认为,通过已注册的域名从事电子商务的实际交易属于注册域名侵犯他人商标专用权行为成立的要件之一。本案中,被告德禄家具(南通)有限公司仅通过该域名所链接网站宣传被控侵权商品,现有证据无法认定被告德禄家具(南通)有限公司存在通过涉案域名进行相关商品交易的电子商务行为,故不构成对德禄产业与发展有限责任两合公司、德禄国际公司、德禄家具(太仓)有限公司商标权的侵害。

2. 对"相关商品交易"的认定

对于上述条文中的"相关商品交易"的定义,相关法律法规中没有作具体阐

① 江苏省高级人民法院民事判决书,(2021)苏民终 2636 号。

述，但司法案例中有相关论述。

在北京奇虎科技有限公司与云南贷贷网络信息科技有限公司、云南贷贷互联网金融服务有限公司、北京联合中投金融信息服务有限公司侵害商标权纠纷一案①中，法院认为，《最高人民法院关于审理商标民事纠纷案件适用法律若干问题的解释》第一条第三项并不是将侵犯商标专用权造成跨类联想误认的行为排除在保护范围之外，只是不再通过“认驰”的方式进行保护。

因此，只有将《最高人民法院关于审理商标民事纠纷案件适用法律若干问题的解释》第一条第三项中规定的“相关商品交易”解释为不限于“相同或类似商品服务”，还包含与商标知名度相适应的商品或服务，才能保证法律概念内涵的统一。也就是对于跨类的联想误认在认定的要件上，虽然不再以认定驰名商标为前提，但仍然应当考虑商标的显著性和知名度、商品和服务之间的关联关系以及相关公众的重合范围等因素，在此基础上对“相关商品交易”上的注册并使用域名的行为认定是否会产生“跨类的联想误认”。

综上，从该案例可知，在对“相关商品交易”认定时，除相同或者类似商品外，在考量是否需要跨类保护时需要考虑商标的显著性和知名度、商品和服务之间的关联关系以及相关公众的重合范围等因素，在此基础上认定“相关商品交易”上的注册并使用域名的行为是否会产生“跨类的联想误认”。

3. 关于域名侵权的法律规定

（1）概述

司法实践中，法院在认定被告的域名是否侵犯原告的权利时，需适用《最高人民法院关于审理涉及计算机网络域名民事纠纷案件适用法律若干问题的解释》。

《最高人民法院关于审理涉及计算机网络域名民事纠纷案件适用法律若干问题的解释》第四条规定，“人民法院审理域名纠纷案件，对符合以下各项条件的，应当认定被告注册、使用域名等行为构成侵权或者不正当竞争：

（一）原告请求保护的民事权益合法有效。

（二）被告域名或其主要部分构成对原告驰名商标的复制、模仿、翻译或音

---

① 北京知识产权法院民事判决书，（2016）京73民初98号。

译;或者与原告的注册商标、域名等相同或近似,足以造成相关公众的误认。

（三）被告对该域名或其主要部分不享有权益,也无注册、使用该域名的正当理由。

（四）被告对该域名的注册、使用具有恶意”。

上述四个条件是法院在认定域名侵权时需要满足的侵权构成要件,若其中一个要件不符合则无法构成域名侵权。一般而言,对于上述四个构成要件,被告需要证明其对域名或其主要部分享有权益和注册使用该域名具有正当理由,而原告对其他三个构成要件负举证责任。

（2）被告恶意的认定

关于上述第四个要件中被告恶意的认定,若被告有以下情形之一的,可认定被告具有恶意。①

①为商业目的将他人驰名商标注册为域名的。

②为商业目的注册、使用与原告的注册商标、域名等相同或近似的域名,故意造成与原告提供的产品、服务或者原告网站的混淆,误导网络用户访问其网站或其他在线站点的。

③曾要约高价出售、出租或者以其他方式转让该域名获取不正当利益的。

④注册域名后自己并不使用也未准备使用,而有意阻止权利人注册该域名的。

4. 域名侵犯商标权的裁判标准

结合商标法相关法律规定以及《最高人民法院关于审理涉及计算机网络域名民事纠纷案件适用法律若干问题的解释》的规定,关于域名侵犯商标的侵权裁判标准总结如下:

（1）原告请求保护的民事权益合法有效。

（2）被告域名与原告商标相同或者近似,足以造成相关公众的误认。

（3）被告具有恶意且对域名不享有合法权益。

（4）被告须通过域名进行相关商品交易的电子商务。

5. 域名侵权案件中,法院对注册商标不作认驰审查

根据《最高人民法院关于审理涉及计算机网络域名民事纠纷案件适用法律

---

① 参见《最高人民法院关于审理涉及计算机网络域名民事纠纷案件适用法律若干问题的解释》第五条。

若干问题的解释》第六条，人民法院审理域名纠纷案件，根据当事人的请求以及案件的具体情况，可以对涉及的注册商标是否驰名依法作出认定。

但是，根据《最高人民法院关于审理涉及驰名商标保护的民事纠纷案件应用法律若干问题的解释》第二条，“在下列民事纠纷案件中，当事人以商标驰名作为事实依据，人民法院根据案件具体情况，认为确有必要的，对所涉商标是否驰名作出认定：（一）以违反商标法第十三条的规定为由，提起的侵犯商标权诉讼；（二）以企业名称与其驰名商标相同或者近似为由，提起的侵犯商标权或不正当竞争诉讼；（三）符合本解释第六条规定的抗辩或者反诉的诉讼”。

根据《最高人民法院关于审理涉及驰名商标保护的民事纠纷案件应用法律若干问题的解释》第十四条，法院以前有关司法解释与本解释不一致的，以本解释为准。

由此可知，涉及注册驰名商标跨类保护、未注册驰名商标保护、企业名称与驰名商标冲突这三类案件，如果确有必要，人民法院可以对所涉商标是否驰名作出认定，但并不包括涉及域名与驰名商标冲突的案件。[①]

在北京奇虎科技有限公司与云南贷贷网络信息科技有限公司、云南贷贷互联网金融服务有限公司、北京联合中投金融信息服务有限公司侵害商标权纠纷一案[②]中，法院认为，《〈最高人民法院关于审理涉及驰名商标保护的民事纠纷案件应用法律若干问题解释〉的理解与适用》中介绍了《最高人民法院关于审理涉及驰名商标保护的民事纠纷案件应用法律若干问题的解释》（2009）的起草过程及相关条文的含义。其中载明：“关于驰名商标与域名的冲突，最高人民法院曾经明确过在审理相关类型的案件时，可以对商标是否驰名作出认定。在《最高人民法院关于审理涉及驰名商标保护的民事纠纷案件应用法律若干问题的解释》（2009）的制定过程中，也曾在草稿中规定过‘以注册、使用的域名与驰名商标相同或者近似为由提起的诉讼’也可以认定驰名商标，并公开征求过意见。”

而公布的《最高人民法院关于审理涉及驰名商标保护的民事纠纷案件应用法律若干问题的解释》（2009）删除了相关规定。主要考虑到只要原告的注册商标具有一定的知名度，被告注册、使用与其相同或者近似的域名，足以误导相关

① 广东省高级人民法院民事判决书，（2017）粤民终1395号。

② 北京知识产权法院民事判决书，（2016）京73民初98号。

公众，即可以认定构成侵犯商标权或者不正当竞争，原告的权利可以获得保护和救济，无须再以认定驰名商标为前提条件。由于域名的申请、注册较为容易，如以认定商标驰名作为对抗此类域名注册或者使用的前提条件，易于使当事人“自行”注册域名并据此提起诉讼寻求认定驰名商标。

另外，《江苏省高级人民法院侵害商标权民事纠纷案件审理指南》第7.2条规定，驰名商标与域名的冲突：将与他人注册商标相同或者相近似的文字注册为域名，并且通过该域名进行相关商品交易的电子商务，容易使相关公众产生误认的，构成侵害商标权。由于该条规定对于注册商标的知名度不作特别要求，故涉及驰名商标与域名的冲突案件无须认定驰名商标。

综上所述，在域名侵犯注册商标专用权案件中，法院对于注册商标是否是驰名商标不作认定和审查。

（二）域名侵权行为构成不正当竞争

侵权人使用域名构成不正当竞争时，往往会侵犯权利人在先企业字号、在先域名等权利。法院在认定域名侵权行为构成不正当竞争时，除根据《最高人民法院关于审理涉及计算机网络域名民事纠纷案件适用法律若干问题的解释》第四条进行审理外，还会根据《反不正当竞争法》第六条混淆条款或者第二条一般条款进行认定被告侵权行为是否构成不正当竞争。

结合《反不正当竞争法》以及《最高人民法院关于审理涉及计算机网络域名民事纠纷案件适用法律若干问题的解释》的规定，关于域名侵权构成不正当竞争的侵权裁判标准总结如下：

（1）原告请求保护的民事权益合法有效且有一定影响。

（2）域名与标识相同或近似，足以造成相关公众的误认。

（3）被告具有恶意且对域名不享有合法权益。

例如，在上海巨人网络科技有限公司、巨人投资有限公司、巨人网络集团股份有限公司、巨商智能科技（上海）有限公司、珠海巨人高科技集团有限责任公司与深圳巨人网络电子商务有限公司、巨人（深圳）企业科技发展有限公司侵害商标权纠纷、不正当竞争纠纷一案[1]中，法院认为，首先，对于“原告请求保护的民事权益合法有效且有一定影响”的要件。本案中，“巨人”系原告有一定影响的企业字号，在涉案五个侵权域名注册、使用前已具有相当高的市场知名度，原告请求保护的该字号享有的权益合法有效。

其次，对于“域名与标识相同或近似，足以造成相关公众的误认”的要件。本案中，涉案五个侵权域名主体部分 jurenjituan、jurenguoji、jurenwulian 中均包含的“juren”，系原告有一定影响的企业字号“巨人”的拼音，足以造成相关公众误认为该域名属于原告、域名对应的网站由原告运营或者与原告之间存在关联关系。

最后，对于“被告具有恶意且对域名不享有合法权益”的要件。本案中，被告主观上明显存在攀附原告商誉“搭便车”之意，其注册、使用涉案五个侵权域名，亦是该主观恶意的体现和实施的系列行为之一，其对五个侵权域名或其主要部分不享有权益，也无证据证明其注册、使用五个域名具有正当理由。

综上，被告的该项行为属于《反不正当竞争法》第六条第四项规定的经营者不得实施的其他混淆行为，构成对原告的不正当竞争。

另外，在域名侵权行为构成不正当竞争的认定中，对于被诉域名所指向的商品或者服务与权利人标识所指向的商品或者服务是否必须相同或者类似？一般而言，大多数案例均在相同或者类似商品或者服务上对权利人标识进行保护，但是并不排除跨类保护。能否跨类保护，需要综合考虑权利人标识的知名度以及显著性、侵权人的恶意程度以及消费者是否发生了实际混淆等因素。

四、结语

综上所述，在当今数字化和互联网化的时代，域名已经成为企业进行线上业务和品牌推广的必要条件。而域名侵权行为不仅损害了企业的合法权益，也对整个网络秩序产生了负面影响。因此，保护域名权益已经成为企业必须认真应对的重要问题。企业需要加强管理和监控，预防域名被恶意注册和侵犯。只

---

① 上海市高级人民法院民事判决书，(2020)沪民终 538 号。

有通过加强法律保护和自身管理，才能更好地保护企业的合法权益，推动数字经济和互联网发展的健康和可持续发展。

第六节　《反垄断法》中关于垄断协议导致侵权的裁判标准

竞争法包括《反不正当竞争法》与《反垄断法》，《反不正当竞争法》规制的是由于不正当竞争带来的竞争过于激烈的问题，而《反垄断法》规制的是企业垄断导致的市场没有竞争的问题，竞争法规制这些行为均是为了维持市场的竞争秩序。

《反垄断法》于2022年进行了重大修改，新修正的《反垄断法》于2022年8月1日起正式实施。《反垄断法》规制以下四种行为：垄断协议、滥用市场支配地位、经营者集中和行政垄断。本书就垄断协议在民事领域的侵权裁判标准进行具体分析，在关于垄断协议的侵权纠纷案件中，法院的侵权裁判标准一般如下：(1)判断是否构成垄断协议。(2)被告抗辩的豁免规则是否适用。

一、垄断协议

(一)垄断协议定义

根据《反垄断法》第十六条，本法所称垄断协议，是指排除、限制竞争的协议、决定或者其他协同行为。

该条是修正后的《反垄断法》新增条款，在《反垄断法》(2007)中，该条位于横向垄断协议条款第十三条第二款中，这导致在司法实践中产生了分歧，部分观点认为该条垄断协议由于在横向垄断协议的定义下，故只适用于横向垄断协议，所以纵向垄断协议不需要排除、限制竞争。本次《反垄断法》的修订明确了横向垄断协议和纵向垄断协议均需要以排除、限制竞争为前提。

(二)如何区分横向垄断协议和纵向垄断协议

根据《反垄断法》第十七条，“禁止具有竞争关系的经营者达成下列垄断协议：

（一）固定或者变更商品价格；

（二）限制商品的生产数量或者销售数量；

（三）分割销售市场或者原材料采购市场；

（四）限制购买新技术、新设备或者限制开发新技术、新产品；

（五）联合抵制交易；

（六）国务院反垄断执法机构认定的其他垄断协议”。

《反垄断法》第十八条第一款，“禁止经营者与交易相对人达成下列垄断协议：

（一）固定向第三人转售商品的价格；

（二）限定向第三人转售商品的最低价格；

（三）国务院反垄断执法机构认定的其他垄断协议”。

垄断协议分为横向垄断协议和纵向垄断协议，《反垄断法》的第十七条是关于横向垄断协议的相关规定，而第十八条是关于纵向垄断协议的相关规定。在反垄断审查中，应当根据协议主体是否位于商业活动链条的同一经济层面或商业环节来区分诉争的协议属于横向协议还是纵向协议。如果协议主体位于同一经济层面或同一商业环节，则认为协议主体之间具有横向关系；如果协议主体位于商业活动链条的不同层面或环节，则认为协议主体之间具有纵向关系。但是，同一市场主体位于哪一经济层面或商业环节是存在相对性的，其在此协议中有可能是向下游经销商销售产品的生产者，从而与下游经销商形成纵向关系；也可能在彼协议中作为直接向最终消费者销售产品的销售者，与其他销售商形成横向关系。因此，具体协议属于纵向协议还是横向协议，决定因素并非协议主体是否曾在某个经济层面或商业环节从事商业活动，而是应当具体到涉案交易中，审查涉案协议中主体之间是纵向关系还是横向关系。①

二、关于纵向垄断协议的侵权裁判标准

关于纵向垄断协议的侵权裁判标准，法院的裁判标准为：（1）该协议是否构

---

① 广州知识产权法院民事判决书，（2020）粤 73 知民初 2378 号。

成纵向垄断协议。(2)被告抗辩的豁免规则是否适用。

(一)是否构成纵向垄断协议

关于协议是否构成纵向垄断协议,法院的裁判标准为,原告需证明如下内容:(1)协议内容符合《反垄断法》第十八条的规定。(2)协议排除、限制了竞争。

司法实践中,在上述裁判标准中,协议内容是否符合《反垄断法》第十八条规定比较容易认定,而该协议是否排除、限制了竞争是容易争议且较难界定的问题,本书着重讨论。

1. 法院如何认定协议排除、限制了竞争

《反垄断法》第十八条第二款和第三款规定,"对前款第一项和第二项规定的协议,经营者能够证明其不具有排除、限制竞争效果的,不予禁止。

经营者能够证明其在相关市场的市场份额低于国务院反垄断执法机构规定的标准,并符合国务院反垄断执法机构规定的其他条件的,不予禁止"。

该条为《反垄断法》新赋予经营者的安全港规则。在行政执法中,行政机关对经营者构成纵向垄断协议进行行政执法时,若经营者可以证明其不具有排除、限制竞争效果,或者能够证明其在相关市场的市场份额低于国务院反垄断执法机构规定的标准,并符合国务院反垄断执法机构规定的其他条件的,可以不予处罚。

然而,与行政领域不同,在民事侵权诉讼中,根据"谁主张,谁举证"的原则,原告需对被告是否排除、限制竞争进行充分举证,若无法举证则需要承担举证不能的后果。法院如何判定该协议是否排除、限制了竞争呢?

法院在认定垄断协议是否排除、限制竞争时,裁判标准如下:(1)相关市场竞争是否充分。(2)被告在相关市场中的市场地位。(3)垄断价格的目的及后果。

(1)相关市场竞争是否充分

市场竞争不充分是认定构成垄断协议的首要条件,只有在市场竞争不充分的前提下,再分析涉嫌垄断的价格对市场竞争的影响。法院在界定相关市场竞争是否充分时,会按照以下两个步骤:①相关市场界定。②相关市场的竞争是否充分。

①相关市场界定

根据《反垄断法》第十五条第二款,"本法所称相关市场,是指经营者在一定时期内就特定商品或者服务进行竞争的商品范围和地域范围"。因此,相关市场的界定包括三要素:一是时间跨度,竞争行为所发生的一定时期。二是商品范围,存在竞争关系的商品或服务的范围。三是地域范围,存在竞争关系的产品和相关的地域。①

对于相关市场界定,法院一般用两种方法:第一种为需求替代性分析,第二种为供给替代性分析。需求替代性分析主要考量商品可替代性的难度,供给替代法分析主要考量相邻产品是否能在短时间内进入相关市场。国务院反垄断委员会发布的《关于相关市场界定的指南》第四条规定了这两种方法的关系,"在市场竞争中对经营者行为构成直接和有效竞争约束的,是市场里存在需求者认为具有较强替代关系的商品或能够提供这些商品的地域,因此,界定相关市场主要从需求者角度进行需求替代分析。当供给替代对经营者行为产生的竞争约束类似于需求替代时,也应考虑供给替代"。另外,若上述方法无法清晰界定相关市场,《关于相关市场界定的指南》第七条规定了假定垄断者测试方法(SNNIP),该方法是基于需求替代性分析的定量测试。②

②相关市场的竞争是否充分

在界定相关市场后,法院将考量以下因素来判定相关市场的竞争是否充分。(A)市场是否有足够的来自买方价格竞争动力。(B)涉案商品对象的依赖性是否降低了卖方竞争压力。(C)相关市场是否存在较高的进入障碍。(D)被告是否具有很强的定价能力。

以东莞市横沥国昌电器商店与东莞市晟世欣兴格力贸易有限公司、东莞市合时电器有限公司纵向垄断协议纠纷一案③为例,在论述相关市场的竞争是否充分时,法院认为,首先,家用空调商品市场存在足够的来自买方价格竞争动力。其次,家用空调商品较多的优质品牌提高卖方的价格竞争压力。不同品牌

---

① 广东省高级人民法院民事判决书,(2016)粤民终 1771 号。

② 上海市高级人民法院民事判决书,(2012)沪高民三(知)终字第 63 号。

③ 广东省高级人民法院民事判决书,(2016)粤民终 1771 号。

家用空调商品间的交叉弹性非常高,市场参与者对价格、质量、售前售后服务均比较重视,因此,这些因素不会产生很强的品牌依赖。最后,家用空调商品市场并不存在较高的进入障碍。综上,可以确认本案涉及相关市场是一个竞争比较充分的市场。

(2)被告在相关市场中的市场地位

法院在界定被告是否在相关市场中具有很强的市场地位时,会考量如下因素:①被告在相关市场的份额是否居于领先地位。②被告企业的定价能力。③被告企业的品牌影响力。④被告企业对经销商是否有很强的控制力。

以北京锐邦涌和科贸有限公司与被上诉人强生(上海)医疗器材有限公司、强生(中国)医疗器材有限公司纵向垄断协议纠纷一案①中,法院认为,在市场份额方面,被告强生公司在相关市场的市场份额居于领先地位。在定价能力方面,被告强生公司缝线产品价格十五年维持基本不变,可见在相关市场长期具有很强定价能力。在品牌影响力方面,强生公司缝线产品具有很强的品牌影响力,这在一定程度上维护了强生公司在本案相关市场的市场地位。在对经销商很强的控制力方面,在强生公司缝线产品的经销体系中,强生公司相对于经销商处于绝对优势支配地位,对经销商具有很强的控制力。综上,法院依据上述四方面的情况,认为被告强生公司在相关市场具备影响市场竞争的"很强的市场地位"。

(3)垄断价格的目的及后果

分析涉案垄断协议的固定价格或者最低转售价格的目的和后果是判断该协议是否能产生限制竞争的效果以及判断该协议是否垄断协议的重要考量因素。

①设置垄断价格的目的

法院在考量被告设置垄断价格的动机是否在于回避价格竞争时,该动机需要法院根据合同内容、经销活动等证据综合进行判断。

以北京锐邦涌和科贸有限公司与被上诉人强生(上海)医疗器材有限公司、强生(中国)医疗器材有限公司纵向垄断协议纠纷一案②为例,法院认为,《经销

① 上海市高级人民法院民事判决书,(2012)沪高民三(知)终字第63号。

② 上海市高级人民法院民事判决书,(2012)沪高民三(知)终字第63号。

合同》规定经销商有义务帮助强生公司维护好市场价格体系,禁止任何形式的恶意竞价行为。在经销商实践考评制度中有因市场降价不能“有效控制价格体系”而应扣分的情形。因此,不仅经销商的故意降价被《经销合同》禁止,哪怕是在市场降价压力下的被动降价行为也是对经销商进行负面评价的事由。综上,法院认为被告强生公司希望维护其价格体系而不愿意降低销售价格,其动机在于回避价格竞争。

②垄断价格导致的后果

法院在评价涉案垄断价格导致的后果时,会对该垄断价格协议是否具有明显限制竞争的效果,以及是否不具有明显的促进竞争效果这两方面进行考量。

例如,北京锐邦涌和科贸有限公司与被上诉人强生(上海)医疗器材有限公司、强生(中国)医疗器材有限公司纵向垄断协议纠纷一案①中,在评价被告是否有限制竞争效果方面,法院认为,被告强生公司排除品牌内竞争,长期维持较高价格水平;回避品牌间价格竞争,降低了相关市场的价格竞争,且限制经销商定价自由,排挤有效率的经销商。因此,认定其具有明显限制竞争的效果。

在评价被告是否不具有明显的促进竞争效果方面,法院认为,被告不足以证明存在促进产品质量和安全性提升的效果,不足以证明本案存在解决经销商“搭便车”问题的必要,也不足以证明存在促进新品牌、新产品进入相关市场的必要。因此,被告不具有明显的促进竞争。

2. 是否属于排除、限制竞争的垄断协议

法院对相关市场竞争是否充分、被告在相关市场中的市场地位、垄断价格的目的及后果这三个方面进行分析评述后,对被告的协议是否属于垄断协议作出判断。

以东莞市横沥国昌电器商店与东莞市晟世欣兴格力贸易有限公司(以下简称晟世公司)、东莞市合时电器有限公司纵向垄断协议纠纷一案②为例,法院认为,虽然被告格力家用空调商品在相关市场具有相对优势地位,但是由于家用空调商品相关市场的竞争比较充分,不能认定晟世公司具有实施限制最低转售价格以

① 上海市高级人民法院民事判决书,(2012)沪高民三(知)终字第63号。
② 广东省高级人民法院民事判决书,(2016)粤民终1771号。

达到获取高额垄断利润的目的，也没有产生排除和限制竞争的严重后果。因此，法院认定本案《东莞地区格力电器家用空调销售三方协议》所约定限制最低转售价格条款不具有排除、限制竞争效果，不属于反垄断法所禁止的垄断协议。

以在北京锐邦涌和科贸有限公司与被上诉人强生（上海）医疗器材有限公司、强生（中国）医疗器材有限公司纵向垄断协议纠纷一案①为例，法院认为，被告强生公司在竞争不够充分的相关市场具有很强的市场地位，且限制最低转售价格行为排挤了有效率的经销商，不仅排除品牌内价格竞争，还降低了品牌间的价格竞争。且现有证据尚不能证明本案限制最低转售价格协议存在促进产品质量提升、促进新产品或新品牌进入市场方面的明显必要和效果，防止经销商“搭便车”行为的明显必要和效果。两相比较，本案限制最低转售价格协议促进竞争的效果不明显或者说非常有限，远远抵不上其排除、限制竞争的效果。因此，法院认为本案《经销合同》中限制最低转售价格条款属于《反垄断法》所禁止的垄断协议。

（二）豁免规则

根据《反垄断法》第二十条，“经营者能够证明所达成的协议属于下列情形之一的，不适用本法第十七条、第十八条第一款、第十九条的规定：

（一）为改进技术、研究开发新产品的；

（二）为提高产品质量、降低成本、增进效率，统一产品规格、标准或者实行专业化分工的；

（三）为提高中小经营者经营效率，增强中小经营者竞争力的；

（四）为实现节约能源、保护环境、救灾救助等社会公共利益的；

（五）因经济不景气，为缓解销售量严重下降或者生产明显过剩的；

（六）为保障对外贸易和对外经济合作中的正当利益的；

（七）法律和国务院规定的其他情形。

属于前款第一项至第五项情形，不适用本法第十七条、第十八条第一款、第十九条规定的，经营者还应当证明所达成的协议不会严重限制相关市场的竞

---

① 上海市高级人民法院民事判决书，(2012)沪高民三(知)终字第63号。

争，并且能够使消费者分享由此产生的利益”。

上述条款为垄断协议豁免条款，规定了六种豁免情形和兜底条款。当法院认定被诉协议是垄断协议后，被告可就《反垄断法》第二十条进行抗辩，若抗辩成功，则可依法予以豁免。

被告在主张豁免规则的举证时，需要举证如下三点：(1)该协议满足《反垄断法》第二十条的法定情形之一。(2)该协议为实现法定情形所必须且不会严重限制相关市场的竞争。(3)该协议能够使消费者分享由此产生的利益。

在台州市路桥吉利机动车驾驶培训有限公司等十三家驾培单位以及台州市路桥区浙东驾驶员培训服务有限公司垄断协议纠纷一案①中，法院认为，经营者应当提供充分证据证明相关协议具有法定豁免情形中的所指积极的竞争效果或经济社会效果，且该效果是具体的、现实的，而不能仅仅依赖一般性推测或者抽象推定。

在该案中，东港公司等被诉十三家驾培单位所援引的豁免情形而言，首先，该经营者需要提供相关证据以对比说明其通过统一服务规范、标准或者实现专业化分工等手段，切实达到提高服务质量、降低服务成本、增进效率的实际效果；其次，该经营者需要提供相关证据证明为实现提高产品质量、降低成本、增进效率所必需，且并未严重限制台州市路桥区为中心的机动车驾驶培训服务市场的竞争；最后，该经营者还需要提供相关证据证明消费者确实从中受益。

综上，被告需要举证证明在该协议前后对比的情况，是否有服务质量提高、服务成本降低、有增进效率的实际效果。若被告不能具体而现实证明该协议有积极的竞争效果或经济社会效果，则不能认定为豁免情形中的具有积极竞争效果或经济社会效果。

三、横向垄断协议构成要件

关于横向垄断协议的侵权裁判标准，法院的裁判标准为：(1)该协议是否构成横向垄断协议。(2)被告抗辩的豁免规则是否适用。

在横向垄断协议中，法律法规规定了被告对于垄断协议是否排除、限制了

---

① 最高人民法院民事判决书，(2021)最高法知民终1722号。

竞争做了举证责任倒置的规定。横向垄断协议的举证责任倒置规定在《最高人民法院关于审理因垄断行为引发的民事纠纷案件应用法律若干问题的规定》第七条，"被诉垄断行为属于反垄断法第十三条第一款第（一）项至第（五）项规定的垄断协议的，被告应对该协议不具有排除、限制竞争的效果承担举证责任"。

因此，关于该协议是否构成横向垄断协议，法院的裁判标准为，原告需证明如下内容：(1)协议主体之间具有竞争关系。(2)协议内容符合《反垄断法》第十七条的规定。而被告就该协议没有排除、限制了竞争进行举证。

即若原告证明协议主体之间具有竞争关系以及协议内容符合《反垄断法》第十七条的规定之一后，则完成了举证责任。此时，需要被告举证证明该协议没有排除、限制竞争，若无法证明，则要承担举证不能的后果。

协议主体之间是否具有竞争关系、协议内容是否符合《反垄断法》第十七条的规定容易认定，豁免规则已在前文论述，在此不再赘述。

关于法院如何认定横向垄断协议是否排除、限制竞争，在历年司法案例中法院并没有作详细阐述，但是关于被告的举证责任需达到何种程度，法院在司法判例中有相关论述，可以作为参考。

例如，在上海华明电力设备制造有限公司与武汉泰普变压器开关有限公司（以下简称泰普公司）垄断协议纠纷一案[①]中，法院认为，被告泰普公司并无充分证据证明涉案调解协议具有促进竞争的效果且该效果超过了其排除、限制竞争的效果。故应当认定涉案调解协议具有排除、限制竞争的效果。

从该案中可知，法院在认定被告是否证明了协议没有排除、限制竞争的效果时，会考量该协议促进竞争的效果是否超过了其排除、限制竞争的效果。该积极的竞争效果或经济社会效果是具体的、现实的，而不能仅仅依赖一般性推测或者抽象推定。[②] 例如，在台州市路桥吉利机动车驾驶培训有限公司等与台州市路桥双菱汽车驾驶培训学校等横向垄断协议纠纷一案[③]中，法院在评定积极竞争效果时认为，被告需要提供具体证据对比说明其通过统一服务规范、标

---

① 最高人民法院民事判决书，(2021)最高法知民终 1298 号。

② 最高人民法院民事判决书，(2021)最高法知民终 1722 号。

③ 最高人民法院民事判决书，(2021)最高法知民终 1722 号。

准或者实现专业化分工等手段，切实达到提高服务质量、降低服务成本、增进效率的实际效果。

四、结语

综上所述，新《反垄断法》对垄断协议这部分进行了大幅度的修改，其中包括将垄断协议的定义单独成条，新增了纵向垄断协议安全港规则、组织帮助型垄断协议等条文。此次修改将司法实践中部分争议的内容进行了明确，但是，关于横向垄断协议是否能适用安全港规则没有明晰，需待日后的法律法规或司法解释予以进一步明确。

本章附录一　中华人民共和国反不正当竞争法（2019 修正）

中华人民共和国反不正当竞争法

（1993 年 9 月 2 日第八届全国人民代表大会常务委员会第三次会议通过　2017 年 11 月 4 日第十二届全国人民代表大会常务委员会第三十次会议修订　根据 2019 年 4 月 23 日第十三届全国人民代表大会常务委员会第十次会议《关于修改〈中华人民共和国建筑法〉等八部法律的决定》修正）

目　　录

第一章　总　　则

第一条　为了促进社会主义市场经济健康发展，鼓励和保护公平竞争，制止不正当竞争行为，保护经营者和消费者的合法权益，制定本法。

第二条　经营者在生产经营活动中，应当遵循自愿、平等、公平、诚信的原则，遵守法律和商业道德。

本法所称的不正当竞争行为，是指经营者在生产经营活动中，违反本法规定，扰乱市场竞争秩序，损害其他经营者或者消费者的合法权益的行为。

本法所称的经营者，是指从事商品生产、经营或者提供服务（以下所称商品包括服务）的自然人、法人和非法人组织。

第三条　各级人民政府应当采取措施，制止不正当竞争行为，为公平竞争创造良好的环境和条件。

国务院建立反不正当竞争工作协调机制，研究决定反不正当竞争重大政策，协调处理维护市场竞争秩序的重大问题。

第四条　县级以上人民政府履行工商行政管理职责的部门对不正当竞争行为进行查处；法律、行政法规规定由其他部门查处的，依照其规定。

第五条　国家鼓励、支持和保护一切组织和个人对不正当竞争行为进行社会监督。

国家机关及其工作人员不得支持、包庇不正当竞争行为。

行业组织应当加强行业自律，引导、规范会员依法竞争，维护市场竞争秩序。

第二章　不正当竞争行为

第六条　经营者不得实施下列混淆行为，引人误认为是他人商品或者与他人存在特定联系：

（一）擅自使用与他人有一定影响的商品名称、包装、装潢等相同或者近似的标识；

（二）擅自使用他人有一定影响的企业名称（包括简称、字号等）、社会组织名称（包括简称等）、姓名（包括笔名、艺名、译名等）；

（三）擅自使用他人有一定影响的域名主体部分、网站名称、网页等；

（四）其他足以引人误认为是他人商品或者与他人存在特定联系的混淆行为。

第七条 经营者不得采用财物或者其他手段贿赂下列单位或者个人，以谋取交易机会或者竞争优势：

（一）交易相对方的工作人员；

（二）受交易相对方委托办理相关事务的单位或者个人；

（三）利用职权或者影响力影响交易的单位或者个人。

经营者在交易活动中，可以以明示方式向交易相对方支付折扣，或者向中间人支付佣金。经营者向交易相对方支付折扣、向中间人支付佣金的，应当如实入账。接受折扣、佣金的经营者也应当如实入账。

经营者的工作人员进行贿赂的，应当认定为经营者的行为；但是，经营者有证据证明该工作人员的行为与为经营者谋取交易机会或者竞争优势无关的除外。

第八条 经营者不得对其商品的性能、功能、质量、销售状况、用户评价、曾获荣誉等作虚假或者引人误解的商业宣传，欺骗、误导消费者。

经营者不得通过组织虚假交易等方式，帮助其他经营者进行虚假或者引人误解的商业宣传。

第九条 经营者不得实施下列侵犯商业秘密的行为：

（一）以盗窃、贿赂、欺诈、胁迫、电子侵入或者其他不正当手段获取权利人的商业秘密；

（二）披露、使用或者允许他人使用以前项手段获取的权利人的商业秘密；

（三）违反保密义务或者违反权利人有关保守商业秘密的要求，披露、使用或者允许他人使用其所掌握的商业秘密；

（四）教唆、引诱、帮助他人违反保密义务或者违反权利人有关保守商业秘密的要求，获取、披露、使用或者允许他人使用权利人的商业秘密。

经营者以外的其他自然人、法人和非法人组织实施前款所列违法行为的，视为侵犯商业秘密。

第三人明知或者应知商业秘密权利人的员工、前员工或者其他单位、个人实施本条第一款所列违法行为，仍获取、披露、使用或者允许他人使用该商业秘密的，视为侵犯商业秘密。

本法所称的商业秘密，是指不为公众所知悉、具有商业价值并经权利人采取相应保密措施的技术信息、经营信息等商业信息。

第十条 经营者进行有奖销售不得存在下列情形：

（一）所设奖的种类、兑奖条件、奖金金额或者奖品等有奖销售信息不明确，影响兑奖；

（二）采用谎称有奖或者故意让内定人员中奖的欺骗方式进行有奖销售；

（三）抽奖式的有奖销售，最高奖的金额超过五万元。

第十一条 经营者不得编造、传播虚假信息或者误导性信息，损害竞争对手的商业信誉、商品声誉。

第十二条 经营者利用网络从事生产经营活动，应当遵守本法的各项规定。

经营者不得利用技术手段，通过影响用户选择或者其他方式，实施下列妨碍、破坏其他经营者合法提供的网络产品或者服务正常运行的行为：

（一）未经其他经营者同意，在其合法提供的网络产品或者服务中，插入链接、强制进行目标跳转；

（二）误导、欺骗、强迫用户修改、关闭、卸载其他经营者合法提供的网络产品或者服务；

（三）恶意对其他经营者合法提供的网络产品或者服务实施不兼容；

（四）其他妨碍、破坏其他经营者合法提供的网络产品或者服务正常运行的行为。

第三章 对涉嫌不正当竞争行为的调查

第十三条 监督检查部门调查涉嫌不正当竞争行为，可以采取下列措施：

（一）进入涉嫌不正当竞争行为的经营场所进行检查；

（二）询问被调查的经营者、利害关系人及其他有关单位、个人，要求其说明有关情况或者提供与被调查行为有关的其他资料；

（三）查询、复制与涉嫌不正当竞争行为有关的协议、账簿、单据、文件、记录、业务函电和其他资料；

（四）查封、扣押与涉嫌不正当竞争行为有关的财物；

（五）查询涉嫌不正当竞争行为的经营者的银行账户。

采取前款规定的措施,应当向监督检查部门主要负责人书面报告,并经批准。采取前款第四项、第五项规定的措施,应当向设区的市级以上人民政府监督检查部门主要负责人书面报告,并经批准。

监督检查部门调查涉嫌不正当竞争行为,应当遵守《中华人民共和国行政强制法》和其他有关法律、行政法规的规定,并应当将查处结果及时向社会公开。

第十四条 监督检查部门调查涉嫌不正当竞争行为,被调查的经营者、利害关系人及其他有关单位、个人应当如实提供有关资料或者情况。

第十五条 监督检查部门及其工作人员对调查过程中知悉的商业秘密负有保密义务。

第十六条 对涉嫌不正当竞争行为,任何单位和个人有权向监督检查部门举报,监督检查部门接到举报后应当依法及时处理。

监督检查部门应当向社会公开受理举报的电话、信箱或者电子邮件地址,并为举报人保密。对实名举报并提供相关事实和证据的,监督检查部门应当将处理结果告知举报人。

第四章 法律责任

第十七条 经营者违反本法规定,给他人造成损害的,应当依法承担民事责任。

经营者的合法权益受到不正当竞争行为损害的,可以向人民法院提起诉讼。

因不正当竞争行为受到损害的经营者的赔偿数额,按照其因被侵权所受到的实际损失确定;实际损失难以计算的,按照侵权人因侵权所获得的利益确定。经营者恶意实施侵犯商业秘密行为,情节严重的,可以在按照上述方法确定数额的一倍以上五倍以下确定赔偿数额。赔偿数额还应当包括经营者为制止侵权行为所支付的合理开支。

经营者违反本法第六条、第九条规定,权利人因被侵权所受到的实际损失、侵权人因侵权所获得的利益难以确定的,由人民法院根据侵权行为的情节判决给予权利人五百万元以下的赔偿。

第十八条　经营者违反本法第六条规定实施混淆行为的，由监督检查部门责令停止违法行为，没收违法商品。违法经营额五万元以上的，可以并处违法经营额五倍以下的罚款；没有违法经营额或者违法经营额不足五万元的，可以并处二十五万元以下的罚款。情节严重的，吊销营业执照。

经营者登记的企业名称违反本法第六条规定的，应当及时办理名称变更登记；名称变更前，由原企业登记机关以统一社会信用代码代替其名称。

第十九条　经营者违反本法第七条规定贿赂他人的，由监督检查部门没收违法所得，处十万元以上三百万元以下的罚款。情节严重的，吊销营业执照。

第二十条　经营者违反本法第八条规定对其商品作虚假或者引人误解的商业宣传，或者通过组织虚假交易等方式帮助其他经营者进行虚假或者引人误解的商业宣传的，由监督检查部门责令停止违法行为，处二十万元以上一百万元以下的罚款；情节严重的，处一百万元以上二百万元以下的罚款，可以吊销营业执照。

经营者违反本法第八条规定，属于发布虚假广告的，依照《中华人民共和国广告法》的规定处罚。

第二十一条　经营者以及其他自然人、法人和非法人组织违反本法第九条规定侵犯商业秘密的，由监督检查部门责令停止违法行为，没收违法所得，处十万元以上一百万元以下的罚款；情节严重的，处五十万元以上五百万元以下的罚款。

第二十二条　经营者违反本法第十条规定进行有奖销售的，由监督检查部门责令停止违法行为，处五万元以上五十万元以下的罚款。

第二十三条　经营者违反本法第十一条规定损害竞争对手商业信誉、商品声誉的，由监督检查部门责令停止违法行为、消除影响，处十万元以上五十万元以下的罚款；情节严重的，处五十万元以上三百万元以下的罚款。

第二十四条　经营者违反本法第十二条规定妨碍、破坏其他经营者合法提供的网络产品或者服务正常运行的，由监督检查部门责令停止违法行为，处十万元以上五十万元以下的罚款；情节严重的，处五十万元以上三百万元以下的罚款。

第二十五条 经营者违反本法规定从事不正当竞争，有主动消除或者减轻违法行为危害后果等法定情形的，依法从轻或者减轻行政处罚；违法行为轻微并及时纠正，没有造成危害后果的，不予行政处罚。

第二十六条 经营者违反本法规定从事不正当竞争，受到行政处罚的，由监督检查部门记入信用记录，并依照有关法律、行政法规的规定予以公示。

第二十七条 经营者违反本法规定，应当承担民事责任、行政责任和刑事责任，其财产不足以支付的，优先用于承担民事责任。

第二十八条 妨害监督检查部门依照本法履行职责，拒绝、阻碍调查的，由监督检查部门责令改正，对个人可以处五千元以下的罚款，对单位可以处五万元以下的罚款，并可以由公安机关依法给予治安管理处罚。

第二十九条 当事人对监督检查部门作出的决定不服的，可以依法申请行政复议或者提起行政诉讼。

第三十条 监督检查部门的工作人员滥用职权、玩忽职守、徇私舞弊或者泄露调查过程中知悉的商业秘密的，依法给予处分。

第三十一条 违反本法规定，构成犯罪的，依法追究刑事责任。

第三十二条 在侵犯商业秘密的民事审判程序中，商业秘密权利人提供初步证据，证明其已经对所主张的商业秘密采取保密措施，且合理表明商业秘密被侵犯，涉嫌侵权人应当证明权利人所主张的商业秘密不属于本法规定的商业秘密。

商业秘密权利人提供初步证据合理表明商业秘密被侵犯，且提供以下证据之一的，涉嫌侵权人应当证明其不存在侵犯商业秘密的行为：

（一）有证据表明涉嫌侵权人有渠道或者机会获取商业秘密，且其使用的信息与该商业秘密实质上相同；

（二）有证据表明商业秘密已经被涉嫌侵权人披露、使用或者有被披露、使用的风险；

（三）有其他证据表明商业秘密被涉嫌侵权人侵犯。

第五章　附　　则

第三十三条 本法自 2018 年 1 月 1 日起施行。

本章附录二　中华人民共和国反垄断法(2022 修正)

中华人民共和国反垄断法

(2007 年 8 月 30 日第十届全国人民代表大会常务委员会第二十九次会议通过　根据 2022 年 6 月 24 日第十三届全国人民代表大会常务委员会第三十五次会议《关于修改〈中华人民共和国反垄断法〉的决定》修正)

目　　录

第一章　总　　则

第一条　为了预防和制止垄断行为,保护市场公平竞争,鼓励创新,提高经济运行效率,维护消费者利益和社会公共利益,促进社会主义市场经济健康发展,制定本法。

第二条　中华人民共和国境内经济活动中的垄断行为,适用本法;中华人民共和国境外的垄断行为,对境内市场竞争产生排除、限制影响的,适用本法。

第三条　本法规定的垄断行为包括:

(一)经营者达成垄断协议;

（二）经营者滥用市场支配地位；

（三）具有或者可能具有排除、限制竞争效果的经营者集中。

第四条 反垄断工作坚持中国共产党的领导。

国家坚持市场化、法治化原则，强化竞争政策基础地位，制定和实施与社会主义市场经济相适应的竞争规则，完善宏观调控，健全统一、开放、竞争、有序的市场体系。

第五条 国家建立健全公平竞争审查制度。

行政机关和法律、法规授权的具有管理公共事务职能的组织在制定涉及市场主体经济活动的规定时，应当进行公平竞争审查。

第六条 经营者可以通过公平竞争、自愿联合，依法实施集中，扩大经营规模，提高市场竞争能力。

第七条 具有市场支配地位的经营者，不得滥用市场支配地位，排除、限制竞争。

第八条 国有经济占控制地位的关系国民经济命脉和国家安全的行业以及依法实行专营专卖的行业，国家对其经营者的合法经营活动予以保护，并对经营者的经营行为及其商品和服务的价格依法实施监管和调控，维护消费者利益，促进技术进步。

前款规定行业的经营者应当依法经营，诚实守信，严格自律，接受社会公众的监督，不得利用其控制地位或者专营专卖地位损害消费者利益。

第九条 经营者不得利用数据和算法、技术、资本优势以及平台规则等从事本法禁止的垄断行为。

第十条 行政机关和法律、法规授权的具有管理公共事务职能的组织不得滥用行政权力，排除、限制竞争。

第十一条 国家健全完善反垄断规则制度，强化反垄断监管力量，提高监管能力和监管体系现代化水平，加强反垄断执法司法，依法公正高效审理垄断案件，健全行政执法和司法衔接机制，维护公平竞争秩序。

第十二条 国务院设立反垄断委员会，负责组织、协调、指导反垄断工作，履行下列职责：

（一）研究拟订有关竞争政策；

（二）组织调查、评估市场总体竞争状况，发布评估报告；

（三）制定、发布反垄断指南；

（四）协调反垄断行政执法工作；

（五）国务院规定的其他职责。

国务院反垄断委员会的组成和工作规则由国务院规定。

第十三条 国务院反垄断执法机构负责反垄断统一执法工作。

国务院反垄断执法机构根据工作需要，可以授权省、自治区、直辖市人民政府相应的机构，依照本法规定负责有关反垄断执法工作。

第十四条 行业协会应当加强行业自律，引导本行业的经营者依法竞争，合规经营，维护市场竞争秩序。

第十五条 本法所称经营者，是指从事商品生产、经营或者提供服务的自然人、法人和非法人组织。

本法所称相关市场，是指经营者在一定时期内就特定商品或者服务（以下统称商品）进行竞争的商品范围和地域范围。

第二章 垄断协议

第十六条 本法所称垄断协议，是指排除、限制竞争的协议、决定或者其他协同行为。

第十七条 禁止具有竞争关系的经营者达成下列垄断协议：

（一）固定或者变更商品价格；

（二）限制商品的生产数量或者销售数量；

（三）分割销售市场或者原材料采购市场；

（四）限制购买新技术、新设备或者限制开发新技术、新产品；

（五）联合抵制交易；

（六）国务院反垄断执法机构认定的其他垄断协议。

第十八条 禁止经营者与交易相对人达成下列垄断协议：

（一）固定向第三人转售商品的价格；

（二）限定向第三人转售商品的最低价格；

（三）国务院反垄断执法机构认定的其他垄断协议。

对前款第一项和第二项规定的协议，经营者能够证明其不具有排除、限制竞争效果的，不予禁止。

经营者能够证明其在相关市场的市场份额低于国务院反垄断执法机构规定的标准，并符合国务院反垄断执法机构规定的其他条件的，不予禁止。

第十九条 经营者不得组织其他经营者达成垄断协议或者为其他经营者达成垄断协议提供实质性帮助。

第二十条 经营者能够证明所达成的协议属于下列情形之一的，不适用本法第十七条、第十八条第一款、第十九条的规定：

（一）为改进技术、研究开发新产品的；

（二）为提高产品质量、降低成本、增进效率，统一产品规格、标准或者实行专业化分工的；

（三）为提高中小经营者经营效率，增强中小经营者竞争力的；

（四）为实现节约能源、保护环境、救灾救助等社会公共利益的；

（五）因经济不景气，为缓解销售量严重下降或者生产明显过剩的；

（六）为保障对外贸易和对外经济合作中的正当利益的；

（七）法律和国务院规定的其他情形。

属于前款第一项至第五项情形，不适用本法第十七条、第十八条第一款、第十九条规定的，经营者还应当证明所达成的协议不会严重限制相关市场的竞争，并且能够使消费者分享由此产生的利益。

第二十一条 行业协会不得组织本行业的经营者从事本章禁止的垄断行为。

第三章 滥用市场支配地位

第二十二条 禁止具有市场支配地位的经营者从事下列滥用市场支配地位的行为：

（一）以不公平的高价销售商品或者以不公平的低价购买商品；

（二）没有正当理由，以低于成本的价格销售商品；

（三）没有正当理由，拒绝与交易相对人进行交易；

（四）没有正当理由，限定交易相对人只能与其进行交易或者只能与其指定的经营者进行交易；

（五）没有正当理由搭售商品，或者在交易时附加其他不合理的交易条件；

（六）没有正当理由，对条件相同的交易相对人在交易价格等交易条件上实行差别待遇；

（七）国务院反垄断执法机构认定的其他滥用市场支配地位的行为。

具有市场支配地位的经营者不得利用数据和算法、技术以及平台规则等从事前款规定的滥用市场支配地位的行为。

本法所称市场支配地位，是指经营者在相关市场内具有能够控制商品价格、数量或者其他交易条件，或者能够阻碍、影响其他经营者进入相关市场能力的市场地位。

第二十三条　认定经营者具有市场支配地位，应当依据下列因素：

（一）该经营者在相关市场的市场份额，以及相关市场的竞争状况；

（二）该经营者控制销售市场或者原材料采购市场的能力；

（三）该经营者的财力和技术条件；

（四）其他经营者对该经营者在交易上的依赖程度；

（五）其他经营者进入相关市场的难易程度；

（六）与认定该经营者市场支配地位有关的其他因素。

第二十四条　有下列情形之一的，可以推定经营者具有市场支配地位：

（一）一个经营者在相关市场的市场份额达到二分之一的；

（二）两个经营者在相关市场的市场份额合计达到三分之二的；

（三）三个经营者在相关市场的市场份额合计达到四分之三的。

有前款第二项、第三项规定的情形，其中有的经营者市场份额不足十分之一的，不应当推定该经营者具有市场支配地位。

被推定具有市场支配地位的经营者，有证据证明不具有市场支配地位的，不应当认定其具有市场支配地位。

第四章　经营者集中

第二十五条　经营者集中是指下列情形：

（一）经营者合并；

（二）经营者通过取得股权或者资产的方式取得对其他经营者的控制权；

（三）经营者通过合同等方式取得对其他经营者的控制权或者能够对其他经营者施加决定性影响。

第二十六条 经营者集中达到国务院规定的申报标准的，经营者应当事先向国务院反垄断执法机构申报，未申报的不得实施集中。

经营者集中未达到国务院规定的申报标准，但有证据证明该经营者集中具有或者可能具有排除、限制竞争效果的，国务院反垄断执法机构可以要求经营者申报。

经营者未依照前两款规定进行申报的，国务院反垄断执法机构应当依法进行调查。

第二十七条 经营者集中有下列情形之一的，可以不向国务院反垄断执法机构申报：

（一）参与集中的一个经营者拥有其他每个经营者百分之五十以上有表决权的股份或者资产的；

（二）参与集中的每个经营者百分之五十以上有表决权的股份或者资产被同一个未参与集中的经营者拥有的。

第二十八条 经营者向国务院反垄断执法机构申报集中，应当提交下列文件、资料：

（一）申报书；

（二）集中对相关市场竞争状况影响的说明；

（三）集中协议；

（四）参与集中的经营者经会计师事务所审计的上一会计年度财务会计报告；

（五）国务院反垄断执法机构规定的其他文件、资料。

申报书应当载明参与集中的经营者的名称、住所、经营范围、预定实施集中的日期和国务院反垄断执法机构规定的其他事项。

第二十九条 经营者提交的文件、资料不完备的，应当在国务院反垄断执法机构规定的期限内补交文件、资料。经营者逾期未补交文件、资料的，视为未申报。

第三十条　国务院反垄断执法机构应当自收到经营者提交的符合本法第二十八条规定的文件、资料之日起三十日内，对申报的经营者集中进行初步审查，作出是否实施进一步审查的决定，并书面通知经营者。国务院反垄断执法机构作出决定前，经营者不得实施集中。

国务院反垄断执法机构作出不实施进一步审查的决定或者逾期未作出决定的，经营者可以实施集中。

第三十一条　国务院反垄断执法机构决定实施进一步审查的，应当自决定之日起九十日内审查完毕，作出是否禁止经营者集中的决定，并书面通知经营者。作出禁止经营者集中的决定，应当说明理由。审查期间，经营者不得实施集中。

有下列情形之一的，国务院反垄断执法机构经书面通知经营者，可以延长前款规定的审查期限，但最长不得超过六十日：

（一）经营者同意延长审查期限的；

（二）经营者提交的文件、资料不准确，需要进一步核实的；

（三）经营者申报后有关情况发生重大变化的。

国务院反垄断执法机构逾期未作出决定的，经营者可以实施集中。

第三十二条　有下列情形之一的，国务院反垄断执法机构可以决定中止计算经营者集中的审查期限，并书面通知经营者：

（一）经营者未按照规定提交文件、资料，导致审查工作无法进行；

（二）出现对经营者集中审查具有重大影响的新情况、新事实，不经核实将导致审查工作无法进行；

（三）需要对经营者集中附加的限制性条件进一步评估，且经营者提出中止请求。

自中止计算审查期限的情形消除之日起，审查期限继续计算，国务院反垄断执法机构应当书面通知经营者。

第三十三条　审查经营者集中，应当考虑下列因素：

（一）参与集中的经营者在相关市场的市场份额及其对市场的控制力；

（二）相关市场的市场集中度；

（三）经营者集中对市场进入、技术进步的影响；

（四）经营者集中对消费者和其他有关经营者的影响；

（五）经营者集中对国民经济发展的影响；

（六）国务院反垄断执法机构认为应当考虑的影响市场竞争的其他因素。

第三十四条 经营者集中具有或者可能具有排除、限制竞争效果的，国务院反垄断执法机构应当作出禁止经营者集中的决定。但是，经营者能够证明该集中对竞争产生的有利影响明显大于不利影响，或者符合社会公共利益的，国务院反垄断执法机构可以作出对经营者集中不予禁止的决定。

第三十五条 对不予禁止的经营者集中，国务院反垄断执法机构可以决定附加减少集中对竞争产生不利影响的限制性条件。

第三十六条 国务院反垄断执法机构应当将禁止经营者集中的决定或者对经营者集中附加限制性条件的决定，及时向社会公布。

第三十七条 国务院反垄断执法机构应当健全经营者集中分类分级审查制度，依法加强对涉及国计民生等重要领域的经营者集中的审查，提高审查质量和效率。

第三十八条 对外资并购境内企业或者以其他方式参与经营者集中，涉及国家安全的，除依照本法规定进行经营者集中审查外，还应当按照国家有关规定进行国家安全审查。

第五章 滥用行政权力排除、限制竞争

第三十九条 行政机关和法律、法规授权的具有管理公共事务职能的组织不得滥用行政权力，限定或者变相限定单位或者个人经营、购买、使用其指定的经营者提供的商品。

第四十条 行政机关和法律、法规授权的具有管理公共事务职能的组织不得滥用行政权力，通过与经营者签订合作协议、备忘录等方式，妨碍其他经营者进入相关市场或者对其他经营者实行不平等待遇，排除、限制竞争。

第四十一条 行政机关和法律、法规授权的具有管理公共事务职能的组织不得滥用行政权力，实施下列行为，妨碍商品在地区之间的自由流通：

（一）对外地商品设定歧视性收费项目、实行歧视性收费标准，或者规定歧视性价格；

（二）对外地商品规定与本地同类商品不同的技术要求、检验标准，或者对外地商品采取重复检验、重复认证等歧视性技术措施，限制外地商品进入本地市场；

（三）采取专门针对外地商品的行政许可，限制外地商品进入本地市场；

（四）设置关卡或者采取其他手段，阻碍外地商品进入或者本地商品运出；

（五）妨碍商品在地区之间自由流通的其他行为。

第四十二条　行政机关和法律、法规授权的具有管理公共事务职能的组织不得滥用行政权力，以设定歧视性资质要求、评审标准或者不依法发布信息等方式，排斥或者限制经营者参加招标投标以及其他经营活动。

第四十三条　行政机关和法律、法规授权的具有管理公共事务职能的组织不得滥用行政权力，采取与本地经营者不平等待遇等方式，排斥、限制、强制或者变相强制外地经营者在本地投资或者设立分支机构。

第四十四条　行政机关和法律、法规授权的具有管理公共事务职能的组织不得滥用行政权力，强制或者变相强制经营者从事本法规定的垄断行为。

第四十五条　行政机关和法律、法规授权的具有管理公共事务职能的组织不得滥用行政权力，制定含有排除、限制竞争内容的规定。

第六章　对涉嫌垄断行为的调查

第四十六条　反垄断执法机构依法对涉嫌垄断行为进行调查。

对涉嫌垄断行为，任何单位和个人有权向反垄断执法机构举报。反垄断执法机构应当为举报人保密。

举报采用书面形式并提供相关事实和证据的，反垄断执法机构应当进行必要的调查。

第四十七条　反垄断执法机构调查涉嫌垄断行为，可以采取下列措施：

（一）进入被调查的经营者的营业场所或者其他有关场所进行检查；

（二）询问被调查的经营者、利害关系人或者其他有关单位或者个人，要求其说明有关情况；

（三）查阅、复制被调查的经营者、利害关系人或者其他有关单位或者个人的有关单证、协议、会计账簿、业务函电、电子数据等文件、资料；

（四）查封、扣押相关证据；

（五）查询经营者的银行账户。

采取前款规定的措施，应当向反垄断执法机构主要负责人书面报告，并经批准。

第四十八条 反垄断执法机构调查涉嫌垄断行为，执法人员不得少于二人，并应当出示执法证件。

执法人员进行询问和调查，应当制作笔录，并由被询问人或者被调查人签字。

第四十九条 反垄断执法机构及其工作人员对执法过程中知悉的商业秘密、个人隐私和个人信息依法负有保密义务。

第五十条 被调查的经营者、利害关系人或者其他有关单位或者个人应当配合反垄断执法机构依法履行职责，不得拒绝、阻碍反垄断执法机构的调查。

第五十一条 被调查的经营者、利害关系人有权陈述意见。反垄断执法机构应当对被调查的经营者、利害关系人提出的事实、理由和证据进行核实。

第五十二条 反垄断执法机构对涉嫌垄断行为调查核实后，认为构成垄断行为的，应当依法作出处理决定，并可以向社会公布。

第五十三条 对反垄断执法机构调查的涉嫌垄断行为，被调查的经营者承诺在反垄断执法机构认可的期限内采取具体措施消除该行为后果的，反垄断执法机构可以决定中止调查。中止调查的决定应当载明被调查的经营者承诺的具体内容。

反垄断执法机构决定中止调查的，应当对经营者履行承诺的情况进行监督。经营者履行承诺的，反垄断执法机构可以决定终止调查。

有下列情形之一的，反垄断执法机构应当恢复调查：

（一）经营者未履行承诺的；

（二）作出中止调查决定所依据的事实发生重大变化的；

（三）中止调查的决定是基于经营者提供的不完整或者不真实的信息作出的。

第五十四条 反垄断执法机构依法对涉嫌滥用行政权力排除、限制竞争的行为进行调查，有关单位或者个人应当配合。

第五十五条　经营者、行政机关和法律、法规授权的具有管理公共事务职能的组织，涉嫌违反本法规定的，反垄断执法机构可以对其法定代表人或者负责人进行约谈，要求其提出改进措施。

第七章　法 律 责 任

第五十六条　经营者违反本法规定，达成并实施垄断协议的，由反垄断执法机构责令停止违法行为，没收违法所得，并处上一年度销售额百分之一以上百分之十以下的罚款，上一年度没有销售额的，处五百万元以下的罚款；尚未实施所达成的垄断协议的，可以处三百万元以下的罚款。经营者的法定代表人、主要负责人和直接责任人员对达成垄断协议负有个人责任的，可以处一百万元以下的罚款。

经营者组织其他经营者达成垄断协议或者为其他经营者达成垄断协议提供实质性帮助的，适用前款规定。

经营者主动向反垄断执法机构报告达成垄断协议的有关情况并提供重要证据的，反垄断执法机构可以酌情减轻或者免除对该经营者的处罚。

行业协会违反本法规定，组织本行业的经营者达成垄断协议的，由反垄断执法机构责令改正，可以处三百万元以下的罚款；情节严重的，社会团体登记管理机关可以依法撤销登记。

第五十七条　经营者违反本法规定，滥用市场支配地位的，由反垄断执法机构责令停止违法行为，没收违法所得，并处上一年度销售额百分之一以上百分之十以下的罚款。

第五十八条　经营者违反本法规定实施集中，且具有或者可能具有排除、限制竞争效果的，由国务院反垄断执法机构责令停止实施集中、限期处分股份或者资产、限期转让营业以及采取其他必要措施恢复到集中前的状态，处上一年度销售额百分之十以下的罚款；不具有排除、限制竞争效果的，处五百万元以下的罚款。

第五十九条　对本法第五十六条、第五十七条、第五十八条规定的罚款，反垄断执法机构确定具体罚款数额时，应当考虑违法行为的性质、程度、持续时间和消除违法行为后果的情况等因素。

第六十条 经营者实施垄断行为,给他人造成损失的,依法承担民事责任。

经营者实施垄断行为,损害社会公共利益的,设区的市级以上人民检察院可以依法向人民法院提起民事公益诉讼。

第六十一条 行政机关和法律、法规授权的具有管理公共事务职能的组织滥用行政权力,实施排除、限制竞争行为的,由上级机关责令改正;对直接负责的主管人员和其他直接责任人员依法给予处分。反垄断执法机构可以向有关上级机关提出依法处理的建议。行政机关和法律、法规授权的具有管理公共事务职能的组织应当将有关改正情况书面报告上级机关和反垄断执法机构。

法律、行政法规对行政机关和法律、法规授权的具有管理公共事务职能的组织滥用行政权力实施排除、限制竞争行为的处理另有规定的,依照其规定。

第六十二条 对反垄断执法机构依法实施的审查和调查,拒绝提供有关材料、信息,或者提供虚假材料、信息,或者隐匿、销毁、转移证据,或者有其他拒绝、阻碍调查行为的,由反垄断执法机构责令改正,对单位处上一年度销售额百分之一以下的罚款,上一年度没有销售额或者销售额难以计算的,处五百万元以下的罚款;对个人处五十万元以下的罚款。

第六十三条 违反本法规定,情节特别严重、影响特别恶劣、造成特别严重后果的,国务院反垄断执法机构可以在本法第五十六条、第五十七条、第五十八条、第六十二条规定的罚款数额的二倍以上五倍以下确定具体罚款数额。

第六十四条 经营者因违反本法规定受到行政处罚的,按照国家有关规定记入信用记录,并向社会公示。

第六十五条 对反垄断执法机构依据本法第三十四条、第三十五条作出的决定不服的,可以先依法申请行政复议;对行政复议决定不服的,可以依法提起行政诉讼。

对反垄断执法机构作出的前款规定以外的决定不服的,可以依法申请行政复议或者提起行政诉讼。

第六十六条 反垄断执法机构工作人员滥用职权、玩忽职守、徇私舞弊或者泄露执法过程中知悉的商业秘密、个人隐私和个人信息的,依法给予处分。

第六十七条 违反本法规定,构成犯罪的,依法追究刑事责任。

第八章　附　　则

第六十八条　经营者依照有关知识产权的法律、行政法规规定行使知识产权的行为,不适用本法;但是,经营者滥用知识产权,排除、限制竞争的行为,适用本法。

第六十九条　农业生产者及农村经济组织在农产品生产、加工、销售、运输、储存等经营活动中实施的联合或者协同行为,不适用本法。

第七十条　本法自2008年8月1日起施行。

本书附录　知识产权法律法规及司法解释

关于著作权、商标权、专利权、不正当竞争以及反垄断的常用法律法规和司法解释可扫描下方二维码获取。

后　记

光阴荏苒，岁月如梭，弹指一挥间，作为一名大学教师，我从事本科生和研究生医事法学课程教学工作已近二十载。自医学院毕业后，缘法而行，我又赴华东政法大学继续深造，由最初的兴趣所致到愈发热爱这个专为解决医患纠纷，助力健康法治的“社会医生”——融医学之温度与法治之规范的学科——医事法学。教学之余，我结合我国医疗卫生领域的最新立法与司法实践，偶有点滴所思、所感形成了这本小书，部分内容已在国内相关期刊发表，谓其“专论”，实为一家之言而已，但愿为同行素吟琐论，以期彼此切磋。

翻检拙作，多为近五年来的思考与探索。此间，值我国《民法典》《基本医疗卫生与健康促进法》《药品管理法》等一系列重要的法律法规颁布或修订，对医疗卫生行业的发展提出了新的要求，也给实践带来了新的挑战。我选取公立医疗机构的法治化、公立医疗机构的对外合作法律边界、接受社会捐赠、同情用药、医疗人工智能侵权责任、患者知情同意权的立法与司法、药品管理的法律适用、医疗刑事责任等方面，从法律解释的角度探讨医疗相关行为的合规性引导，既是教学中的一点心得，也是工作中的些许指引。然整理完书稿，掩卷遐思，贡献微薄，实难自信。本人理论功底尚浅，思想观念难免有失偏颇，且易挂一漏万，似有班门弄斧，贻笑大方之嫌。然学问之乐，在于通过交流分享，以求精进。虽折损在所难免，实为表达思想之良机。如有不当之处，望各位同仁不吝赐教，批评指正！

砚斋校订所作，不谨有感。感谢法律出版社慨然应允出版，解锟编辑倾力相助，感谢我所供职的徐州医科大学研究生院、第一临床学院、徐州医科大学附属医院领导同仁在诸多方面给予的大力支持，感谢前期接纳发表论文的期刊编辑们的审校，也要感谢我的学生蒋雨彤、周菁菁、黄梦琴等为之付出的努力与贡献。众人拾柴，方有此书。

此一并致谢！